西南知识产权评论

（第九辑）

Southwest Intellectual Property Law Review
Vol.9

主编　李雨峰
执行主编　张惠彬

社会科学文献出版社
SOCIAL SCIENCES ACADEMIC PRESS (CHINA)

卷首语

在本辑中，我们设置了数字网络空间的知识产权治理、新时代知识产权司法革新、新时代专利疑难问题探讨、自贸区知识产权制度创新、域外学术译介五个专题，共收录10篇优秀论文，研讨主题、视角各有千秋。有对新领域新业态知识产权保护（个人数据保护、人工智能）的学术洞察，也有对知识产权司法实践的有益探索。具体介绍如下：

《个人数据的保护与利用研究综述》一文，梳理了个人数据保护与互联网产业的发展进程，总结出相关研究的三个阶段：个人数据私法保护模式的演进，个人数据保护向公法领域的延伸，大数据时代个人数据保护与利用的新发展。如何应大数据时代的需要，平衡数据保护与数据利用二者的关系，是学者当前和今后一段时间所关注的重点。《未来已来、将至已至：人工智能视域下法律的忧患与理性——"人工智能：科学与法学的对话"研讨会综述》，整理了2019年5月11日"人工智能：科学与法学的对话"学术研讨会的会议成果，为制度顺应人工智能的发展提供思考空间。

建立国家层面知识产权案件的上诉审理机制是新时代我国完善知识产权司法保护的重要举措。在新时代知识产权司法革新专栏，《国家层面知识产权案件上诉审理机制构建：美国经验与启示》以美国联邦巡回上诉法院的知识产权案件审理机制为镜鉴，总结出其在案件管辖、法官队伍建设、审判监督等方面的经验教训，对我国最高人民法院知识产权法庭的制度设计具有积极的借鉴意义。《滥用知识产权行为保全的法律规制研究》一文中，作者多维度分析了知识产权行为保全规则的诸多问题，总结美国禁令制度中的有益经验，为完善我国知识产权上诉救济制度提出中肯建议。《商标协议共存研究》一文认为，商标权与一般民事标的存在性质上的区别，因此不能以一般民事行为成立生效要件来判断其效力。司法审判应当对其特殊对待，承认在一定条件下允许商标协议共存无疑是以经济生活的灵活性弥补法律制度的稳定性，以保持法律制度的生命力。

新时代专利疑难问题探讨专栏，主要聚焦专利法第三次修改中的热点问题。《论药品专利链接制度在我国的推行与完善——基于美国实践的视角》一文指出，制药行业性质特殊，药品专利链接制度能有效降低仿制药风险从而保障药品的可及性。作者通过研究美国的药品专利链接制度，探索药品链接制度的核心理念，提出针对我国制度的完善措施，回应了专利保护与公共健康的冲突。《专利权保护范围的功能性限定研究》一文主要集中于我国功能性限定理论与实践研究，指出由于制度缺陷部分在权利要求中使用了功能性限定特征的专利权的保护范围不明确或不合理，相关审批程序、诉讼规则等存在明显疏漏，提出相关制度完善的具体方案。另外，《禁止反悔原则在专利侵权诉讼中的适用》关注禁止反悔原则在中国的司法实践，特别总结分析了我国理论界对"完全排除规则"与"弹性排除规则"的研究，指出该原则适用过程中存在的误区。最后指出为完善该原则在专利侵权诉讼中的适用，立法者应完善法律规范，法院统一适用排除规则，专利局更有效公开专利档案。

自贸区知识产权制度创新专栏特别刊发《自由贸易区临时过境货物知识产权行政保护研究》一文。自由贸易区是改革开放的新高地，知识产权制度创新对于发挥自贸区的"试验田"作用具有重要意义。作者聚焦自贸区临时过境货物知识产权行政保护，通过比较法视角探讨自贸区过境货物的行政执法模式，指出我国自贸区应在维护国家利益的前提下，坚持过境货物的知识产权保护和促进贸易自由兼顾以及行政有限介入原则，区别过境货物在出口国、过境国、目的国的不同知识产权权利状态，灵活处理。

域外学术译介专栏特别刊发剑桥大学莱昂内尔·本特利教授的《现代商标法的诞生：商标法律概念的建构（1860~1880）》一文，该文从概念史角度梳理了现代商标法律概念的形成。本特利教授认为1860年至1910年这一时期见证了现代商标法诸多典型特征的发展：在法律上将商标解释为指示商业来源的标志；1876年建立中央注册局；商标作为财产客体的概念化；承认双重保护系统——一种基于注册，另一种（未注册的）基于市场使用；以及为了在外国领土保护商标而作出的国际性安排。虽然1860年之前和1910年之后商标法有重大发展，但现行商标制度的大多数最显著特征都是在这一立法、司法、外交和学术活动涌现的时期发展起来的。

本辑得以付梓，不仅要感谢社会科学文献出版社编辑们一丝不苟的辛勤工作，还要感谢学界前辈与后起才俊一如既往的支持。《西南知识产权评论》专题设栏，敬请赐稿。

《西南知识产权评论》编委会
2019 年 12 月

目录

专论：数字网络空间的知识产权治理
003 个人数据的保护与利用研究综述 / 李雨峰　沈浩蓝
021 未来已来、将至已至：人工智能视域下法律的忧患与理性
　　——"人工智能：科学与法学的对话"研讨会综述 / 陈　伟

新时代知识产权司法革新
039 国家层面知识产权案件上诉审理机制构建：美国经验与启示 / 郑　重
057 滥用知识产权行为保全的法律规制研究 / 王　铮
074 商标协议共存研究 / 刘丽飞

新时代专利疑难问题探讨
101 论药品专利链接制度在我国的推行与完善
　　——基于美国实践的视角 / 杜澄杰
124 专利权保护范围的功能性限定研究 / 钟炜杰
147 禁止反悔原则在专利侵权诉讼中的适用 / 吕达松

制度探微：自贸区知识产权制度创新
173 自由贸易区临时过境货物知识产权行政保护研究 / 张　耕　陈　瑜

域外学术译介
191 现代商标法的诞生：商标法律概念的建构（1860~1880）/
　　〔英〕莱昂内尔·本特利 著　张惠彬　刘诗蕾 译

专论：数字网络空间的知识产权治理

个人数据的保护与利用研究综述[*]

李雨峰 沈浩蓝[**]

摘 要：学界对个人数据的保护与利用问题的关注是与互联网产业的兴起相伴而生的。相关研究大体分为三个阶段，分别是：个人数据私法保护模式的演进，即从隐私权保护向个人数据权保护模式的演进；个人数据保护向公法领域的延伸，包括对个人数据的行政法保护和刑法保护；大数据时代个人数据保护与利用的新发展，包括数据产权与数据利用问题。当前，中国的个人数据保护立法已提上日程。未来我国数据法的构建，也应当顺应大数据时代的需要，平衡数据保护与数据利用二者的关系，助推大数据产业的全面发展。

关键词：个人数据 数据权 数据保护 数据利用

引 言

近年来，数据经济在国内外蓬勃发展，与之相伴而生的是数据纠纷的愈演愈烈。Facebook诉Power公司案、HiQ Labs诉LinkedIn案、新浪微博诉脉脉案、淘宝诉美景案、腾讯诉多闪案等典型案例[①]在引发社会热议的同时，也令个人数据的保护与利用问题走进了学界的视野。2018年5月，欧盟《通用数据保护条例》正式施行，该条例旨在通过加强对数据控制者和处理者的规制，维护和扩大公民对其个人数据的控制权，被称为史上"最严"个人数据保护条例。[②]该条例的出台也令学界对个人数据的关注

---

[*] 基金项目：司法部国家法治与法学理论研究课题"数据产品使用规则研究"（19SFB2036）的阶段性成果。

[**] 李雨峰，法学博士，西南政法大学教授，博士生导师；沈浩蓝，西南政法大学民商法学院知识产权法专业硕士研究生。

[①] 详见Facebook, Inc. v. Power Ventures, Inc., 844 F. 3d 1058 (9th Cir. 2016)；HiQ Labs, Inc. v. LinkedIn Corporation, 273 F. Supp 3d 1099 (2017)；(2016) 京73民终字第588号判决书；(2018) 浙01民终字第7312号判决书；(2019) 津0116民初字第2091号裁定书等相关裁判。

[②] 郑彬：《"最严"条例"严"在哪里》，《人民日报》2018年6月6日，第22版。

热度更上一层楼。

个人数据,也称个人信息①,是指能够指向特定主体并用以识别其身份的信息。学界对个人数据的保护与利用问题的关注是与互联网产业的兴起相伴而生的,关注侧重点发生了从数据保护向数据利用的转向。当前,大数据产业的勃兴倒逼我国立法对数据利用问题进行回应,对此,我国学界有必要发声。为了便于后续相关研究的开展,本文对学界就个人数据保护与利用问题的研究进行了全面梳理与考察。

本文认为,学界对个人数据保护与利用问题的研究大体可以分为三个阶段。第一阶段是个人数据私法保护模式的演进。互联网在带来信息传播与获取的迅捷的同时,也给个人数据隐私带来了前所未有的挑战。传统的隐私权保护模式受到质疑,创设个人数据权的呼声日益高涨。在个人数据保护的"后隐私权"时代,国际上形成了以美国为代表的"隐私权保护模式"和以欧盟为代表的"数据权保护模式"两种典型模式。这种立法差别的背后,是立法者对信息自由与个人尊严两种价值取向的优先排序的差异。第二阶段是个人数据保护向公法领域的延伸。由于电子政务的发展和互联网犯罪的频发,传统的私法保护模式"捉襟见肘",个人数据保护向公法领域的延伸成为发展之必然。对个人数据的公法保护主要包括行政法保护和刑法保护。第三阶段是大数据时代个人数据保护与利用的新发展。大数据技术令个人数据的经济价值得到充分发掘,对其的利用关涉社会整体利益,具有公共性和社会性。基于个人控制的个人数据权理论受到了新兴经济的挑战,显得不合时宜。怎样的制度构建能够更好地平衡二者关系,是学者当前和今后一段时间所关注的重点。

当前,中国的个人数据保护立法已提上日程。未来我国数据法的构建,也应当顺应大数据时代的需要,平衡数据保护与数据利用二者的关系,助推中国大数据产业的全面发展。

一 个人数据私法保护模式的演进

(一) 隐私权保护模式的式微

早在20世纪60年代,国外即有学者提出计算机技术的应用将对个人

---

① 本文将个人数据与个人信息等同。为行文与阅读的便利,除法规原文表述为"个人信息"的情况之外,全文统一采用"个人数据"表述,后文不再赘述。

隐私带来严重威胁，个人将失去对个人数据的控制权，控制论（cybernetics）将沦为对个人的监视工具。① 但直到 90 年代，这一问题方成为具有全球趋势的问题，受到学界的普遍重视。这种对个人数据的隐私强调受到了法律经济学者的质疑。波斯纳法官拥护信息披露，认为隐私具有工具性价值，将其投入生产领域有助于增加财富和社会效用，以隐私名义限制信息流动不利于社会财富最大化。② 隐私拥护者则指责其夸大了披露信息的益处，认为在讨论信息披露时不能忽略以下两个因素：一是个人隐私具有巨大的经济利益和动态效益；二是当信息是通过自愿交易产生时，对信息的接受者规定不披露义务可能是对某些类别信息的最佳保护办法。③

进入 21 世纪后，我国学界开始就网络时代个人数据的隐私权保护问题进行集中探讨，并取得了丰富的研究成果。④ 在这一时期，个人数据被理解为公民的"网络隐私权"。学界普遍认可个人数据是隐私权的基本形式之一，必须重视信息安全，避免其在网络空间受到侵害。⑤ 不少学者提出可以通过赋予隐私权更多积极权能的方式避免信息技术对公民隐私的侵蚀，建议将隐私权设计为具有积极内涵的权利。立法应赋予数据主体事前谈判和事后救济的能力，而非如过往一般仅能寻求侵权法的救济。⑥

显然，在这个过程中，网络隐私权的发展已经严重突破了隐私权的传统内涵，以防范个人隐私被非法披露为重心的传统隐私权逐渐难以应对层出不穷的新型个人数据侵害行为。有学者开始认识到，个人数据和个人隐

---

① Arthur R. Miller, "Personal Privacy in the Computer Age: The Challenge of a New Technology in an Information-Oriented Society," *Michigan Law Review* 67 (1969): 1089 – 1246.
② See Richard A. Posner, "Blackmail, Privacy, and Freedom of Contract ," *University of Pennsylvania Law Review* 141, No. 5 (1993): 1817 – 1848; Richard A. Posner, "The Right of Privacy," *Georgia Law Review* 12, No. 3 (1978): 393 – 422.
③ See Paul M. Schwartz, "Privacy and the Economics of Personal Health Care Information," *Texas Law Review* 76, No. 1 (1997 – 1998): 1 – 76; Richard S. Murphy, "Property Rights in Personal Information: An Economic Defense of Privacy," *Georgetown Law Journal* 84, No. 7 (1996): 2381 – 2418.
④ 例如王全弟、赵丽梅《论网络隐私权的法律保护》，《复旦学报》（社会科学版）2002 年第 1 期；赵华明《论网络隐私权的法律保护》，《北京大学学报》（哲学社会科学版）2002 年第 1 期；韩文成《网络信息隐私权法律保护研究》，《河北法学》2007 年第 12 期等文章均探讨了网络空间个人数据的隐私权保护问题。
⑤ 汤啸天：《网络空间的个人数据与隐私权保护》，《政法论坛》2000 年第 1 期；向玲：《网络中个人隐私权及其法律保护》，《内蒙古社会科学》（汉文版）2002 年第 6 期；蓝蓝：《关于网络隐私权制度的几点思考》，《河北法学》2006 年第 3 期。
⑥ 曹亦萍：《社会信息化与隐私权保护》，《政法论坛》1998 年第 1 期；周佳念：《信息技术的发展与隐私权的保护》，《法商研究》2003 年第 1 期。

私不可等同，其内涵已远远越出隐私范畴，无法再附属于隐私权之下。"网络隐私权"有必要从一项消极被动的"私生活不受干扰"的人格性权利发展为积极能动的"自己的信息自己控制"的资讯自决权。①

（二）个人数据权保护模式的兴起

1. 个人数据保护的两种价值取向

隐私权保护模式的式微开启了个人数据保护的"后隐私权"时代，国际社会逐步形成了"隐私权"和"数据权"两种主要的个人数据保护模式。前者以美国为代表，不区分个人数据与个人隐私，将其纳入隐私权保护范围；后者以欧盟为代表，设立统一的数据权对个人数据进行保护。这种保护模式选择的差异，背后体现的是两大法域的基本理念的差异。美国隐私法以维护消费者权益为要，力图在隐私与有效的商业交易之间取得平衡，因此对个人数据进行多元且狭窄的定义；而欧盟将个人隐私视为能够超越其他利益的基本权利，因此倾向于将所有可以用于识别个人的信息都囊括在个人数据的范畴里，以一个具有相当模糊性的定义为个人提供更为宽泛的保护。② 可以说，这其实是个人数据法律保护中的两种价值维度——人格尊严与信息自由的冲突带来的二者在实证中的对峙。③ 人格尊严是现代数据立法的根本目的，而信息自由能带来巨大的经济效益和社会效益。如何平衡二者关系，在保障公民人格尊严的同时助推本国经济社会的发展，是立法者必须考虑的重要命题。

欧盟自1995年颁布《数据保护指令》以来，一直致力于个人数据保护水平的全面提高。当前，在欧盟范围内，主动的个人数据权已取代被动的隐私权，"成为信息隐私保护和数据保护法制重构的首要权利"。④ 欧盟对个人数据保护统一立法的努力，引发了美国部分学者对美国隐私保护不充分的担忧。有学者认为对个人数据的控制是对一个人命运的控制，而美国现有的隐私法显得力有不逮，需要新的、更有力的法律来规制个人数据

---

① 彭礼堂、饶传平：《网络隐私权的属性：从传统人格权到资讯自决权》，《法学评论》2006年第1期；王利明：《论个人信息权在人格权法中的地位》，《苏州大学学报》（哲学社会科学版）2012年第6期。

② Paul M. Schwartz, Daniel J. Solove, "Reconciling Personal Information in the United States and European Union," *California Law Review* 102, No. 4 (2014): 877–916.

③ 齐爱民、李仪：《论利益平衡视野下的个人信息权制度——在人格利益与信息自由之间》，《法学评论》2011年第3期。

④ 刘泽刚：《欧盟个人数据保护的"后隐私权"变革》，《华东政法大学学报》2018年第4期。

的收集和传播。[1] 但也有学者不以为然,指出知识经济时代的到来必然令数据更有价值,过度保护个人数据将损害数据收集、处理者的投资收益。[2]

自 21 世纪以来,我国网络经济蓬勃发展,消费者个人数据呈现稀缺资源属性,遭到巨大威胁。不少学者提出我国应当取法欧盟,区分个人隐私与个人数据,在成文法中明确规定个人数据权以维护数据主体的人格尊严。[3] 但是,大数据时代数据流通与利用所带来的巨大社会经济效益同样不容忽视。关于未来我国数据立法的价值侧重与平衡问题,仍有待学界进一步探讨。

2. 个人数据权的法律性质

欧盟立法对"数据权"保护模式的探索令个人数据权理论进入了学界的视野。最初,学者多是将其作为一项新型人格权加以讨论,侧重关注个人数据权上的人格利益。

"具体人格权说"认为,个人数据已成为一个独立的权利类别,其内涵与外延既不与其他具体人格权等同,也不可归入一般人格利益的范畴,是一项新型的具体人格权。[4] "框架性人格权说"认为,个人数据权是一种框架性人格权,姓名、肖像等传统具体人格均应包括在内,由其统一调整。[5] 更有学者将个人数据权上升到宪法高度,认为个人数据权的核心是个人对其数据的决定,体现为一种基本人权。因此,个人数据权是宪法尚未明文列举的一项基本权利,而我国宪法的人格尊严条款可解释

---

[1] Fred H. Cate, "The EU Data Protection Directive, Information Privacy, and the Public Interest," *Iowa Law Review* 80, No. 3 (1995): 431 – 444; Edward J. Eberle, "The Right to Information Self-Determination," *Utah Law Review* 2001, No. 4 (2001): 965 – 1016; Robert Sprague, Corey Ciocchetti, "Preserving Identities: Protecting Personal Identifying Information through Enhanced Privacy Policies and Laws," *Albany Law Journal of Science & Technology* 19, No. 1 (2009): 91 – 142.

[2] Peter K. Yu, "The Political Economy of Data Protection," *Chicago-Kent Law Review* 84, No. 3 (2010): 777 – 802.

[3] 齐爱民:《美德个人资料保护立法之比较——兼论我国个人资料保护立法的价值取向与基本立场》,《甘肃社会科学》2004 年第 3 期;李仪:《个人信息保护的价值困境与应对——以调和人格尊严与信息自由冲突为视角》,《河北法学》2013 年第 2 期。

[4] 齐爱民:《美德个人资料保护立法之比较——兼论我国个人资料保护立法的价值取向与基本立场》,《甘肃社会科学》2004 年第 3 期;王利明:《论个人信息权在人格权法中的地位》,《苏州大学学报》(哲学社会科学版) 2012 年第 6 期;陈星:《大数据时代个人信息权在我国民法典中的确立及其地位》,《北京行政学院学报》2016 年第 6 期;叶名怡:《论个人信息权的基本范畴》,《清华法学》2018 年第 5 期等。

[5] 刁胜先:《论个人信息的民法保护基础——兼论个人信息、民法保护的精神利益与物质利益》,《内蒙古社会科学》(汉文版) 2011 年第 5 期。

其存在。① 此举诚然能够为个人数据提供更为充分的保护，但由于缺少现行宪法的明文规定，存在滥用基本权利之虞。

尽管对个人数据权的具体内涵的理解存在差异，但上述学者均认可个人数据体现的是人格利益，对其保护应采取人格权保护模式。人格权保护模式着重强调个人数据的人格权属性，旨在更好地维护数据主体的人格尊严。然而，网络技术的进步令个人数据的经济价值逐渐凸显，其内涵已无法为传统人格权范畴完全涵盖。② 部分学者试图在个人数据权框架内协调个人数据的双重属性，或提出尽管个人数据兼具人格和财产双重利益属性，但前者是其本质属性，后者仅是前者在经济利用过程中的外化，因此其本质仍为具体人格权③；或主张个人数据权是具有人格、财产双重属性的独立权利，应视其在具体应用中所维护的利益属性确定其权利性质，若其维护数据主体的人格利益，则采取人格权保护，反之采取财产权保护。④

在此阶段，数据产权理论也被提出并受到关注。该理论主张个人数据体现的是财产利益，应采取产权模式加以保护，这一方面有助于通过确保个人对其数据的控制以保护个人隐私，同时也有利于促进对个人数据的利用，实现其经济价值和社会价值。⑤ 但及至大数据时代的全面到来，数据产权理论方成为学界的讨论热点。

总体而言，这一阶段虽有学者认识到个人数据的经济价值，但学界的关注重心仍然在个人数据权的人格属性方面。大数据技术的发展令个人数据的经济价值与日俱增，对"具体人格权说"提出了更进一步的挑战。"具体人格权说"在一定程度上忽略了个人数据在数据经济时代的财产价

---

① 孙昌兴、秦洁：《刍议个人信息的法律保护》，《江淮论坛》2010 年第 4 期；姚岳绒：《论信息自决权作为一项基本权利在我国的证成》，《政治与法律》2012 年第 4 期。
② 洪海林：《个人信息财产化及其法律规制研究》，《四川大学学报》（哲学社会科学版）2006 年第 5 期。
③ 杨惟钦：《价值维度中的个人信息权属模式考察——以利益属性分析切入》，《法学评论》2016 年第 4 期；鞠晔、凌学东：《大数据背景下网络消费者个人信息侵权问题及法律救济》，《河北法学》2016 年第 11 期等。
④ 张素华：《个人信息商业运用的法律保护》，《苏州大学学报》（哲学社会科学版）2005 年第 2 期；杨宏玲、黄瑞华：《信息权利的性质及其对信息立法的影响》，《科学学研究》2005 年第 1 期；刘德良：《个人信息的财产权保护》，《法学研究》2007 年第 3 期；杨干生：《要素视角下的个人信息：双重权利虚拟载体的保护与立法》，《武汉大学学报》（哲学社会科学版）2010 年第 2 期。
⑤ See Vera Bergelson, "It's Personal but is It Mine-Toward Property Rights in Personal Information," *U. C. Davis Law Review* 37, No. 2 (2003): 379 – 452; Paul M. Schwartz, "Property, Privacy, and Personal Data," *Harvard Law Review* 117, No. 7 (2004): 2056 – 2128.

值，或不利于我国大数据产业的长远发展。为助推数据产业的勃兴，数据产权理论受到学界的广泛关注。与此同时，也有部分学者开始质疑和反思"个人数据权"模式，转而强调个人数据在大数据时代的公共属性，建议不参用私权模式保护个人数据。① 相关讨论将在后文详细评述，在此不再赘言。

3. 个人数据在《民法总则》中的确立

2017 年，我国颁布的《民法总则》中，明确将隐私与个人数据分别加以保护，确定了个人数据在我国的独立法律地位。此项规定初步实现了我国个人数据保护的体系化。② 而对于《民法总则》规定的"个人信息"的法律性质，存在"法益说"和"权利说"两种观点。

持"法益说"的学者认为，《民法总则》并未采取权利模式保护个人数据，而仅仅是对其人格利益属性予以肯定，并未真正确立个人数据权为具体人格权。现阶段仅能将个人数据作为一般民事利益而非民事权利进行保护。③ 有学者指出，立法的不确定性使得各方主体围绕个人数据产生的权利或利益存在模糊之处，带来个人数据保护缺少完整请求权基础等困境，建议在未来的民法人格权编中舍弃定性不清的"个人信息"，明确个人数据权为一项独立权利。④ 但也有学者持相反态度，认为应将个人数据定性为"工具性法益"，对其完全私权化在我国并不必要，未来人格权编也应当承袭《民法总则》确立的法益保护路径，实现数据安全价值。⑤

持"权利说"的学者认为，尽管《民法总则》没有将其明确为一项个人数据权，但立法在个人数据与个人隐私之间已有明确划界，个人数据

---

① 高富平教授认为个人数据的立法理念应当从个人控制论转向社会控制论。参见高富平《个人信息保护：从个人控制到社会控制》，《法学研究》2018 年第 3 期。吴伟光教授提出将个人数据作为公共物品规制，以提高其利用和规制效率。参见吴伟光《大数据技术下个人数据信息私权保护论批判》，《政治与法律》2016 年第 7 期。
② 《中华人民共和国民法总则》第 110 条、第 111 条分别对隐私权和个人信息予以规定。
③ 王叶刚：《人格权确权与人格权法独立成编——以个人信息权为例》，《东方法学》2017 年第 6 期；季平平：《互联网追踪行为中的个人信息保护》，《南通大学学报》（社会科学版）2018 年第 3 期。
④ 杨翔宇：《我国个人信息保护的立法实践与路径走向》，《重庆邮电大学学报》（社会科学版）2017 年第 6 期；常健：《论人格权法（编）中的个人信息权的制度完善——评〈中华人民共和国民法人格权编（草案）·民法室室内稿〉相关规定》，《四川大学学报》（哲学社会科学版）2018 年第 3 期；任丹丽：《从"丰菜之争"看个人信息上的权利构造》，《政治与法律》2018 年第 6 期。
⑤ 李倩：《论〈民法总则〉第 111 条个人信息保护的法益立场》，《重庆邮电大学学报》（社会科学版）2019 年第 1 期。

具有独立性；确立个人数据权不存在实践障碍，也符合国际上的立法习惯，因此应当将其认定为一项具体人格权。该权利的确立体现了民法对多元价值的包容，也提供了其作为一项独立权利存在的法教义学基础，具有价值层面和规范层面的双重价值。①

对个人数据的法律性质的确定将直接关系到其保护力度的强弱。"权利说"能够为个人数据保护提供完整的请求权基础，明确划定围绕个人数据的各方主体的权利边界，保护强度大于"法益说"，但我国《民法总则》却未对此予以明确，笔者以为这背后体现的是立法者对新兴权利确立的谨慎态度。由于我国数据市场具有巨大的潜力和不确定性，如果立法当下即明确了个人数据权及其归属，将很有可能成为数据经济未来发展的阻碍，《民法总则》的规定不失为在数据市场利益分配格局尚未形成阶段的一种权衡选择。但近年来数据纠纷的频发反映了个人数据保护与利用之间的冲突日益凸显，难以再以个人数据性质未明这一说法来息事宁人了。在可以预见的未来，必将涌现出更多的数据纠纷。立法的不确定性可能带来同案不同判的风险，既无益于对个人数据的充分保护，也将令数据产业的发展受到较大的威胁。从长远来看，为实现二者的协同发展，我国未来立法有必要对个人数据的法律性质进行明确。

二 个人数据保护向公法领域的延伸

电子政务建设使得政府掌握了海量个人数据，对公民个人数据隐私将产生举足轻重的影响。与此同时，网络犯罪频发也极大地威胁着个人的安全感。基于上述原因，单一私法保护模式已经"捉襟见肘"，个人数据保护向公法领域延伸、公法介入保护个人数据成为必然。② 具体而言，个人数据的公法保护可以分为对个人数据的行政法保护和刑法保护两方面。

（一）个人数据的行政法保护

当前我国行政法律法规较少涉及对侵犯个人数据的行政行为的规制，

---

① 郝思洋：《个人信息权确立的双重价值——兼评〈民法总则〉第 111 条》，《河北法学》2017 年第 10 期；杨立新：《个人信息：法益抑或民事权利——对〈民法总则〉第 111 条规定的"个人信息"之解读》，《法学论坛》2018 年第 1 期。
② 王学辉、赵昕：《隐私权之公私法整合保护探索——以"大数据时代"个人信息隐私为分析视点》，《河北法学》2015 年第 5 期。

更多的是将其涵盖于个人隐私的范畴中提供保护。① 只有《居民身份证法》《统计法》《护照法》等法律中明确了行政主体及其工作人员对于在履行职责或者提供服务过程中所获取的公民个人信息的保密义务和违反保密义务的相关法律责任。②

行政权力与个人自由之间的紧张关系自古有之。由于行政权力天然具有扩张性，其很容易对公民自由形成侵蚀。而互联网技术的运用增强了政府收集和处理个人数据的能力，这一事实加剧了政府行使收集、处理信息的权力与个人数据隐私之间的对立。③ 公权力对个人数据的侵蚀能力远超过私人，因此，有必要对个人数据提供行政法保护。有学者认为，个人数据的行政法保护的核心在于，如何对个人数据的处理者进行行政监管，以约束行政权力对公民个人数据的侵害。④ 也有学者探讨了行政信息公开与个人数据保护的关系。行政信息公开以行政知情权为权利基础，个人数据保护以个人数据权为权利基础，这也造成了二者之间存在一定的冲突，有必要确立权利平等保护、公共利益优先、平衡协调与权利救济等原则以平衡二者关系。⑤

总体而言，尽管有不少学者认识到了对个人数据提供行政法保护的重要性和必要性，但当前对于个人数据行政法保护的研究仍然相对较少，相关研究也主要集中在原则性、基础性问题上，缺少对具体规则的探讨。

（二）个人数据的刑法保护

侵犯个人数据行为具有严重的社会危害性和不同程度的道德谴责性。

---

① 例如《中华人民共和国行政处罚法》第42条、《中华人民共和国行政许可法》第5条、《中华人民共和国治安管理处罚法》第80条等均规定了行政主体对个人隐私材料的保密义务。
② 详见《中华人民共和国居民身份证法》第6条、第19条；《中华人民共和国统计法》第9条、第39条；《中华人民共和国护照法》第12条、第20条。
③ See Paul Schwartz, "Data Processing and Government Administration: The Failure of the American Legal Response to the Computer," *Hastings Law Journal* 43, No. 5 (1992): 1321–1390; Lillian R. BeVier, "Information about Individuals in the Hands of Government: Some Reflections on Mechanisms for Privacy Protection," *William & Mary Bill of Rights Journal* 4, No. 2 (1995): 455–506; Susan W. Brenner, Leo L. Clarke, "Fourth Amendment Protection for Shared Privacy Rights in Stored Transactional Data," *Journal of Law and Policy* 14, No. 1 (2006): 211–280.
④ 刁胜先、秦琴：《个人信息行政法保护的国际经验与借鉴》，《重庆社会科学》2011年第5期；李建新：《两岸四地的个人信息保护与行政信息公开》，《法学》2013年第7期。
⑤ 肖登辉：《行政法学视角下的我国个人信息保护立法初探》，《武汉大学学报》（哲学社会科学版）2011年第3期；李建新：《两岸四地的个人信息保护与行政信息公开》，《法学》2013年第7期。

当民法、行政法均无力对公民个人数据提供充足的保障时，刑法将介入该领域加以调整。我国通过《刑法修正案（七）》和《刑法修正案（九）》的两次调整，确立并优化了个人数据犯罪立法。① 此举符合公众的立法期待和国际立法发展趋势，在体现刑法人性化价值理念回归的同时，也彰显了公平与人权原则。②

然而，长期以来我国刑法中侵犯公民个人信息罪保护的法益内容并不明确，难以应对大数据时代公民个人数据刑法保护的诉求。为实现刑事立法对数字时代信息犯罪的有力回应，不同学者针对个人数据犯罪所要保护的法益进行了探讨，具体观点可分为"个人法益说"和"超个人法益说"。

持"个人法益说"观点的学者普遍认可侵犯公民个人信息罪保护的法益是公民个人利益，但对该法益的具体内容则存在一定分歧。有学者认为，该罪所保护的法益是公民人格尊严与个人自由，在认定该罪时应当将"公民个人信息"要件限缩在与该法益密切相关的个人数据内，且将行为目的作为该罪的构成要件。③ 有学者认为，为实现对公民数据隐私利益的有效保护，宜将该罪法益确定为公民数据自由和个人隐私。④ 有学者认为，大数据技术对个人数据的侵害程度已远超传统刑法规制范围，有必要将该罪保护的法益确定为个人数据权。⑤ 但也有学者不认为数据权是本罪法益，认为应以个人生活的安宁为本罪法益。⑥

持"超个人法益说"观点的学者认为，侵犯公民个人信息罪保护的法益应涵盖社会公共法益，这符合比例原则与刑法的谦抑性要求。但就该法益的具体内容，学者之间同样未达成共识。有学者认为该罪要保护的法益是全社会对个人数据安全的信赖。⑦ 有学者认为，由于侵害个人数据行为

---

① 详见《中华人民共和国刑法》第253条之一。
② 刘宪权、方晋晔：《个人信息权刑法保护的立法及完善》，《华东政法大学学报》2009年第3期；李凤梅：《个人信息安全的刑法保障——〈刑法修正案（七）〉第7条析解》，《河北法学》2009年第12期。
③ 高富平、王文祥：《出售或提供公民个人信息入罪的边界——以侵犯公民个人信息罪所保护的法益为视角》，《政治与法律》2017年第2期。
④ 赵军：《侵犯公民个人信息犯罪法益研究——兼析〈刑法修正案（七）〉的相关争议问题》，《江西财经大学学报》2011年第2期。
⑤ 陈伟、熊波：《侵犯公民个人信息罪"行为类型"的教义分析——以"泛云端化"的信息现象为研究视角》，《宁夏社会科学》2018年第2期；陈冉：《论大数据背景下隐私权的刑法保护》，《中国刑事法杂志》2017年第3期。
⑥ 江耀炜：《大数据时代公民个人信息刑法保护的边界——以"违反国家有关规定"的实质解释为中心》，《重庆大学学报》（社会科学版）2019年第1期。
⑦ 江海洋：《侵犯公民个人信息罪超个人法益之提倡》，《交大法学》2018年第3期。

将同时危害个人私益与社会公益,故该罪应致力于保护"具备实质权利内涵的集体法益"。① 有学者认为,应将该罪入罪标准设置为具有规模性、整体性的个人数据保护,而非单纯个体权利的保护,其法益应当评价为社会信息管理秩序。②

侵犯公民个人信息罪的"个人法益"与"超个人法益"之争的本质是个人数据的个人属性与公共属性的对立在刑法领域的体现。因此也有折中观点认为,"公民个人信息"是具有超个人法益属性的个人法益,试图在二者之间寻求平衡。③ 鉴于刑法自身的严厉性和刑法启动成本的高昂,笔者倾向于认为该罪的法益是"超个人法益",对于仅仅侵犯到公民个人数据但未害及社会公共利益的行为,宜以侵犯公民个人信息罪的"前位"法——民事立法加以规制。

但另一方面,我国个人数据虽已归入刑法保护,个人数据的"前位"法律却尚属缺位。这种缺位不利于实现对个人数据的全面保护。且个人数据保护不能仅靠某一部门法,该问题跨越了公法与私法的界限,仅从某一部门法视角考察或许会造成顾此失彼的情况。因此,我国或有必要进行个人数据保护的统一立法,同时调整公、私领域的关系。④

三 大数据时代个人数据保护与利用的新发展

互联网的发展令个人数据的经济价值与日俱增,学界越来越多地关注个人数据的二次开发利用问题。个人数据的二次开发利用,是指数据收集者将其收集到的数据进行整理、分析、处理后,用于其他商业目的。尽管这一过程不可避免地对数据隐私带来冲击,但其带来的经济利益却颇为可观。大数据技术的进步令个人数据商业化利用的程度和范围被进一步开拓,并有望发展出新的产业链。在此情形下,过往基于隐私权和人格权的个人数据保护模式愈显不足。何种个人数据保护理论能够在保障公民人格

---

① 敬力嘉:《大数据环境下侵犯公民个人信息罪法益的应然转向》,《法学评论》2018年第2期。
② 凌萍萍、焦冶:《侵犯公民个人信息罪的刑法法益重析》,《苏州大学学报》(哲学社会科学版)2017年第6期。
③ 曲新久:《论侵犯公民个人信息犯罪的超个人法益属性》,《人民检察》2015年第11期。
④ 齐爱民:《论个人信息保护法的地位与性质》,《中国流通经济》2009年第1期;刁胜先、张强强:《云计算视野的个人信息与刑法保护》,《重庆社会科学》2012年第4期;肖少启:《个人信息法律保护路径分析》,《重庆大学学报》(社会科学版)2013年第4期。

利益的同时，更有力地支撑我国大数据产业的长远发展，是这一时期的学者最为关注的问题。

（一）数据产权理论探析

正如前文所述，互联网技术的进步令个人数据的经济价值得到充分开发，具有财富创造功能的个人数据财产化或商品化理论应运而生，并在大数据时代受到学界的广泛关注。该理论主要有以下几点支持理由。第一，个人数据的内涵已无法为传统人格权范畴完全涵盖，其财产化发展趋势已成必然。[1] 第二，有关隐私权、人格权的传统规定与数据产权并不矛盾，仅是为限制该领域的合同自由提供了合法理由。[2] 第三，设立数据产权有利于保护公民"对其个人数据的自主决定利益"，防止其数据权益因非法收集、利用而受侵害。[3]

数据产权理论已成为当前学界的主流观点之一。赞成此理论的学者普遍认为，应当对相关数据进行区别对待，与数据主体个人直接、密切相关的数据归属数据主体所有，但与数据主体关系较为疏远的数据，数据业者可以基于其为数据收集、处理、利用等付出的劳动和投资而享有合法权益。[4] 数据业者权益的法律性质，又可以分为"使用权说"和"所有权说"。

持"使用权说"观点的学者认为，数据所有权仍应归数据主体所有，但其可以被独立行使。数据所有权人以向商家提供个人数据的方式换取部分免费产品或服务的行为本质上是个人数据使用许可行为，商家将基于此获得对该数据的使用权。为更好地平衡各方权益和保障市场对个人数据资源的有效配置，建议在个人数据之上形成"个人数据人格权—个人数据财

---

[1] 洪海林：《个人信息财产化及其法律规制研究》，《四川大学学报》（哲学社会科学版）2006年第5期；李欣倩：《德国个人信息立法的历史分析及最新发展》，《东方法学》2016年第6期。

[2] See Corien Prins, "When Personal Data, Behavior and Virtual Identities Become a Commodity: Would a Property Rights Approach Matter," *SCRIPTed: A Journal of Law, Technology and Society* 3, No. 4 (2006): 270-303; Nadezhda Purtova, "Private Law Solutions in European Data Protection: Relationship to Privacy, and Waiver of Data Protection Rights," *Netherlands Quarterly of Human Rights* 28, No. 2 (2010): 179-198.

[3] 张玉洁、胡振吉：《我国大数据法律定位的学说论争、司法立场与立法规范》，《政治与法律》2018年第10期。

[4] 郭明龙：《论个人信息之商品化》，《法学论坛》2012年第6期；王渊、黄道丽、杨松儒：《数据权的权利性质及其归属研究》，《科学管理研究》2017年第5期；项定宜：《论个人信息财产权的独立性》，《重庆大学学报》（社会科学版）2018年第6期；叶敏：《个人信息商业利用的正当性与民法规则构想》，《中国高校社会科学》2018年第4期。

产权—个人数据使用权"权利层次，个人对其数据享有人格权，并在对其数据的商业利用中享有数据财产权，也可将个人数据财产权中的使用权能许可给他人形成个人数据使用权。①

持"所有权说"观点的学者认为，数据收集者将基于对数据的收集、加工等事实行为，获得对加工数据的所有权。对该权利应当首先依循"捕获规则"，分配给数据收集者，继而依据"关联规则"将敏感数据权利分配给数据主体。此举能够更加有效地激励企业利用数据创造经济效益。②

（二）个人数据公共属性分析

数据产权理论在受到学界重视的同时，对其反对之声也从未止歇。反对该理论的学者主要有以下几点理由。第一，个人数据的经济价值的实现有赖于数据主体的控制，其经济价值无法独立实现，不宜视其为独立财产。③ 第二，个人数据之上承载着多元价值，仅从经济视角证成数据产权的正当性失之片面。④ 第三，个人数据的利用不具备竞争性，不必设立绝对权对其进行保护。⑤ 对大数据时代的新商业模式的数据提供法律保护可能带来新的垄断，扼杀创新。⑥ 第四，当前数据产业处于初始阶段，行为规制模式较赋权模式更符合现阶段产业发展的现实需要。⑦ 第五，个人以私权工具对其数据进行控制的方式在大数据时代难以成功，应将其作为公共物品来规制，以促进个人数据的自由共享，实现公共利益。⑧

这种对数据产权理论的质疑背后隐含着部分学者对个人数据单一属性认知的否定。个人数据保护与利用之间一直存在的张力在大数据时代愈发紧张。这种张力是由个人数据之上承载的个人基本权利与其社会经济价值之间的冲突所带来的，更进而言之，是个人数据的个人属性与公共属性之

---

① 谢琳、李旭婷：《个人信息财产权之证成》，《电子知识产权》2018年第6期；项定宜：《论个人信息财产权的独立性》，《重庆大学学报》（社会科学版）2018年第6期。
② 龙卫球：《数据新型财产权构建及其体系研究》，《政法论坛》2017年第4期；许可：《数据权属：经济学与法学的双重视角》，《电子知识产权》2018年第11期；程啸：《论大数据时代的个人数据权利》，《中国社会科学》2018年第3期；童彬：《数据财产权的理论分析和法律框架》，《重庆邮电大学学报》（社会科学版）2019年第1期。
③ 梅夏英：《数据的法律属性及其民法定位》，《中国社会科学》2016年第9期。
④ 李延舜：《个人信息财产权理论及其检讨》，《学习与探索》2017年第10期。
⑤ 纪海龙：《数据的私法定位与保护》，《法学研究》2018年第6期。
⑥ See Thomas J. Farkas, "Data Created by the Internet of Things: The New Gold without Ownership," *Revista la Propiedad Inmaterial* 23（2017）: 5–18.
⑦ 李雅男：《数据保护行为规制路径的实现》，《学术交流》2018年第7期。
⑧ 吴伟光：《大数据技术下个人数据信息私权保护论批判》，《政治与法律》2016年第7期。

间的矛盾所决定的。长久以来，国际社会中对个人数据保护的立法主导理论为个人数据的个人控制理论。无论是欧盟强调人格尊严的人格权保护模式，还是美国基于保护个人自由的隐私权保护模式，均彰显了对"个人"的强调。① 然而，大数据产业的兴起使得对个人数据的利用关乎社会公众福利，呈现出公共性和社会性。基于个人控制的个人数据权理论受到了新兴经济的挑战，显得不合时宜。有学者就数据主体对个人数据的当然控制提出怀疑，认为二者的联系"仅在于该信息可以识别某人或与某人存在联系，这不足以使个人控制该信息或使其归属于个人支配"。② 个人数据的立法理念应当从个人控制转向社会控制，超越过往建立在个人主义之上的个人控制理论，实现在大数据时代围绕个人数据的个人利益与社会公共利益之间的平衡。③ 这种立法理念的转变将带来对个人数据制度模式的新思考，或将进而影响围绕个人数据的多方主体的利益分配格局。

（三）数据利用规则梳理

当前，个人数据保护与利用之间冲突重重，而第三方利用者的介入无疑加剧了这一对立关系。尽管学界对于大数据时代数据产权及其归属的探讨尚未得出定论，但正如有学者所言："产权不明，本不应谈利用与交易，但我国大数据产业正是在权属未明的前提下做大了蛋糕。有关大数据之上是否存在独占权益，大数据权益与个人数据保护的界线如何划分等问题在规则上缺失，在研究上处于空白，无法为现实提供有效指引，实属大数据产业发展的隐忧。"④ 大数据产业的勃兴正在倒逼立法对数据利用问题进行回应，也急需学界对此问题发声。

为平衡个人数据保护与利用的关系，现阶段学界主要探讨了"知情同意原则"和"去身份化操作"两种进路。二者各有其合理性和局限性。

1. 知情同意原则

知情同意原则被认为是"个人数据保护领域的基本原则之一"。⑤ 然而，该原则作为个人数据处理正当性基础的地位受到大数据技术的不断挑

---

① 高富平：《个人信息保护：从个人控制到社会控制》，《法学研究》2018 年第 3 期。
② 高富平：《论个人信息保护的目的——以个人信息保护法益区分为核心》，《法商研究》2019 年第 1 期。
③ 高富平：《个人信息保护：从个人控制到社会控制》，《法学研究》2018 年第 3 期。
④ 张书青：《脚印与路：个人信息保护与大数据权益归属》，《电子知识产权》2018 年第 11 期。
⑤ 万方：《隐私政策中的告知同意原则及其异化》，《法律科学·西北政法大学学报》2019 年第 2 期。

战，面临着现实与理论的双重困境。① 大数据技术令获取有效同意的难度加大，且该原则的适用忽视了公共利益，无益于实现个人数据保护与利用的平衡，据其产生的"全有全无"管理构架也将带来负面经济效用。② 更有学者提出，在大数据时代，应以防止滥用而非权利保护作为个人数据收集的规制原则，因此，对该行为的正当性考察宜采事后判断的方式，同意的实质是事先判断，不应作为信息收集行为的正当性基础。③

尽管知情同意原则受到诸多质疑，但其在社会交往领域具有重要作用，保障了对个人自治和人的尊严的尊重和维护，不能因其适用效果不佳而否认其必要性和正当性。因此，不少学者主张对该原则进行革新而非将其彻底废弃。④ 革新举措的核心思路为将现有的绝对同意模式转变为相对同意模式，或是将个人数据区分为一般数据和隐私数据，非隐私数据的收集无须获得数据主体的同意或仅需获得消极同意；或建议确立分层同意机制，"容许有条件的宽泛同意＋退出权模式"。⑤

2. 去身份化操作

去身份化，也叫去识别化，即"去除个人数据中可识别性的过程"，包括去标识化和匿名化两个环节。⑥ 在知情同意原则对大数据利用的规制"捉襟见肘"的当下，去身份化作为平衡数据保护与利用的方式被提出。

去身份化是个人数据再利用的前提，其对数据中的隐私与资产属性进行分割，将有效降低数据利用中的隐私风险。为实现去身份化对隐私的有效保护，必须确定合理的法律标准。有学者提出我国应当仿效欧盟确立的标准，即数据控制者与第三方均不能通过"一切"、"可能"和"合理"

---

① 王籍慧：《个人信息处理中同意原则的正当性——基于同意原则双重困境的视角》，《江西社会科学》2018年第6期。
② 王文祥：《知情同意作为个人信息处理正当性基础的局限与出路》，《东南大学学报》（哲学社会科学版）2018年第1期；万方：《隐私政策中的告知同意原则及其异化》，《法律科学·西北政法大学学报》2019年第2期。
③ 任龙龙：《论同意不是个人信息处理的正当性基础》，《政治与法律》2016年第1期。
④ 徐丽枝：《个人信息处理中同意原则适用的困境与破解思路》，《图书情报知识》2017年第1期；王文祥：《知情同意作为个人信息处理正当性基础的局限与出路》，《东南大学学报》（哲学社会科学版）2018年第1期。
⑤ 王叶刚：《个人信息收集、利用行为合法性的判断——以〈民法总则〉第111条为中心》，《甘肃社会科学》2018年第1期；田野：《大数据时代知情同意原则的困境与出路——以生物资料库的个人信息保护为例》，《法制与社会发展》2018年第6期；万方：《隐私政策中的告知同意原则及其异化》，《法律科学·西北政法大学学报》2019年第2期等。
⑥ 张勇：《个人信息去识别化的刑法应对》，《国家检察官学院学报》2018年第4期。

的手段来识别特定个人。①

但有学者对该操作的安全性和正当性提出怀疑,认为去身份化的数据仍存在被重新识别的风险。这种对去身份化的不信任的根源在于,"隐私"是一个广泛的概念,包括保护我们免受熟人猜测的风险。而去身份化操作建立在一种明显狭隘的"隐私"概念之上,针对的是更为具体的隐私危害。②但笔者以为,在数据经济时代,"隐私"是一个相对的概念,具有较大的弹性,不同个体对隐私边界的感知不同,无法一概而论。正如美国Edward M. Chen 法官在 HiQ Labs 诉 LinkedIn 案判决中指出,被告"没有强有力的证据证明用户实际的隐私意愿"。③ 因此,以"大隐私权"概念作为对去身份化操作的质疑基础,有以偏概全之嫌。该操作的安全风险更多属于技术问题,可以通过技术的完善来加以解决。

也有学者指出,去身份化的实质是"将个人数据转化为不包含个人身份信息的数据",并不能真正为个人数据收集、利用行为提供正当性基础。④ 笔者赞成这一观点,即去身份化是对于业已获取的个人数据进行处理的后续操作,无法成为在先的数据收集行为的正当性基础。因此,或有必要从其他视角思考个人数据利用的正当性基础和规制进路。

3. 其他规制进路

知情同意原则与去身份化操作的局限性使得一些学者尝试从其他视角探求大数据利用与保护的平衡规则。现将其中较具代表性的观点列举如下。

①个人数据的合理使用原则。该观点认为,可以借鉴著作权法上的合理使用原则作为个人数据收集、利用的正当性基础,以弥补同意原则在大数据时代的局限性。⑤

②合法利益豁免机制。该观点认为,大数据产业发展需要灵活的空间,数据收集者基于数据收集、利用行为获得相应合法利益,而无须取得

---

① 金耀:《个人信息去身份的法理基础与规范重塑》,《法学评论》2017 年第 3 期;韩旭至:《大数据时代下匿名信息的法律规制》,《大连理工大学学报》(社会科学版)2018 年第 4 期;张涛:《欧盟个人数据匿名化的立法经验与启示》,《图书馆建设》2019 年第 1 期。

② See C. Christine Porter, "De-Identified Data and Third Party Data Mining: The Risk of Re-Identification of Personal Information," *Shidler Journal of Law, Commerce & Technology* 5, No. 1 (2008 – 2009): 1 – 8; Felix T. Wu, "Defining Privacy and Utility in Data Sets," *University of Colorado Law Review* 84, No. 4 (2013): 1117 – 1178.

③ See HiQ Labs, Inc. v. LinkedIn Corporation, 273 F. Supp. 3d 1099 (2017).

④ 王叶刚:《个人信息收集、利用行为合法性的判断——以〈民法总则〉第 111 条为中心》,《甘肃社会科学》2018 年第 1 期。

⑤ 江波、张亚男:《大数据语境下的个人信息合理使用原则》,《交大法学》2018 年第 3 期。

数据主体同意。其中，对合法利益应采广泛的定义，即基于非违法使用行为产生的利益均属合法利益。①

③目的限制原则。该原则包括"目的明确"和"使用限制"两方面内容。前者要求数据收集者事先告知数据主体收集、使用目的，使其对个人数据的后续使用产生明确认知，但不苛求目的范围的最小化；使用限制要求对数据的后续利用不得逾越已明确的目的，否则须再次征求同意。②

④资源准入模式。该观点认为，平衡个人数据的利用与保护问题实际上就是合理圈定数据流转范围的问题，资源准入模式能更好地兼顾二者。该规则要求只有具备数据安全保障能力的企业才能成为数据收集者，且个人数据只能在适格企业范围内流转。③

⑤消费者权益保护机制。该观点认为，数据的财产属性使得"数据主体可完成从自然人到消费者的角色嬗变"，应当将消费者权益保护机制引入数据治理过程中，以平衡数据保护与利用的关系。④

⑥"普遍免费＋个别付费"双重模式。该观点认为，既有的网络信息服务普遍免费模式"削弱了对用户个人数据的保护，也削减了网络服务提供者的相应义务"。有必要引入个别付费模式，构建"普遍免费＋个别付费"双重模式，以保障个人对其数据的控制和数据的有效利用。⑤

综上所述，当前学界对个人数据保护与数据产业发展的平衡规则进行了诸多有益的探讨，取得了丰富的研究成果，但并未就该进路达成共识。相关问题仍有待于学界的进一步研究与明晰。

结语：大数据时代统一个人数据立法的展望

个人数据的保护与利用问题是与互联网产业的兴起相伴而生的。在个人数据问题诞生初期，学界的关注点主要在对个人数据隐私的保护上，提出了"网络隐私权"概念。但互联网技术的迅速发展严重侵蚀公民个人数据，威胁数据主体人格尊严，传统隐私权保护模式难以应对，个人数据权

---

① 谢琳：《大数据时代个人信息使用的合法利益豁免》，《政法论坛》2019年第1期。
② 梁泽宇：《个人信息保护中目的限制原则的解释与适用》，《比较法研究》2018年第5期。
③ 朱新力、周许阳：《大数据时代个人数据利用与保护的均衡——"资源准入模式"之提出》，《浙江大学学报》（人文社会科学版）2018年第1期。
④ 孙南翔：《论作为消费者的数据主体及其数据保护机制》，《政治与法律》2018年第7期。
⑤ 张新宝：《"普遍免费＋个别付费"：个人信息保护的一个新思维》，《比较法研究》2018年第5期。

理论取代隐私权理论成为个人数据保护的主流观点。随着电子政务的发展和互联网犯罪的频发，私法保护"捉襟见肘"，个人数据保护向公法领域延伸成为发展之必然。及至大数据时代的全面到来，个人数据的经济价值得到重视，对其利用关涉社会公共利益，个人数据利用与保护之间的张力也与日俱增。现有的平衡二者关系的两种主要进路"知情同意原则"和"去身份化操作"各有其合理性，但也因受到大数据技术的挑战而受到诸多质疑。此外，也有不少学者尝试从其他视角探求二者的平衡进路。对此问题，学界尚未达成共识。

当前，中国的个人数据保护立法已提上日程。未来我国的统一数据立法应当顺应大数据时代的需要，平衡数据保护与数据利用二者的关系，助推中国大数据产业的全面发展。怎样的制度构建能够更好地平衡二者关系，是学者当前和今后一段时间所关注的重点。

Review of Research on the Protection and Utilization of Personal Data

Abstract: With the rise of the Internet industry, academic community pay more attention to the protection and utilization of personal data. The related research can be roughly divided into three stages, including the evolution of the private law protection model of personal data, the extension of personal data protection to the field of public law, and the new development of protection and utilization of personal data in the era of big data. At present, China put the legislation on personal data protection on the agenda. The legislation should meet the needs of the big data era, balance the relationship between the protection and utilization of data, and promote the development of big data industry.

Keywords: Personal Data; Data Rights; Protection of Data; Utilization of Data

未来已来、将至已至：人工智能视域下法律的忧患与理性

——"人工智能：科学与法学的对话"研讨会综述[*]

陈 伟[**]

摘 要：2019年5月11日"人工智能：科学与法学的对话"学术研讨会在重庆隆重召开。来自全国各地的法官、专家学者和企业精英从科技、法律、产业等多个维度，围绕"人工智能的主体性与侵权责任"、"人工智能与知识产权"、"人工智能产业发展与个人信息保护"和"人工智能产业发展与法律伦理"四个问题展开了全面而深刻的讨论。此次研讨会从不同的方位层次探讨了人工智能之风险防范及法律规制，对人工智能的学术研究和产业发展意义重大。

关键词：人工智能 主体性 人工智能生成内容

人工智能的产生和发展正在改变甚至颠覆人类的生产、生活方式。我们希望人工智能为人类及其后代带来理想的生活，但当它即将来临或真正来临时，我们却深感不安。因为它对我们构建的法律规则、社会秩序、伦理道德造成了巨大冲击，使传统的法律体系和伦理规范面临种种问题。人工智能具有主体性吗？人工智能生成内容具有可版权性吗？人工智能自主发明创造具有可专利性吗？人功智能侵权责任如何承担或分配？如何化解人工智能产业发展与隐私权、个人信息保护之间的冲突？如何界定和规划人工智能伦理标准？

2019年5月11日，由中国知识产权法学研究会和西南政法大学主办，西南政法大学知识产权学院、重庆知识产权保护协同创新中心和北京阳光

---

[*] 本文系重庆市社会科学规划博士项目"创新驱动发展战略下专利激励机制研究"（2015BSO45）的阶段性成果。本综述由笔者根据现场速录整理而成，未经发言人审核，文责由笔者自负。

[**] 陈伟，西南政法大学民商法学院知识产权法专业博士研究生，重庆知识产权保护协同创新中心助理研究员。

知识产权与法律发展基金会承办的"人工智能：科学与法学的对话"研讨会，在重庆银鑫世纪酒店顺利召开。来自中国社会科学院、中国电子技术标准化研究院、北京大学、清华大学、北京师范大学、中国科学院大学、南京师范大学、深圳大学、重庆大学、中南大学、北京理工大学、华中科技大学、暨南大学、华中农业大学、中南财经政法大学、华东政法大学、西南政法大学、重庆市公安局、重庆市第四中级人民法院、北京互联网法院、百度公司、腾讯公司、清华同方集团、杭州实在智能公司、杭州智法网络科技有限公司和重庆移动金融有限公司等单位的专家、学者和企业精英，围绕"人工智能的主体性与侵权责任"、"人工智能与知识产权"、"人工智能产业发展与个人信息保护"和"人工智能产业发展与法律伦理"四个单元，针对上述问题，展开了热烈、广泛、深入的讨论。现将此次研讨会的内容综述如下。

一 人工智能的兴起

法律制度可能是滞后的，但对法律问题的思考和研究应该具有前瞻性。回溯历史方能认清现实，认清现实方能展望未来。对人工智能引发之问题的思考和研究，应当从其本质出发回溯其历史，认清其现实，展望其未来。

（一）人工智能的本质

何谓人工智能？中国电子技术标准化研究院信息技术研究中心董建主任说："目前人工智能技术和产品正处于快速发展阶段，对于何谓人工智能还未达成共识。"北京师范大学汪庆华教授认为，人工智能本身是一个拟人化的想象，就如同机器人不一定是人一样，它可能是手机、杯子、钥匙扣甚至任何人类想赋予它的形态，从本质上来看它是一套算法驱动系统。何谓算法？中南大学刘强教授谈道，现在普遍认为人工智能算法是一种智力活动方法，不能被授予专利权；但专利审查部门有一种将利用客观规律的人工智能算法程序作为可专利权对象的倾向。汪庆华教授谈道，2019年4月10日美国参议院议员提出一部新的法案——《算法问责法》，该法案将算法和自动化决策看作一对可以相互替换的概念，将算法定义为基于机器学习、统计学或者其他的数据处理而作出的一套决定或者辅助人工的决定。从比较法的视角来看，算法是言论、商业秘密或竞争法的一个独立考量要素，将算法定性为竞争法独立考量的要素是近年来欧洲和美国共同的趋势。在搜索引擎领域，美国联邦法院和州法院亦存在将算法认定为言论的判例，如搜索王诉谷歌案件、美国纽约居民诉百度案以及2016年威斯康星州最高法院判决的鲁米斯案。

（二）人工智能的发展

人工智能从诞生之日起已有60多年的历史，关于其发展阶段，北京理工大学马锐副教授提出，人工智能可以分为弱人工智能、强人工智能和超强人工智能三类。弱人工智能是指在特定领域或有限规则内模拟和延伸人的智能，强人工智能是指具有意识、自我创新思维，能够进行人类级别智能的工作，主流观点认为目前我们仍处于弱人工智能时代。马锐副教授进一步指出，人工智能从诞生到现在，大致经历了以下十个发展阶段。第一阶段，1956年四个著名学者提出"人工智能"这一概念，标志着人工智能学科的诞生。第二阶段，早期发展阶段，人工智能的早期是符号主义和连接主义的发展阶段，20世纪50年代提出了特别有名的感知神经网络模型，1969年发现连接主义存在一定问题。第三阶段，1966～1973年，人工智能的发展进入低谷，与此同时，基于符号主义的人工智能取得很大的成功。第四阶段，1969～1979年，初步建立知识工程的概念，在美国出现了非常成功的应用，如采矿专家系统、医疗专家系统等。第五阶段，1980年，人工智能开始和产业相结合，但在科学方法上没有更多的突破。这也意味着人工智能发展的冬天到来。第六阶段，1986年，提出了BP神经网络算法，并出现很多成功的应用，20世纪90年代的智能应用均属这种神经网络的应用。第七阶段，1987年，人工智能成为一门科学。第八阶段，1995年，智能代理出现。第九阶段，2001年，大数据时代来临为人工智能的发展带来了希望。第十阶段，2006年，以深度学习为代表的人工智能算法取得了突破性进展，人工智能的发展进入新一轮热潮。

西南政法大学曹伟副教授从人工智能技术的发展阶段出发，认为当下所谓的人工智能不是真正的人工智能而是准人工智能。主要理由在于，当下所谓的人工智能虽然具有强大的存储运算能力和创新的交互方式，但它依然按照预设的规则运行。以韩国著名围棋手李世石大战阿尔法狗为例，阿尔法狗与李世石对弈的原理如下：首先在阿尔法狗的系统中预存海量的棋谱，其次运用遍历算法把每一种情况都预演一遍，最后从中选择一个可能的最优解。由于其超强的运算能力，它可以实时得出一个最优解，而人类思考需要时间。从这个角度来讲，准人工智能只能按照预设条件和规则完成任务。自动驾驶亦是如此，其实质不外乎在车和道路的周围安装若干探头，通过收集和反馈信息来判断车与其他物体之间的距离并作出决策，距离远加速，距离近则减速，距离特别近则刹车。而真正的人工智能不仅能够自主学习而且还不按照人类预设的规则运行。腾讯研究院曹建峰高级研究员对人工智能的发展阶段持另一种观点，他认为当下并不是准人工智能时代而是真正的人工智能时代，因为基于深度学习的人工智能技术类似于自主学习，可以作出相应的选择和决策。中国电子技术标准化研究院信息技术研究中心董建主任认为，当前的人工智能还是专用智能和感知智能，具有局限性，提高其普适性乃未来的发展方向。

（三）人工智能在法律服务行业中的运用

腾讯研究院曹建峰高级研究员认为，在人工智能技术的影响下司法将呈现出如下发展趋势：其一，从物理环境转变为半虚拟环境；其二，从人类干预转变为自动化程序；其三，从纠纷解决转变为纠纷预防。

法律服务业位于司法的前端并最终服务于司法，司法的发展趋势将对法律服务业的发展产生巨大影响。杭州智法网络科技有限公司黄选峰总经理认为目前人工智能在法律服务行业中的应用没有本质性突破，是规模化应用的结果，其主要应用领域为研究法官裁判结果的确定性。面对此现状，杭州实在智能公司孙林君总裁认为，当下的问题不是界定人工智能应当如何、不应当如何，而是弱人工智能能够为人类做什么，即弱人工智能在产业中如何应用。智能化是人类的基本需求，法律行业也不例外。目前，我国法官、律师均只有几十万人，年案件总量达2500余万件，法律咨询总量高达2亿次左右，其中有大量的重复性劳动需要人工智能去完成，以提升办案效率。在这方面，司法实践作了很多尝试，例如语音自动转换文本和自动生成裁判文书的智能庭审。当下，如何运用弱人工智能减轻法官或律师的负担？孙林君先生认为，目前不宜把人工智能技术嵌入最终审判环节。一般而言，诉讼前后会经过"咨询—评估—起诉—调解—裁判"等阶段，当事人在起诉之前需要明确某一纠纷能否以诉讼的方式解决，其法律依据是什么，胜诉概率等情况。对此，可以将人工智能法律服务聚焦于咨询和评估阶段，运用弱人工智能和大数据给当事人一个决策性建议，这将有助于调解结案从而减轻法官或律师的负担。孙林君先生所在的杭州实在智能公司对此作了大量的试验，并开发出了一款被称为"包小黑"的产品,在这个过程中他发现了四个与之相关的问题。第一,决策性意见是人工智能基于深度学习司法大数据而形成的,与法律规定具有一定结合点,在成文法背景下,如何看待决策性意见或法官之判决与制定法的关系。第二,智能决策在自由裁量性因素方面很难发挥作用。第三,该决策性建议在法律推断和法律解释一体化的案件中失灵。第四,口语化表达与法言法语的对接关系。这为突破弱人工智能在司法实践中的关隘指明了研发的方向。

二 人工智能的法律地位

2016年,欧盟法律事务委员会向欧盟委员会提交动议,要求赋予最先进的机器人"电子人"身份,并赋予其特定的权利和义务;2017年,沙特阿拉伯授予美国汉森公司研究的智能机器人"索菲娅"公民资格。机器人的电子人格及公民资格的享有撼动了传统法律体系所确立的以人类为主体的架构。由此带来的问题是人工智能能否跨过主客体之间的鸿沟一跃成为法律上的主体,如果能,它应当满足哪些要件。

对此,西南政法大学人工智能法学院孙莹博士认为,对人工智能的主体性的探讨应当回到民事主体的话语体系中,即讨论民事主体的本质是什么,民事主体的判断标准是什么。张建文教授认为,目前我们对人工智能主体性问题的探讨具有局限性,我们的视野局限在如果人工智能是物,物权法能否解决;如果人工智能是人,自然人制度和法人制度如何回应。他进一步谈道,《机器管家》这本书给了我们新的启示:人具有主体性的条件是什么。一般而言人具有主体性是当然且无须论证的,先具有主体资格然后有自由、财产、安全;反之,如果一个对象有自由、有财产、有安全保障还不具有主体性,那它应当满足怎样的条件才具有主体性?

(一)人工智能主体性问题之质疑

西南政法大学李雨峰教授认为,人工智能的主体性是不是一个真问题还有待讨论。因为如果人工智能按照人类预设规则运行,它便始终无法逃脱人类的控制,而不具有主体性;如果人工智能失控了,它是否具有主体性这一问题已经超出了人类立法的范围。华中农业大学刘旭霞教授认为人工智能技术与生物技术具有相似之处,在现有的法律体系中它们是科学、技术或科学技术应用的产品,在此背景下,人工智能的主体性是一个假问题。清华大学吴伟光副教授从生命的本质出发亦认为人工智能的主体性是个假问题，因为生命的本质是欲望，有欲望才有生命；人工智能不能独立产生欲望，因而不可能成为主体。重庆市公安局电子物证司法鉴定中心田庆宜不这么看，他认为人和机器的最大差别在于意识，一旦机器有了意识，必然有自己的需求和欲望，从而构建自己的价值观。

（二）人工智能主体性之现实否定论

西南政法大学周清林副教授立足于已有研究从伦理学和哲学的角度对当下人工智能是否具有主体性作了否定性阐释。他认为，就现有研究而言，人工智能为客体的观点无法解释"人工智能具有理性本性"和"人工智能基于自身的独立意志具有主体性"这两个问题；相应地，人工智能具有主体性的观点也不能解释为何人工智能不具有伦理人格，而只能是代理人或电子人格，若将其认定为拟制主体，它能否成为责任主体。他通过攻克人工智能之客体性无法解释的两个问题，证成人工智能不具有伦理人格；通过阐释拟制主体实践的原理，论证了人工智能不可能从工具性的存在变成人格的存在，继而不可能为自然人主体；加之当下人工智能不具有承担责任能力，因而也不宜认定其为拟制主体。具体而言，他认为，人工智能为对人脑计算功能的模仿，是一种计算理性、被动理性，这种理性具有虚拟化、抽象化特点，不具有道德观和情感观。人工智能的计算理性是一种被定义在"刺激—反应"结构里的单向认识理性，但这种认识理性不同于我们近代以来创设的认识理性。康德的认识理性提出，计算理性不是刺激而是对刺激与反应结果进行再度分析，人工智能做不到这一点，否则它就真的具备人的认知能力。从人的认知能力来讲，人是可以被认识的，他自己可以成为认识的对象，机器人不能反过来认识它自己。理性不是人类的本性，人类的本质乃自由意志。法律主体以伦理人格作为起点，伦理人格就是自由意志。因此人在人文主义的设定上和计算理性没有关系，通过计算理性定义人本身就是一种误解。自由意志的伦理人格是一种偶然的能力而不是作为知识必然的能力，与主体有关的行为能力才涉及认识，但这里的认识也仅以社会常识为主，跟计算理性无关。法律拟制主体不符合伦理性的存在，但基于工具性、社会现实存在性和财产性的考虑，依然将其设定为财产上的行为能力者。目前人工智能不可能成为真正的责任主体，因而也不宜认定为拟制主体。

重庆移动金融有限公司总裁吴祺博士从人工智能技术的理论渊源和现

实出发，认为当下我们还处于弱人工智能时代，其大部分理论来自统计学，其算法是基于统计的自动化，现阶段的法律并没有将人工智能作为独立的主体，因为现有的人工智能仅是按照操作者和开发者的意愿来执行相应的命令。

西南政法大学马海生副教授从民法的角度分析了当下人工智能不具有主体性。主要理由在于，法律主体之关键在于他能够享有法律上的权利，承担法律上的义务和责任，目前及未来一段时间内的人工智能无法享有法律上的权利，承担法律上的义务和责任，在现有的法律体系下，人工智能不可能成为法律主体。即便否认人工智能的主体性，在现有法律框架下亦足以解决人工智能带来的问题，主要涉及两方面，即人工智能生成内容的归属和人工智能侵权责任的承担。

（三）人工智能主体性之未来不可知论

西南政法大学曹伟副教授认为，准人工智能不具有主体性，真正的人工智能是否具有主体性犹未可知。因为对人工智能主体性的讨论暗含了一个前提，即人工智能是否具有主体性是由人类立法所决定的，但这一前提未必成立。当超越人类的人工智能出现后，立法主体究竟是人还是人工智能，现下无从知晓。与此同时，已有的图灵测试和阿西莫夫机器人三原则亦具有局限性，不能解决真正的人工智能是否具有主体性这一问题。西南政法大学张建文教授也认为，阿西莫夫机器人三原则没有奠定人工智能主体性的基础，其出发点是安全，即必须将人工智能置于人类的控制下，不要给人类带来伤害。它不是规范亦不是规则，而是一个以人类为考量的伦理原则。

重庆市第四中级人民法院孙海龙院长认为，对人工智能主体性的探讨应当回到法律上，从现实性、伦理性和法律性三个维度予以考量。人工智能的主体性源于现实，即人工智能引发的新的社会关系严重影响了人类的生产、生活方式，更离不开伦理性，即法律是最低限度的道德。既有法律体系是人类主宰的话语体系，人具有主体性的条件无非是其享有权利和义务并能够承担法律责任。从这一起点和思路出发，当下人工智能毫无主体性可言，但是在未来我们也许就没有制定法律的话语权了。他始终认为，人工智能不是人类智慧创造的成果，如果它永远由人类衍生而来，阿西莫夫机器人三原则就不是浪漫的幻想而是可以实现的。在人类的创造过程中，人工智能可能与其他物种结合而具有主体性，只是我们不知道而已。

三 人工智能生成内容的属性及归属

当下我们正处于弱人工智能时代，弱人工智能最大的特点在于它必须按照人类预设的规则运行。但弱人工智能的应用亦对现行知识产权法尤其是著作权法和专利法提出了挑战，其核心问题在于人工智能生成内容的属性及归属，即人工智能生成内容是否具有可版权性或可专利性。如果具有可版权性或可专利性，该权利归属于谁；如果不具有可版权性或可专利性，其属性为何，其利益归属于谁。

（一）著作权法视域下人工智能生成内容的属性及归属

对于人工智能生成内容与著作权法的关系，中南财经政法大学黄玉烨教授谈道，人工智能生成内容的著作权保护路径存在两方面的困境：第一，人工智能的主体性；第二，作品的独创性。独创性既要求作者独立创作又要求反映作者的个性。人工智能生成内容不能反映人的个性，因而其独创性受到质疑。黄玉烨教授认为，目前人工智能生成内容不宜认定为著作权法意义上的作品。主要理由在于：创作作品的主体必须是民事主体，包括自然人、法人和非法人组织，动物和机器人都不是现行法框架下的民事主体；大陆法系国家强调作品是作者思想情感的表达，即便是英美法系国家也将作品的创作主体限定在民事主体的范围之内，美国著名的猴子自拍案即是典型的例证。但这并不意味着人工智能生成内容不受法律保护，只是保护路径不同于作品而已。黄玉烨教授认为民法上的孳息为人工智能生成内容提供了新的保护路径。她从以下三个方面阐释了其合法性与合理性。第一，孳息理论不排除孳息的非物质性，天然孳息强调的是物与物之间的派生关系，其核心在于收益本身的财产价值以及收益与原物之间的密切关系。第二，人工智能生成内容具有一定的经济价值，反映了与人工智能本身之间的"收益—原物"关系，这有利于解决人工智能不具有主体性因而不能将其生成内容定性为作品从而纳入著作权法体系下予以保护的问题。第三，将人工智能生成内容定性为孳息，有利于为其利益之归属寻求较为合适的路径。在黄玉烨教授看来，人工智能生成内容的孳息保护路径只是法律没有确认人工智能主体地位的权宜之计，当人工智能取得主体地位时，对其生成内容的保护应当回到著作权法框架之下。

华东政法大学丛立先教授从工具论和契约论的角度阐释了人工智能生

成内容的可版权性及其归属。他认为，当下人工智能尚处于人类可控的发展阶段，在本质上属于工具，其生成内容只要符合作品的构成要件当然具有可版权性，问题的关键在于版权的归属。人工智能生成内容可能涉及人工智能创设者（程序设计者）、人工智能技术开发者（软硬件知识产权所有者）、人工智能物权所有者、人工智能创作作品者和人工智能使用者等主体，这些主体既可能呈分立状态也可能呈交叉重叠状态。在主体众多的情况下，人工智能生成内容的版权到底归谁？丛立先教授从契约论的角度构建了意思自治优先并辅以人工智能控制者为核心的归属规则。具体而言，当各主体对人工智能生成内容的版权归属有约定时，以约定为准；无约定时，属于控制者，即当人工智能的知识产权主体、物权主体和控制主体呈分立状态，且没有约定人工智能生成内容的版权归属时，则该版权归控制者。他反对将人工智能生成内容以邻接权的方式进行保护，因为邻接权是作者与作品传播者长期博弈的结果，不可随意创设。

华中科技大学熊琦教授认为人工智能生成内容的著作权问题之关键在于主客体的认定上，即人工智能生成内容是不是作品，如果是作品，其创作者是谁。熊琦教授进一步谈道，作品是一种智力表达，其中"智力"意味着表达之内容是自然人所独有的思想和情感，人工智能生成内容很难被视为智力表达。反之，我们无法用肉眼识别某一表达是人工智能生成的还是人创作的，法律亦不能对此作出准确的判断。《著作权法》规定创作作品之公民为作者，法人或其他组织可以被视为作者，此处的"视为"表明法人或其他组织不是通常意义上的作者。人工智能能否被视为作者？熊琦教授认为，答案是否定的，原因在于著作权法的功能是激励创作或鼓励对创作的投资，人工智能不需要这种激励，如果将人工智能视为作者有悖于著作权法之立法目的。即便如此，也并不意味着现行《著作权法》对人工智能生成内容的保护失灵了。熊琦教授认为对该问题的探讨要区分计算机生成内容和人工智能生成内容，前者是程序运行的结果，后者乃人工智能通过自主判断、收集、学习新数据并脱离原来预设算法而生成的内容。人工智能是人基于大数据训练出来的，人工智能的学习以及数据的挖掘、整理和选择判断，无不贯穿着人的价值观。这意味着人与人工智能生成内容之间具有高度关联性，如此便可类推适用《著作权法》第11条第3款规定的法人作品制度，人工智能的创作者或使用者即可被视为人工智能生成作品之作者。

中国社会科学院管育鹰研究员从著作权制度之目的和作品独创性之判

定的视角，阐释了辅助性地利用人工智能创作的作品可以获得著作权法的保护，单纯的人工智能生成内容不能获得著作权法的保护。她认为，著作权制度的初衷是为了鼓励人的创作，法律之所以赋予创作者著作权是为了回馈其对社会的独创性贡献，独创性源于自然人思想情感的表达，而人工智能乃一种机械性的算法规则无任何主观创作意识。因此，单纯的人工智能生成内容乃算法变换的结果，无独创性，从而不构成著作权法上的作品。她进一步谈道，著作权不是一个筐，并非所有具备一定经济财产价值的信息都要用著作权来保护，因为赋予某一主体著作权意味着限制了其他主体的自由创作空间，除非有特殊的理由，否则不能赋予某一主体这种垄断性的权利。

北京互联网法院全国首例人工智能生成内容著作权纠纷案审判法官卢正新先生认为，在已有法律框架能够保护相关权利人利益的情况下，不宜突破民法的基本规范将人工智能生成内容认定为作品；但这并不意味着人工智能生成内容为共有物可由任何人随意使用，应当以合理的方式划分其利益归属。他认为应当区分使用者和所有者的利益，并将该利益划归使用者所有，同时以一定的方式标注其他相关主体。

中南大学刘强教授从技术发展和立法进程的视角分析了人工智能生成内容可版权性的三个发展阶段。第一，保守阶段。从现有的立法和司法裁判来看，对人工智能生成内容可版权性的探讨仍处于相对保守的阶段，因为立法、司法和学界主流观点均不承认人工智能的主体地位，其生成内容的作品属性自然难以得到司法裁判的支持，而是将其界定为"相关权益"，这类似于法律利益。第二，变革阶段。上述现状凸显了立法变革之必要性，即借鉴英国版权法上对电脑生成作品可版权性的承认，并对其权利归属作出相应的制度安排，以免发生类似的纠纷而无直接法律依据的窘态。第三，突破阶段。当技术发展到超强人工智能阶段，且民法上的理念和制度障碍均被破除，人工智能即取得主体地位，人工智能生成内容即为著作权法意义上的作品，受到《著作权法》的保护。正如法人制度一样，人工智能之主体性从概念的提出到立法的突破，需要很长一段时间。

（二）专利法视域下人工智能生成内容的属性及归属

百度公司专利事务部总经理崔玲玲从人工智能的产业格局和技术框架出发，阐释了人工智能自主发明创造的专利权问题。她认为，人工智能对专利法带来了三个方面的挑战。第一，人工智能自主发明创造的可专利性问题。《人工智能与专利法的冲突》这本书认为，人工智能自主发明创造不能被授予专利权，因为如果授予其专利权会阻碍创新也可能会导致人类智力萎缩继而导致人类创造性减弱。不同于上述著作的另一种观点认为，人工智能自主发明创造可以被授予专利权，但需满足真正有用或具有重大社会效益的条件，对于不具有重大社会效益之发明应当提高其创造性标准。第二，人工智能自主发明创造专利权的归属。欧洲专利局对此提出程序员、开发者或者使用者可以作为发明人，满足专利法规定的发明人为自然人之要求。人工智能企业将其意志注入人工智能的技术创造活动中，并且为之提供了实质必要支持，因此人工智能企业应当作为人工智能自主发明创造的专利权人，享有专利权益，这符合民法上的财产权制度。第三，授予人工智能自主发明创造专利权之判断标准。2018年美国专利商标局公布的《专利客体适格性修订指南》明晰了可授予人工智能自主发明创造专利权的判断标准，欧洲专利局也发布了2018年度专利审查指南，明确了人工智能和机器学习的审查规则，但是在客体标准方面并没有实质性的变化。对于上述挑战之应对，她建议我国亦应当进一步明确授予人工智能及其自主发明创造专利权的标准，扩大人工智能及其自主发明创造可专利权的客体范围。

四 人工智能的风险及其规制

正如华中农业大学刘旭霞教授所说，目前人工智能面临的主要是安全问题。人工智能对人类安全之威胁主要体现在隐私和法律伦理两个层面。就隐私而言，数据是人工智能的基石，无海量数据支撑的人工智能无法进行深度学习继而及时作出准确判断；人工智能的每一次应用均涉及对数据的收集、处理和利用，这些数据大多涉及社会公众、消费者、网络用户的个人数据和个人信息。在此背景之下，如何规制对个人数据和个人信息使用，破除人工智能对隐私的威胁，便成了问题的关键。就法律伦理而言，人工智能的多种面孔对人类社会带来了某些不确定性，这些不确定性时刻影响着人类社会的安全。对此，我们应当准确界定人工智能及其应用的边界，以适当的伦理价值和规则引导它朝良性的方向发展。对于上述安全问题，刘旭霞教授认为解决之道在于加强事前监管，即在研发阶段、生产应用阶段、市场准入阶段均对其风险予以评估并采取适当措施。

（一）人工智能的隐私风险及其规制

南京师范大学梁志文教授认为，个人数据保护正面临两大困境。第一，以同意为前提的个人数据使用规则已经被架空。就互联网企业对个人数据的收集、处理和使用而言，绝大多数用户基本不会阅读那些复杂且充满法律术语的个人数据条款，加之如果用户不点击同意将无法使用相关软件，因此用户点击"同意"的行为徒留于形式并不能代表其同意数据条款的真实意思表示。第二，个人数据的匿名化处理具有一定局限性。个人信息分为敏感信息与普通信息，在对个人数据进行使用之前要对其中的敏感信息进行脱敏处理，但是用户画像技术依然可以利用脱敏数据确定某一特定主体。对于上述两大困境的解决，梁志文教授认为，应当从个人数据的性质入手，将个人数据定性为具有一定价值的经济数据而不仅仅是一种关涉隐私的数据，如此便可从权利客体的规制转向行为的规制。具体而言，首先区分个人数据的收集、处理与个性化的利用，收集、处理是纯粹的经济利用，个性化利用可能涉及个人隐私；然后区分数据处理责任与算法责任，通过对算法监控来实现对个人隐私的保护并对侵犯个人隐私的数据利用行为苛以相应的责任。

清华大学吴伟光副教授从顶层设计的高度及人与隐私之间的伦理关系阐释了化解人工智能与隐私利益之冲突的途径。他认为，隐私利益是人类在竞争中产生的信息独占关系，只要有竞争就有隐私利益。人与人之间的合作程度和效率越高，其隐私利益越小，因为互换信息是合作的前提。人工智能将提升社会合作的广度和深度，继而使合作者互换信息，提高信息沟通的水平和效率，从而降低人的隐私利益期待。在此背景下，对隐私权的保护不仅需要事后救济还需要事前监督。他进一步谈道，社会由能量和信息两部分组成，能量可以改变世界，但是如何使用能量是由信息决定的。在前人工智能时代，人是能量和信息之间的联结点，只要控制住人，就控制了信息与能量的结合。例如，欲控制汽车，控制司机即可。但在人工智能时代，能量和信息可以直接结合，人被从能量与信息的结合中解放出来。当人类跳出信息和能量结合点之外，我们可以控制更多能量体，个体对社会的干扰程度将获得巨大提升，相应地，个体对社会的破坏率亦得以提升。此时，仅靠法律不足以保护个人之隐私，必须基于海量的信息对人工智能进行事前监管。

中国科学院大学尹锋林教授从行业规范的角度阐释了人工智能时代个人

信息保护的路径。他认为人工智能技术的发展促进了对个人信息数据的收集和利用，同时也对个人信息的保护提出了挑战。关于该挑战之应对措施，尹锋林教授认为应当构建个人信息保护行业规范。因为无论从诉讼成本还是侵权赔偿数额，个体均没有充足的动力保护其自身的个人信息，在此情况之下，只能依靠政府、行业和相关企业建立个人信息保护规范及标准。目前我国已有相关的实践，最早见于2012年工信部制定的《信息安全技术公共及商用服务信息系统个人信息保护指南》，之后国家标准委员会又制定了《信息安全技术移动智能终端个人信息保护技术要求》，这两个规范确立了多项个人信息保护原则，在这些原则中尹锋林教授认为至少要遵守以下三个。其一，目的明确原则，即收集、利用、转移个人信息必须有正当、合法、明确的目的。其二，选择同意原则或者知情同意原则，即个人信息的收集、利用、转移应当取得权利人的同意。其三，最少够用原则，即在满足需求的情况下不能过多收集个人信息。他还指出了上述规范之标准存在的亟待解决的四个问题。第一，现行标准均是倡导性的而非强制性的，它没有为个人信息保护提出一个最低限度的要求。第二，在企业没有制定个人信息保护标准的情况下，如果发生诉讼，法院能否参考这些倡导性的标准作出判决。第三，如果企业的行为不符合上述标准，是否构成违约或侵权。第四，如果构成违约或者侵权，它应当承担什么责任及如何承担这些责任。

深圳大学朱谢群教授认为，个人信息和隐私是两个层次的问题，当下我国对个人信息保护的探讨超过了其应有的热度，个人信息是否应当入民法总则还可以进一步商榷。其理由有三。第一，个人信息保护是由隐私延伸而来，从历史到现在我国一直保持群体主义或集体主义的传统，这种传统下的隐私观念以及对隐私的理解应当有别于欧美国家。第二，我国不能只看美国法律对隐私权保护一端，而过度强调隐私。第三，隐私扩张至个人信息是欧洲国家和美国在技术水平不一样的情况下政策博弈之结果，如果我国个人信息保护程度过高，无疑会束缚我国产业的发展。因此他认为，人工智能产业发展必然导致数据利用，这种数据不是个人信息或个人数据，而是脱敏以后不可识别的大数据。所以即将到来的5G和物联网时代才是大数据发挥作用的世界，在物联网情况下，数据都是机器交互产生的而不具有个体特殊性，如此才能真正为人工智能提供更多支撑。朱谢群教授进一步谈道，现在的个人数据保护争议主要源于个人信息泄露、算法上的缺陷或者算法的提前操作，导致了诸如诈骗、恶意干扰等严重后果和目前仍无法救济的真正的伤害——精准推送。朱谢群教授认为破解之道不在于规制客体本身,即规制个人信息的获取,而在于客体背后的行为,即规制对个人信息的不正当利用。

西南政法大学张建文教授认为保护隐私是为了保障个体不被监视且按照其意愿生活,如果不保护隐私和个人信息,互联网企业及其开发的技术将不能获得公众的信任。西南政法大学人工智能法律研究院叶明副院长认为隐私、个人信息和个人数据三者之间应当有所区别,人工智能的发展需要这些信息和数据,与此同时也应当保护人的权利。

西南政法大学知识产权学院牟萍副教授认为,人工智能不能仅依赖于算法,还必须有数据,并且未脱敏的个人数据在人工智能的研发中更有价值,当下各种投资、融资、企业并购之所以如此活跃正是为了解决数据来源及数据单一化问题,尤其是在我国数据交易市场不景气的情况下更是如此。牟萍副教授进一步谈道,虽然有时我们会为了便利而放弃隐私,但并不等于放弃了所有的个人信息利益,对个人数据的保护应该把握好一个度,因为太严格的个人数据保护会阻碍人工智能的研发或成为人工智能产业发展的绊脚石,太宽松的个人数据保护将不利于人格利益之保护。因此,问题的关键在于界定个人信息保护的边界。为此,牟萍副教授以知识产权与个人信息之共性为出发点提出了平衡权利保护与产业发展的制度构想——建立个人信息合理使用制度。

汪庆华教授认为,人工智能的本质即算法,算法引发了安全、偏见和隐私三个问题,美国主张制定专门规则予以规制,欧盟采取源头治理方案。汪庆华教授认为,对算法的规制应当从以下两方面着手:其一,以体系化和全球化的思维超越公私法的界限明确宪法、行政法、民商经济法等不同部门法的分工;其二,立足于本国并参考域外法经验,同时注意算法的跨界性和溢出效应,以免出现授人以柄的情况。

(二) 人工智能的伦理风险及其规制

腾讯研究院曹建峰高级研究员认为人工智能的法律伦理主要体现在两个方面:其一,技术应用是否有边界,能否将技术应用于人类,即人本身能否成为技术应用的对象;其二,技术会影响人类的伦理认知,例如每年交通事故频发,但从来没有人认为人类驾驶汽车是不道德的行为,而对自动驾驶的看法则不一样,因为它对人类构成了威胁。曹建峰先生进一步谈道,对人工智能的伦理认知涉及对人工智能的信任,需要建立一套规则体系,亦需要灵活且有弹性的监管方式,因为技术发展具有不确定性,无法对其实施强制性的法律规制，可以采取伦理科技向善思路和包容审慎思路。比如自动驾驶侵权责任可以通过产品责任来解决。以前立法者关注人的行为、为人类立法，今后可能需要关注机器的行为，为机器立法。可见，法律可规制科技，科技亦可促进法律的发展。

清华同方法务部苏云鹏总经理认为，高科技企业对人工智能道德伦理规制具有不可推卸的责任，具体而言应当从以下两方面着手。其一，高科技企业、人工智能企业成立伦理道德委员会，该委员会成员由不同学科、不同行业的专家组成，所有人工智能高科技产品在推向市场之前，需先经过道德伦理委员会的论证，并实行一票否决制度。其二，成立人工智能行业协会，引导企业朝着不违背道德伦理的方向发展。从另一个角度来讲，苏云鹏总经理亦认为，立法应当具备一定的包容性，给人工智能行业预留一定的发展空间。

The Future has Come and will be Here: The Anxiety and Rationality of Law under the Artificial Intelligence—The Summary of the Seminar about "Artificial Intelligence: Dialogue between Science and Law"

Abstract: On May 11th, 2019, the seminar of "Artificial Intelligence: Dialogue between Science and Law" was held in Chongqing Yinxin Century Hotel. Judges, experts, scholars and corporate elites from all over the country focus on the "development status of artificial intelligence", "the subjectivity of artificial intelligence", "the attributes and attribution of artificial intelligence generated content" and "risk and regulation of artificial intelligence" from the dimensions of science technology and law have been comprehensively and deeply discussed. This seminar explores the risk prevention and legal regulation of artificial intelligence from different aspects, which is of great significance to the academic research and industrial development of artificial intelligence.

Keywords: Artificial Intelligence; Subjectivity; Artificial Intelligence Generated Content

新时代知识产权司法革新

国家层面知识产权案件上诉审理机制构建：美国经验与启示

郑 重[*]

摘 要：建立国家层面知识产权案件的上诉审理机制是新时代我国完善知识产权司法保护的重要举措。美国联邦巡回上诉法院作为美国司法体系中具有代表性的国家层面知识产权案件上诉审理机制构建的改革试验成果，其成立30余年间针对专属管辖专利上诉案件存在的潜在风险，在受案范围上通过适度扩展案件管辖权避免成为专门法院，在法官队伍建设上兼顾来源多样性与意见一致性，在审判监督上通过最高法院矫正形式主义裁判，确保专利法适用宽严适度，其探索的解决方案及积累的经验教训对我国最高人民法院知识产权法庭的制度设计具有积极的借鉴意义。

关键词：美国联邦巡回上诉法院 受案范围 法官队伍 裁判规则 审判监督

建立国家层面知识产权案件的上诉审理机制是新时代我国深化知识产权审判体制改革的重大部署。[①] 由最高人民法院知识产权法庭统一审理全国范围内的技术类上诉案件，有利于落实创新驱动发展战略、统一案件裁判标准、克服行政干预与地方保护主义，满足我国知识产权审判的现实需要。组建最高人民法院知识产权法庭，集中全国技术类知识产权上诉案件审理权的目的是促进有关知识产权案件管辖集中化、审理专门化、程序集约化和人员专业化。美国联邦巡回上诉法院作为美国司法体系中具有代表性的国家层面知识产权案件上诉审理机制构建的改革试验成果，其成立30余年来既因"专门化"面临困境，又在受案范围、人员选拔、裁判规则、

---

[*] 郑重，西南政法大学民商法学院副教授，重庆知识产权保护协同创新中心研究员。
[①] 2017年4月，最高人民法院发布《中国知识产权司法保护纲要（2016—2020）》，将研究构建国家层面知识产权案件上诉机制作为司法保护的重点措施之一。2018年12月3日通过《最高人民法院关于知识产权法庭若干问题的规定》，设立最高人民法院知识产权法庭，统一审理全国范围内的技术类知识产权上诉案件。

审判监督等领域探索解决方案,其经验对我国最高人民法院知识产权法庭的制度设计颇具借鉴意义。

一 美国联邦巡回上诉法院成立背景

美国联邦巡回上诉法院是作为提高诉讼效率、减轻诉讼压力而提出来的一项"专门化"审理实验方案。20世纪70年代初,随着联邦上诉案件不断增多,区域巡回法院不堪重负。对此,首先提出的解决方案是增加现有区域巡回法院的法官人数,但增加法官人数可能同时带来更多巡回法院内部的分歧,从而滋生出更多需要巡回法院裁决的案件。而增加新的巡回法院作为另一个解决方案,也存在问题,因为更多巡回法院意味着可能增加巡回法院之间的分歧,从而滋生出更多需要最高法院裁决的案件。1973年赫鲁斯卡委员会(Hruska Commission)被委任就此进行研究,其提出了"专门化"试验构想,即将区域巡回法院中的一类或几类上诉案件抽离出来,交由特别上诉法庭进行审理,这样不仅能减轻区域巡回法院的案件负担,而且可以减少择地诉讼的概率以及缓解最高法院的压力。赫鲁斯卡委员会的构想是组建一个足够小的法庭,确保该类案件裁决的一致性,同时通过引入专业领域的更多专家,提高案件审理的效率。赫鲁斯卡委员会报告提出了适宜专门化审理的多类案件,其中最核心的是专利案件。[1] 法官集中审理某一类案件能够熟能生巧,正如联邦巡回上诉法院首任首席法官马基(Howard T. Markey)所言:"如果我每天做脑部手术,日复一日,较之那些好几年才做一次脑部手术的人,很有可能要快得多。"[2]

而从国家层面来看,美国设立联邦巡回上诉法院统一受理专利纠纷上诉案件则具有更深远的意义,其主旨是通过将技术类知识产权案件进行集中审理以实现保护创新成果、助推经济发展的目的。类似地,日本设立知识产权高等法院统一受理有关专利、实用新型技术、集成电路布图设计、计算机软件侵权二审案件,英国设立专利法院审理专利纠纷案件,欧盟设立统一专利法院审理有关欧盟专利案件等都是基于此目的。这是因为在现

---

[1] Rochelle Cooper Dreyfuss, "What the Federal Circuit can Learn from the Supreme Court-and Vice Versa," *AM. U. L. Rev.* 59 (2010): 787, 788.

[2] Court of Appeals for the Federal Circuit: Hearings on H. R. 2405 before the Subcomm. "On Courts, Civil Liberties, and the Administration of Justice of the H. Comm. on the Judiciary," 97th Cong. 42–43 (1981).

代社会，以专利为代表的技术类创新成果保护状况关乎国家核心竞争力。一国通过设立专门知识产权法院对技术类知识产权案件进行集中管辖，一方面可以保护既有创新成果，另一方面有助于激励市场主体进行后续创新，从而创造出更多成果。①

美国联邦巡回上诉法院设立的时代背景及深层原因正是保障科技成果对于经济发展的促进作用。20世纪70年代末，美国陷入严重经济衰退，专利制度被视为保障技术创新、保持高新技术产业竞争力的有力武器。加强专利保护成为美国摆脱经济衰退的最佳途径。②"专利体系是……自由企业系统的主要因素，运行良好的专利体系将对……经济发展做出重大贡献……美国专利体系基础固然不错，但应得到进一步强化，以使它能够更好地推动将创新付诸商业化的决定。"③美国高新技术产业界呼吁通过寻求专利法适用的一致性和稳定性来加强专利保护，然而，美国原有的专利诉讼法院设置却阻碍了这一目标。在设立联邦巡回上诉法院对专利上诉案件进行专属管辖之前，专利案件归各联邦巡回法院管辖，但不同区域的联邦巡回法院裁决迥异。④正是由于各个联邦巡回法院对专利上诉案件处理结果大相径庭，某些联邦巡回法院被贴上了"支持专利"或"反对专利"的标签，从而导致专利权人和被控侵权人普遍性地存在"挑选"起诉法院的现象。⑤为此，美国国会于1982年通过了《联邦法院改革法案》（Federal Courts Improvement Act），设立联邦巡回上诉法院（Court of Appeals for the Federal Circuit，CAFC），对专利上诉案件进行专属管辖，既消除了当事人择院诉讼问题，又有效地统一了全美专利案件的裁判标准。⑥

联邦巡回上诉法院运行至今，不仅有效统一了专利法在全美范围内的适用，而且对于促进美国科技创新、推动经济发展起到了重要作用。联邦巡回上诉法院在专利法领域所发展的专业性规则，使专利法在专利侵权、专利有

---

① 李明德：《知识产权法院与创新驱动发展》，《人民法院报》2014年9月3日，第5版。
② Pat Choate, *Saving Capitalism: Keeping America Strong*, Vintage Books (2009): 140-141.
③ 〔美〕亚当·杰夫、乔希·勒纳：《创新及其不满：专利体系对创新与进步的危害及对策》，罗建平、兰花译，中国人民大学出版社，2007，第93页。
④ 据统计，联邦第五巡回上诉法院较之联邦第七巡回上诉法院，在其所审理的案件中专利被认定为有效并给予保护的概率高出1倍，而联邦第七巡回上诉法院较之联邦第二巡回上诉法院此概率又高出3倍。参见 Rochelle C. Dreyfuss, "The Federal Circuit: A Case Study in Specialized Courts," *N. Y. U. L. Rev.* 64 (1989): 1, 3.
⑤ Emmette F. Hale, "The 'Arising under' Jurisdiction of the Federal Circuit: An Opportunity for Uniformity in Patent Law," *Fla. St. U. L. Rev.* 14 (1986): 229, 239-240.
⑥ Paul R. Gugliuzza, "Rethinking Federal Circuit Jurisdiction," *Geo. L. J.* 100 (2012): 1437, 1456.

效性和不正当行为等领域的法律规制更具有可预测性。[①] 例如在 Markman 案中，联邦巡回上诉法院的裁决取消法官对权利要求解释进行审理，从而减少了专利权利要求解释的不确定性，此举得到了最高法院的支持。[②] 此外，联邦巡回上诉法院在审理众多专利交易案件过程中，高度掌握技术业务相关知识，已成为联邦司法体系中在专利许可领域最有发言权的机构。[③]

二 适度扩展案件管辖权避免成为专门法院

联邦巡回上诉法院成立之前，美国构建专利上诉法院的想法酝酿已久却一再失败，其中一个重要原因是遭到许多法官、国会议员、学者乃至美国律师协会的反对。在美国，专门法院一直饱受诟病，波斯纳认为"专门法院的法官可能特别倾向于认同政府计划"，使司法独立性受到威胁。[④] 1910 年美国所设立的管辖铁路和公用事业案件的商务法院（Commerce Court）就印证了这一担忧，成立不到 3 年就被国会宣布废除。二战期间美国成立的紧急上诉法院（Emergency Court of Appeals），专门管辖对作为物资主管部门的价格管理办公室（Office of Price Administration）所作决定不服的案件。从其所作裁决结果来看，绝大部分是有利于价格管理办公室一方的，其公允性受到质疑。在 Yakus 案中，最高法院罗伯茨（Roberts）法官在反对意见中指出，在起诉至紧急上诉法院的诉讼中，价格管理办公室一方较之原告具有明显的优势。[⑤] 1971 年，作为紧急上诉法院翻版的临时紧急上诉法院（Temporary Emergency Court of Appeals）成立，其所作裁决被诟病为过度顺从于其所审查的机构，90% 的案件裁决支持了政府机构一方。[⑥]

除此以外，反对设置专门专利上诉法院的理由还有以下几个。

一是"专门化"机构封闭自洽、视野狭隘。正如哈耶克所言，知识的本质就是"去中心化"，而"社会的经济问题就是如何确保让公众获知的

[①] Jeffrey A. Lefstin, "The Measure of the Doubt: Dissent, Indeterminacy, and Interpretation at the Federal Circuit," *Hastings L. J.* 58 (2007): 1025, 1072.

[②] Markman v. Westview Instruments, Inc., 517 U. S. 390, 38 U. S. P. Q. 2d (BNA) 1471 (1996).

[③] Robert W. Gomulkiewicz, "The Federal Circuit's Licensing Law Jurisprudence: Its Nature and Influence," *Wash. L. Rev.* 84 (2009): 199, 202.

[④] Richard A. Posner, "Will the Federal Courts of Appeals Survive Until 1984: An Essay on Delegation and Specialization of the Judicial Function," *S. CAL. L. Rev.* 56 (1983): 761, 785.

[⑤] Yakus v. United States, 321 U. S. 414, 458 – 459 (1944).

[⑥] Rochelle C. Dreyfuss, "Specialized Adjudication," *BYU L. Rev.* 1990 (1990): 377, 399.

所有资源能得到良好的使用"。①依据该假设，只有多样化的信息收集渠道才能产生较为完整且可靠的数据资源，从而据此作出相对合理的裁决。联邦巡回上诉法院设立的初衷是应对科学技术发展所带来的新问题，加大创新成果的保护力度，然而若其只关注专利上诉案件，可能造成信息收集渠道的闭塞，以致法院对产业及技术需求的认知并不充分。②法官若常年仅接触单一的专利案件，不仅会使眼界变得狭窄，形成"隧道视野"，而且容易形成思维定式，比如在对待如何促进创新问题上，仅关注专利性激励方式，而忽略基于求知欲、奖励、竞争等非专利性激励方式。③将专利上诉案件的管辖权高度集中于联邦巡回上诉法院，可能进一步加剧专利法官和专利律师的"闭关自守"，致使专利法形成一种相对封闭的内在体系，与其他部门法的距离越来越远。长此以往，专利法领域将会发展出其自身的专业语言、独特的思维方式、狭隘的内部政策，有可能与法律所追求的政策目标出现偏差，甚至完全背离制度设计的初衷。④联邦巡回上诉法院作为专利法的重要执行与适用机构，若注意力仅局限于专利案件，不仅将失去专利法"政策杠杆"的工具属性，而且阻碍其裁决在更宽泛的法律框架内产生良好的政策实效。⑤

二是案件单一容易被利益集团俘获。根据俘获理论，专利诉讼高度集中，审理法官及当事人容易人员固化，法官更有可能被经常参加诉讼的当事人所"俘获"⑥，带来"少数人偏见"⑦。区域性法院案件受理范围广泛，多个特殊利益集团在不同领域彼此之间的争夺，削弱了任一利益集团

---

① Friedrich A. Hayek, *The Use of Knowledge in Society*, *Individualism and Economic Order*, University of Chicago Press (1949): 77-78.
② Sophie Harnay & Alain Marciano, "Judicial Conformity Versus Dissidence: An Economic Analysis of Judicial Precedent," *International Review of Law and Economics* 23 (2003): 405, 418.
③ Rochelle Cooper Dreyfuss, "What the Federal Circuit Can Learn from the Supreme Court-and Vice Versa," *AM. U. L. Rev.* 59 (2010): 787, 790.
④ Simon Rifkin, "A Specialized Court for Patent Litigation? The Danger of a Specialized Judiciary," *A. B. A. J.* 37 (1951): 425, 425-426.
⑤ Dan L. Burk & Mark A. Lemley, "Policy Levers in Patent Law," *Va. L. Rev.* 89 (2003): 1575, 1578.
⑥ Randall R. Rader, "Specialized Courts: The Legislative Response," *Am. U. L. Rev.* 40 (1991): 1003.
⑦ 尼尔·考默萨提出两种政治过程中由于"人数"出现的"政治失灵"，即"多数人偏见"（majoritarian bias）和"少数人偏见"（minoritarian bias）。在"多数人偏见"的情况下，专横的多数人会牺牲分散孤立的少数人的利益。而在"少数人偏见"的情况下，相对集中拥有大份额利益者通常在立法和公共机构决策过程中较之分散的小份额利益者占据优势地位。参见 Neil Komesar, *Imperfect Alternatives: Choosing Institutions in Law, Economics and Public Policy*, The University of Chicago Press (1994): 53-58, 213-221.

对法院的影响。但是如果争夺目标唯一，组织完善、财力雄厚的利益集团，在专利领域体现为作为专利权人的大公司，能够"操控"法官任命过程，使该法官倾向于维护其利益。而且，即使无法"操控"法官，专利权人在诉讼中也更有优势，通过频繁参与诉讼，可以无形中"操纵"哪些"重要"事项为诉讼对象，使法官仅在其选定的范围内作出裁决。①

三是过度追求"一致性"可能产生负面影响。实现裁判标准的"一致性"既是设立美国联邦巡回上诉法院的重要目的，也是主要的正当性理由之一，但有不少学者对是否应当追求这种"一致性"表示怀疑。批评意见认为法官刻意追求"一致性"可能使其判决失去同行检验的机会。案件单一容易造成法院失去交叉优势，将所有的专利上诉案件集中在专门法院审理，将使美国各巡回法院之间长期以来所形成的"同行对话"传统不复存在。②在美国成立联邦巡回上诉法院统一专利上诉案件的裁判标准之前，美国各巡回法院相互独立，法官意见时常出现分歧，但这种差异性反而促使法官对其裁判文书精雕细琢，反复推敲以捍卫其观点，同时法官在裁判时通过参照其他法官相同或相反的观点，形成了法官群体在行业内部的互相检验。然而，当一致性凌驾于其他所有价值之上受到特殊优待时，这一行业内部的检验程序就不可避免地被消解了。③因此，将所有的专利上诉案件集中在专门法院进行专属管辖固然可以提升案件裁判标准的一致性，杜绝当事人根据裁判结果选择诉讼法院，但是也可能让案件判决失去参照其他法院法官观点，在法官职业共同体内部进行互相检验的机会，甚至可能因为案件专属管辖不必担心当事人选择诉讼，而使法官故步自封，懒于提高审判质量。

联邦巡回上诉法院最终通过合并诸多法院、适度扩展案件管辖范围避免了成为专门法院的指责。这种做法的优势在于：首先，符合成本效益原则，已有的国际贸易法院、联邦索赔法院已长期存在，且对其争议较少，合并已有法院较之完全新设一家法院在难度上有显著差别；其次，合并后各法院管辖的非专利案件顺理成章地被划入联邦巡回上诉法院的管辖范围，从而使其避免成为仅受理专利案件的"专门法院"。由此，联邦巡回

---

① Rochelle Cooper Dreyfuss, "What the Federal Circuit can Learn from the Supreme Court-and Vice Versa," *AM. U. L. Rev.* 59 (2010): 787, 790.
② Rochelle C. Dreyfuss, "The Federal Circuit: A Continuing Experiment Specialization," *Cas. W. Res. L. Rev.* 54 (2004): 769, 776.
③ Diane P. Wood, "Is It Time to Abolish the Federal Circuit's Exclusive Jurisdiction in Patent Cases?" *Chi-Kent J. Intell. Prop.* 13 (2013): 1, 2.

上诉法院的受案范围包括对任何地区法院、专门法院以及专利与商标局、国际贸易委员会等行政机关所作裁决不服而向其提起的上诉案件。[1]对于联邦巡回上诉法院的裁决范围，美国最高法院通过一系列判决予以重申，例如在 Hohri 案中，最高法院指出美国联邦巡回上诉法院应当就"整个案件"而非仅就"专利事项"作出裁决。[2] 以2016年10月1日至2017年9月30日一年期间为例，联邦巡回上诉法院审理的上诉案件共计1731件，其中约63%为知识产权案件，包括506件联邦地方法院知识产权一审上诉案件，577件专利与商标局处理的专利与商标确权案件，15件美国国际贸易委员会处理的"337"调查案件，其余约37%为涉及国际贸易、退伍军人、政府雇佣合同等非知识产权类别的案件。[3]由此可见，联邦巡回上诉法院虽然是美国专利上诉案件的专属管辖法院，但不是单纯处理专利案件的专门法院。

三 法官队伍建设兼顾多样性与一致性

联邦巡回上诉法院法官经参议院批准后由总统任命，实行终身制。[4]成立之初设立了12个现任法官（active judge）席位并维持至今。[5] 现任法官任职一定期限或超过一定年龄之后，可以选择担任工作任务较轻的资深法官（senior judge），例如1987年任命的梅耶（Haldane R. Mayer）法官于2010年起担任资深法官。当然，也可选择继续担任现任法官，比如自1984年起担任联邦巡回上诉法院现任法官，91岁的纽曼（Pauline Newman）法官仍然在任。保证审判质效的灵魂与核心在于法官队伍建设。在组建、培养法官队伍以及辅助机制建设上，美国联邦巡回上诉法院颇具特色。

---

[1] 28 U. S. Code § 1295.
[2] United States v. Hohri, 482 U. S. 64, 74 – 76 (1987).
[3] Administrative Office of the United States Courts, *Annual Report of the Director: Judicial Business of the United States Courts* (2017), U. S. Government Printing Office (2017): Table B – 8.
[4] U. S. Const. art. II, § 2.
[5] 《美国法典》规定了各巡回上诉法院法官名额，除联邦巡回上诉法院以外，其余巡回上诉法院法官名额分别为：哥伦比亚特区联邦巡回上诉法院11名，联邦第一巡回上诉法院6名，联邦第二巡回上诉法院13名，联邦第三巡回上诉法院14名，联邦第四巡回上诉法院15名，联邦第五巡回上诉法院17名，联邦第六巡回上诉法院16名，联邦第七巡回上诉法院11名，联邦第八巡回上诉法院11名，联邦第九巡回上诉法院29名，联邦第十巡回上诉法院12名，联邦第十一巡回上诉法院12名。参见 28 U. S. C. § 44 (a)。

（一）法官选拔来源多样化适应各类案件审理需求

对于现任法官的来源结构，外界曾有的刻板印象是 12 名法官在就任以前，均是视野狭窄仅限于专利技术领域的律师，只熟悉专利法。但事实并非如此，从人员选拔的途径来看，美国联邦巡回上诉法院法官具有多样性的来源结构。1982 年美国联邦巡回上诉法院成立之初，第一届 11 名现任法官中，有 6 名是原索赔法院法官，有 5 名是原关税与专利上诉法院法官，缺员 1 名是由于原索赔法院昆济格（Robert Kunzig）法官不幸逝世。11 名现任法官中，包括首席法官马基（Howard T. Markey）、法官里奇（Giles S. Rich）和法官尼斯（Helen W. Nies）在内的 3 人在任命为关税与专利上诉法院法官之前具有知识产权背景，其中首席法官马基和法官里奇拥有专利法执业经历，法官尼斯执业于商标、版权、不正当竞争与反垄断法领域。鲍德温（Philip Baldwin）法官在就任前在关税与专利上诉法院拥有 14 年处理专利案件的经验。米勒（Jack Miller）法官在就任前在关税与专利上诉法院拥有 9 年处理专利案件的经验。综上，联邦巡回上诉法院第一届 11 名现任法官中共计有 5 名拥有处理专利案件的执业经历。[①]

此后，美国联邦巡回上诉法院在法官所具有的专利与非专利背景上基本维持了这一比例。以第五任首席法官米歇尔（Paul R. Michel）任职的 2004~2010 年为例，12 位现任法官中有 5 位从前的确是专利律师，其中 2 位是公司专利部门的药剂师、1 位为专利律师、1 位是前专利审查员、1 位是专利法教授。包括前首席法官米歇尔在内的另外 7 名现任法官以及 5 名资深法官在就职前并没有任何与专利有关的经验，包括 1 名税务律师、2 名助理总检察长、1 名法学院院长、1 名民事上诉案件专家、1 名参议院工作人员、1 名民事案件律师、1 名司法部部长助理、3 名最高法院法官助理和 1 名美国首席大法官特别助理。[②]

前首席法官米歇尔认为法官选拔来源的多样化是联邦巡回上诉法院的最大优势，由背景多样化的专利人员与非专利人员混合而成法官队伍，在处理专利以及非专利案件时，既提供了专家意见，又兼具不同领域意见。[③]

[①] Federal Judicial Center, "Judges of the U. S. Courts," http://www.fjc.gov/history/judges.html.

[②] Paul R. Michel, "Past, Present, and Future in the Life of the U. S. Court of Appeals for the Federal Circuit," *AM. U. L. Rev.* 59 (2010): 1199, 1201.

[③] Paul R. Michel, "Past, Present, and Future in the Life of the U. S. Court of Appeals for the Federal Circuit," *AM. U. L. Rev.* 59 (2010): 1199, 1201.

知识产权主审法官参与非专利领域，尤其是商业与市场竞争领域案件的审理，有助于加强法官对创新需求的敏感度，更好地理解专利对于不同产业技术革新所起的激励或阻碍作用，提升其对于专利案件的审判质量。① 同时，由普通法官与知识产权法官共同审理专利案件，有助于矫正制度性偏见。在处理具体案件时，随机组成的合议庭通常包括3名或3名以上的法官，其中包括1~2名专利领域专家和1~2名非专利人员，在同一天可能将审理不同类型案件，包括1~2个专利案件，2~3个非专利案件，以及多个诸如人事案件等普通案件。特别重大或复杂案件由全体12位现任法官组成大法庭进行审理，由多数表决制通过判决。

（二）法官队伍建设内外兼具

美国联邦巡回上诉法院在法官队伍建设上内外兼具：对内，主要依靠在12名现任法官之间形成一致性意见，防止现任法官之间裁决标准不一；对外，积极通过与地方法院法官、律师等展开同行对话，集思广益，避免裁决出现主观偏见。

美国联邦巡回上诉法院设立的初衷在于统一案件裁决标准，虽然其设立后从巡回法院层面解决了此前不同巡回法院间的冲突，统一了专利案件的审理标准，但并没有从根源上解决该问题。在联邦巡回上诉法院内部，仍然存在着因不同法官对同案不同判产生的"法院内冲突"，导致案件的审判结果在很大程度上取决于审理案件的合议庭或法官。② 因此，要实现裁决一致性目标有赖于由现任法官所组成的裁决主体的具体执行。12名现任法官构成的裁决主体，每一次因退休、死亡、转为资深法官等而导致的人员变动将不可避免地带来变化，导致不确定性，甚至可能发生专利原则导向上的重大转变。为了避免突然性或巨大转变，现任法官的任命通常是循序渐进地开展，2~3年新任法官不超过3名，以保持裁决的一致性与连续性。现任法官被任命后，无论其先前经验如何，每位新任法官都需要快速扩充对不熟悉领域法律的认识，包括掌握许多相当复杂难解，甚至艰深晦涩的法律。一般而言，新任法官需要花费约5年时间才能做到游刃有余。除了极少数杰出者能在较短时间内达到全能水平，大部分人都需要较长时间通过处理案件、学习不熟悉领域法律知识、请教经验更丰富的法官

---

① Paul R. Gugliuzza, "Rethinking Federal Circuit Jurisdiction," *Geo. L. J.* 100 (2012): 1437.
② Robert D. Swanson, "Implementing the E. U. Unified Patent Court: Lessons from the Federal Circuit," *BYU Int'l L. & Mgmt. R.* 9 (2013): 169, 195 – 196.

等途径来提高办案能力。

在居住地上，所有现任法官都必须按照法律规定居住在联邦巡回上诉法院所在地华盛顿哥伦比亚特区。① 对于现任法官居住地是否应受限制，反对者认为联邦巡回上诉法院作为一个拥有全国性管辖权的法院，法官在全国范围拥有居住地不仅具有象征意义，而且更具有代表性，视野更开阔；支持者则认为法官除了每月开庭时间，散居于全国各地，可能减损裁决的一致性与连贯性，而美国哥伦比亚特区联邦巡回上诉法院以及最高法院同样作为全国性法院，其现任法官在任期内基本上都住在同一栋楼。前首席法官米歇尔认为居住地限制规定不仅在很大程度上帮助新任法官尽快学习不熟悉而又必须掌握的法律事项，而且较之于居住地分散于不同的州，更有助于所有现任法官更加紧密地、持续地协同工作。他认为这种方便对法律事务以及私人事务展开面对面交流的居住要求对裁决一致性的影响虽难以客观量化，但起到了许多潜移默化的作用。②

美国联邦巡回上诉法院法官不仅对内通过集中居住地，在工作与生活中频繁交流形成一致性意见，而且对外通过广泛参与律师协会，既包括诸如专利、合同或退伍军人等特别律师协会，也包括美国联邦巡回上诉法院律师协会组织的活动，了解与听取律师及当事人的看法。不仅如此，现任法官还通过出庭律师公会（Inns of Court）就其复审的专利案件与地区法院法官进行同行对话。此外，2006年至2015年间，已邀请来自全美各地区法院共计56名法官到联邦巡回上诉法院访问，与联邦巡回上诉法院法官进行深入交流。③

（三）引入法官辅助机制提高诉讼效率

几十年来，美国各联邦上诉法院受理的案件数量稳步增长。据统计，1960年至2010年间，美国各联邦上诉法院受理的案件数量增长了14倍，而同期各联邦上诉法院的现任法官总数几乎翻了一番，这意味着如今1位

---

① 参见28 U. S. C. §44（c）。2009年专利法修正案曾试图删除法官居住地限制的规定，但未获通过，参见Patent Reform Act of 2009, S. 515, 111th Cong. §10（a）（2009）。
② Paul R. Michel, "Past, Present, and Future in the Life of the U. S. Court of Appeals for the Federal Circuit," *AM. U. L. Rev.* 59 (2010): 1199, 1203.
③ U. S. Court of Appeals for the Federal Circuit, "List of Visiting Judges 2006 – 2015," http://www.cafc.uscourts.gov/sites/default/files/judicial-reports/vjchartforwebsite2006 – 2015.

上诉法院法官相较于1960年的法官，工作量增长了6倍。[①] 美国联邦巡回上诉法院从1982年成立至今，12名现任法官员额一直未变，如何在保持现任法官人数不变的情况下处理数量日益增长且案情更加复杂的案件成为一大挑战。对此，美国联邦巡回上诉法院通过完善司法辅助机制，极大地提高了诉讼效率。

第一，适应新技术发展，增加计算机信息处理部门，目前该部门拥有10余名计算机专家，且不断对法庭现有设备进行升级换代，比如在法庭上法官、书记员以及双方律师可以使用电脑，在法庭外休息室可以使用公共无线网络，视频会议技术使得口头陈述得以在远程进行，数字录音技术使得与案件有关的口头陈述、庭审辩论以及法官意见可以在当天发布到法院网站，先进信息技术的应用使得现任法官处理案件的效率显著提升。

第二，通过法官助理制度，进一步提升案件处理效率。美国联邦巡回上诉法院为每位现任法官配备1名司法助理员（judicial assistant）以及最多4名法官助理（law clerk），每位资深法官配备1名司法助理员以及1名法官助理。法官助理没有法定职责，而是执行所隶属法官的指令。虽然每一位现任法官的法官助理所承担的具体任务各不相同，但工作内容通常包括：详细研究案情、对案件所涉法律问题进行分析、撰写法官备忘录（bench memo）、起草司法文书底稿、编辑校对司法意见书、核实司法意见书中所有引文的准确性等。[②] 法官助理的任期由其所属法官决定。据2013年一项针对59位上诉法院现任法官与资深法官的调查问卷统计，98%的法官聘用一年期的法官助理，虽然部分法官为了减少培训新法官助理所需成本而聘用长期或终身制法官助理，但这一比例并不高，约占40%，且其中65%只雇了1位超过一年期的法官助理，只有1位法官雇了4名终身制法官助理。[③] 绝大多数法官选择聘用一年期法官助理意味着每年需要更换、选聘新的助理。在招募方式上，包括美国联邦巡回上诉法院在内的所有上诉法院现任法官的法官助理，基本上都是通过OSCAR在线申请数据平台

[①] William M. Richman & William L. Reynolds, *Injustice on Appeal: The United States Courts of Appeals in Crisis*, Oxford University Press（2013）：3-6.

[②] Sylvan A. Sobel ed., *Law Clerk Handbook: A Handbook for Law Clerks to Federal Judges*, 3rd Edition, Federal Judicial Center（2017）：1.

[③] Todd C. Peppers, Michael W. Giles & Bridget Tainer-Parkins, "Surgeons or Scribes? The Role of United States Court of Appeals Law Clerks in 'Appellate Triage'," *Marq. L. Rev.* 98（2014）：313, 316-317.

等途径公开招募。① 在挑选所需法官助理人选时，法官通常考虑的因素包括：毕业学校、写作能力、个性特征、实习经历、工作经验、地缘关系、推荐信、性别、政治意识形态等。虽然上述选任因素会根据不同法官的个人偏好在优先顺序上各不相同，但绝大多数法官会将申请人所毕业法学院的排名与教学质量作为首要的参考因素。在对申请人进行初步筛选时，法官通常首先按照毕业学校与写作能力对申请人进行排序，确定面试对象，而在进入面试环节后，申请人的个性特征则成为决定因素。② 正如上诉法院沃尔德（Patricia M. Wald）法官所言："法官与法官助理之间的关系是除婚姻关系、亲子关系和恋爱关系以外联系最为紧密、相互依赖程度最高的关系。法官在对彼此相处的一年期间进行'好'与'坏'的评价时，不仅是针对所达到的成果或法庭上解决的重要事项而言的，而且包括团队协作及法庭内部工作的氛围与活力。"③

第三，引入上诉调解机制。自 2006 年以来，美国联邦巡回上诉法院设置了强制性上诉调解项目④，极大地提升了法院处理案件的速度。据统计，2016 年，上诉调解项目调解成功率达到 47%，其中专利案件调解成功率为 43%。⑤ 进入上诉调解项目的案件来源有两种，其一是由法院筛选、评估具有调解可能性的案件，其二是由双方当事人代理律师共同请求进行调解的案件。在进入正式庭审之前，前置性地设立上诉调解项目，不仅减轻了法官裁判工作量，节约了专家意见、法官助理辅助等诉讼资源，

---

① "Federal Law Clerk Hiring Best Practices," OSCAR, https://oscar.uscourts.gov/drupal/content/federal-law-clerk-hiring-plan.
② Todd C. Peppers, Michael W. Giles & Bridget Tainer-Parkins, "Surgeons or Scribes? The Role of United States Court of Appeals Law Clerks in 'Appellate Triage'," *Marq. L. Rev.* 98 (2014): 313, 317–318.
③ Patricia M. Wald, "Selecting Law Clerks," *Mich. L. Rev.* 89 (1990): 152, 153.
④ 上诉调解项目由美国联邦巡回上诉法院巡回执行官组织实施，法院另设项目监督委员会，由 3 名法官组成，对调解情况进行监督并向首席法官提出意见。调解员既包括经验丰富的律师、专业领域专家等志愿调解员，也包括治安法官。法院将调解员名册提供给当事人，由上诉案件当事人共同从名册中推荐 1 名调解员，当事人也可从名册外另行推荐 1 名调解员，当事人不能一致推荐调解员时，由巡回执行官通过法院总顾问办公室从名册中挑选 1 名调解员。拟调解案件交给调解员后，调解员应当在 90 日内完成调解，最迟应自案件移交之日起 150 日内完成调解。调解程序结束后，调解员将当事人双方达成的和解方案告知巡回执行官，没有达成和解的，案件按照法定程序继续由法院审理。参见宋建宝《美国联邦巡回上诉法院上诉调解项目的特点》，《人民法院报》2017 年 11 月 17 日，第 8 版。
⑤ United States Court of Appeals for the Federal Circuit, Circuit Mediation Office Statistics (2016), http://www.cafc.uscourts.gov/sites/default/files/the-court/statistics/mediationstats_Year_2016.

而且上诉当事人自愿达成和解协议，较之司法裁决更能定分止争、满足双方利益诉求。即使调解不成，基于保密规定，当案件继续由法院审理时，主审法官也根本不知道该案曾经过调解，从而避免对案件审理产生任何不利影响。

四 审判监督确保专利法适用宽严适度

联邦巡回上诉法院的审判监督机构是美国联邦最高法院，凡对其判决不服的，可向最高法院提起上诉。从最高法院对联邦巡回上诉法院所作裁决进行审判监督的变化中，既可以窥出联邦巡回上诉法院审理存在的问题，也可以探究最高法院审判监督的内核。

（一）联邦巡回上诉法院形式主义裁判备受诟病

联邦巡回上诉法院成立后一直致力于实现专利法适用"一致性"目标。但批评意见认为，片面追求裁判标准"一致性"，致使联邦巡回上诉法院倾向于"形式主义裁判规则"，即偏向于标准明确的规则，而非政策导向的标准。偏好复杂规则系统被视为专门化法庭的特征，或许从某种意义而言，形式主义与专业性是相辅相成的。[1] 虽然形式主义使裁决具有程式化范式，便于遵循先例，但另一方面形式主义丧失了规则的灵活性，使得下级法院难以根据与专利制度相关的不同产业的个性差异而对专利法进行量体裁衣般的弹性适用。[2]

在美国司法裁量与法律的关系问题上，历来有"文本主义"与"目的主义"之争。从表面上看，涉及法官与立法及立法者的关系，但从深层次看，则包含了对法律文本、立法目的、立法过程、解释推定等更复杂因素的考量。实证研究显示，没有法官愿意将自己归为无限制的"文本主义"者，立法过程、解释推定都是参考因素，但区别在于这些因素是用于判决书装点门面，还是真正认为它们是有用的裁决规则。有些法官认为理解立法目的对于法官工作是重要的，有些则认为无关紧要。[3]

具体到联邦巡回上诉法院，其诸多裁决对专利政策的枉顾并非无心之

---

[1] David Charny, "The New Formalism in Contract," *U. Chi. L. Rev.* 66 (1999): 842, 848.
[2] John R. Thomas, "Formalism at the Federal Circuit," *AM. U. L. Rev.* 52 (2003): 771, 794.
[3] Abbe R. Gluck & Richard A. Posner, "Statutory Interpretation on the Bench: A Survey of Forty-Two Judges on the Federal Courts of Appeals," *Harv. L. Rev.* 131 (2018): 1298, 1301-1302.

过。虽然联邦巡回上诉法院在专利法的法定要求上例行公事地详述政策理由，但在其作出的裁决中鲜有分析政策合理性的。事实上，联邦巡回上诉法院的诸多法官自身常常以对专利政策充耳不闻为豪。他们认为，联邦巡回上诉法院的功能不是按照市场状况来决定如何调整专利法的适用，专利政策不关法官的事。① 对于法官而言，解释政策或受政策支配被认为是错误的。"我们一次也没有讨论过专利法的发展方向，我们只是竭尽所能地将先前判例适用于我们所遇到的案件上。"② 然而，死板地依赖于过时的判例法可能造成判决与时下的专利法政策背道而驰。一个被忽略的事实是，正是基于专利法简略的成文法规定，法院才拥有了自由裁量权，法院应将其用于对专利法的灵活运用以满足不同产业技术创新的需求。③ 而指引法院正确行使自由裁量权的，正是专利法的立法目的与专利政策。申言之，形式主义裁判规则偏离了专利政策，对技术创新形成阻碍。联邦巡回上诉法院通过裁决精雕细琢形成的专利法司法解读既未充分回应专利法立法理念与国家竞争政策，也未满足研究者与技术人员的实际需求。④

（二）最高法院审判监督防止专利法僵化适用

联邦巡回上诉法院所推崇的形式主义裁判规则并未得到最高法院的认同。对此，可从最高法院审判监督的变化窥出端倪。对于联邦巡回上诉法院裁决的专利案件，从其成立后的起初 20 年里，最高法院只是间或地仅对程序问题进行复审，后来逐渐演变为在 2000~2010 年十年间，几乎所有专利案件裁决都遭到最高法院质疑、驳回或改判。⑤ 例如，在 Festo 案中，最高法院质疑等同原则的适用⑥；在 Merck KGaA 案中，最高法院质疑研究性法定免责条款的适用⑦；在 MedImmune 案中，最高法院质疑专利

---

① S. Jay Plager & Lynne E. Pettigrew, "Rethinking Patent Law's Uniformity Principle: A Response to Nard and Duffy, " *Nw. U. L. Rev.* 101 (2007): 1735, 1737 - 1738.
② Alan D. Lourie, "A View from the Court, " (BNA) *Trademark & Copyright J. 75 Pat.* (2007): 22.
③ Dan L. Burk & Mark A. Lemley, "Policy Levers in Patent Law, " *Va. L. Rev.* 89 (2003): 1575, 1674.
④ James Bessen & Michael J. Meurer, *Patent Failure: How Judges, Bureaucrats, and Lawyers Put Innovators at Risk*, Princeton University Press (2008): 227 - 231.
⑤ Rochelle Cooper Dreyfuss, "What the Federal Circuit can Learn from the Supreme Court-and Vice Versa, " *AM. U. L. Rev.* 59 (2010): 787, 792.
⑥ Festo Corp. v. Shoketsu Kinzoku Kogyo Kabushiki Co. , 535 U. S. 722, 62 U. S. P. Q. 2d (BNA) 1705 (2002), vacating 234 F. 3d 558, 56 U. S. P. Q. 2d (BNA) 1865 (Fed. Cir. 2000).
⑦ Merck KGaA v. Integra Lifesciences I, Ltd. , 545 U. S. 193, 74 U. S. P. Q. 2d (BNA) 1801 (2005), vacating 331 F. 3d 860, 66 U. S. P. Q. 2d (BNA) 1865 (Fed. Cir. 2003).

权的有效性[1]；在 KSR 案中，最高法院质疑非显而易见性的认定[2]；在 Quanta 案中，最高法院质疑专利权穷竭问题[3]；在 eBay 案中，最高法院质疑禁令救济[4]；在 Illinois Tool 案中，最高法院对专利权是否隐含市场支配力提出怀疑[5]；在 Microsoft 案中，最高法院质疑美国法律治外法权的适用问题[6]。甚至在可授予专利权的对象问题上，联邦巡回上诉法院的裁决与最高法院也出现了分歧。[7] 值得注意的是，这一变化发生在最高法院复审率普遍下降的时期，而且对专利案件的高复审率发生在没有巡回法庭之间裁决不一致这一通常引起最高法院关注的情况下，此举或许含蓄地暗示着最高法院对联邦巡回上诉法院形式主义裁判规则的批评。

造成联邦巡回上诉法院专利裁决与技术产业需求脱节的原因之一，可能是其作为专属处理专利上诉案件机构的特殊地位。联邦巡回上诉法院的成立，虽强化了专利权的保护，但忽视专利政策的形式主义司法裁判，实则阻碍和威胁了创新进程。[8] 当全部专利上诉案件转移到联邦巡回上诉法院进行审理后，法官在经年审判中虽积累了处理专利案件的丰富经验，但容易导致法律理念渗透不足、法律原则缺乏检验，最终尽管实现了专利法一致性，却与经济现实状况隔绝疏离。[9]

最高法院作为管辖权更广泛的法院，所作出的裁决可以矫正专门法院

---

[1] MedImmune, Inc. v. Genentech, Inc., 549 U.S. 118, 81 U.S.P.Q. 2d (BNA) 1225 (2007), rev'g 427 F. 3d 958, 76 U.S.P.Q. 2d (BNA) 1914 (Fed. Cir. 2005).

[2] KSR International, Co. v. Teleflex, Inc., 550 U.S. 398, 82 U.S.P.Q. 2d (BNA) 1385 (2007), rev'g 119 Fed. App'x 282 (Fed. Cir. 2005).

[3] Quanta Computer, Inc. v. LG Electronics, Inc., 128 S. Ct. 2109, 86 U.S.P.Q. 2d (BNA) 1673 (2008), rev'g 453 F. 3d 1364, 79 U.S.P.Q. 2d (BNA) 1443 (Fed. Cir. 2006).

[4] eBay, Inc. v. MercExchange, L.L.C., 547 U.S. 388, 78 U.S.P.Q. 2d (BNA) 1577 (2006), vacating 401 F. 3d 1323, 74 U.S.P.Q. 2d (BNA) 1225 (Fed. Cir. 2005).

[5] Illinois Tool Works, Inc. v. Independent Ink, Inc., 547 U.S. 28, 77 U.S.P.Q. 2d (BNA) 1801 (2006), vacating 396 F. 3d 1342, 73 U.S.P.Q. 2d (BNA) 1705 (Fed. Cir. 2005).

[6] Microsoft Corp. v. AT&T Corp., 550 U.S. 437, 82 U.S.P.Q. 2d (BNA) 1400 (2007), rev'g 414 F. 3d 1366, 75 U.S.P.Q. 2d (BNA) 1506 (Fed. Cir. 2005).

[7] Laboratory Corp. of America Holdings v. Metabolite Laboratories, Inc., 548 U.S. 124, 79 U.S.P.Q. 2d (BNA) 1065 (2006), denying cert. to 370 F. 3d 1354, 370 U.S.P.Q. 2d (BNA) 1081 (Fed. Cir. 2004).

[8] Adam B. Jaffe & Josh Lerner, *Innovation and Its Discontents: How Our Broken Patent System is Endangering Innovation and Progress, and What to do about It*, Princeton University Press (2004): 96–126.

[9] Craig Allen Nard & John F. Duffy, "Rethinking Patent Law's Uniformity Principle," *Nw. U. L. Rev.* 101 (2007): 1619, 1619–1622.

裁决存在的制度性偏见。① 2000~2010 年十年间，最高法院对联邦巡回上诉法院裁决的大量上诉案件进行复审，其中一个重要原因在于最高法院从专利法立法目的、国家专利政策角度主张整体性标准，反对联邦巡回上诉法院的具体明确规则。② 最高法院审判监督的主要作用是，阻止专利法律原则适用出现僵化。在联邦巡回上诉法院存在僵化适用法律原则实质风险的情况下，最高法院才对专利法的适用予以实质审查。最高法院的审判监督贯彻了宽严适度的原则，旨在鼓励而非阻碍后续的法律发展。③ 在很大程度上，最高法院的工作是通过说明案件裁决所依据的政策选择，以及政策选择背后所依赖的理论依据，从而起到解释专利政策、将专利政策融入司法实践的作用。

最高法院的审判监督，促进了专利法在微观与宏观层面的进化。在微观层面上，最高法院通过复审裁决对专利法原则进行了微调以使其适应社会主流发展。例如，在 eBay 案中，最高法院将联邦巡回上诉法院只适用于专利案件禁令救济的特殊标准，改为与所有联邦禁令救济诉讼案件保持一致④；在 Illinois Tool 案中，最高法院从平衡反垄断案件原告、被告双方的角度，认为在涉及搭售的反垄断案件中，原告必须举证证明被告拥有搭售产品的市场支配力⑤。在宏观层面，最高法院通过复审裁决使对专利法的适用始终保持促进创新的初衷。例如，在 KSR 案中，最高法院提高了非显而易见性的认定标准，消除了人们对专利质量下降的担忧⑥；在 Lab. Corp. 案中，最高法院法官布雷耶（Stephen Breyer）的反对意见明确指向了专利泛滥问题，"有时候过度专利保护会阻碍而非促进科学与实用艺术的发展"。⑦

---

① Holmes Group 案中史蒂文斯法官的意见，参见 Holmes Group, Inc. v. Vornado Air Circulation Systems, Inc., 535 U. S. 826, 839 (2002)。
② Peter Lee, "Patent Law and the Two Cultures," *Yale L. J.* 120 (2010): 2, 46.
③ John M. Golden, "The Supreme Court as 'Prime Percolator': A Prescription for Appellate Review of Questions in Patent Law," *UCLA L. Rev.* 56 (2009): 657, 662.
④ eBay, Inc. v. MercExchange, L. L. C., 547 U. S. 388, 393 - 394, 78 U. S. P. Q. 2d (BNA) 1577, 1579 - 1580 (2006).
⑤ Illinois Tool Works, Inc. v. Independent Ink, Inc., 547 U. S. 28, 46, 77 U. S. P. Q. 2d (BNA) 1801, 1808 (2006).
⑥ KSR International, Co. v. Teleflex, Inc., 550 U. S. 398, 82 U. S. P. Q. 2d (BNA) 1385 (2007).
⑦ Laboratory Corp. of America Holdings v. Metabolite Laboratories, Inc., 548 U. S. 124, 126, 79 U. S. P. Q. 2d (BNA) 1065, 1066 (2006).

五 启 示

创新是新时代引领发展的第一动力,促进创新有赖于强化知识产权创造、保护和运用。在此背景下,我国在最高人民法院组建知识产权法庭,是进一步增强知识产权保护力度,健全科技创新激励机制的重要举措。[1]美国联邦巡回上诉法院作为美国司法体系中具有代表性的国家层面知识产权案件上诉审理机制构建的改革试验成果,其集中专利上诉案件管辖权、统一司法裁判标准、促进科技创新进而推动经济发展的经验,与当前我国实施的创新驱动发展战略不谋而合。美国联邦巡回上诉法院成立30余年间,针对专属管辖专利上诉案件存在的潜在风险,在受案范围上通过适度扩展案件管辖权避免成为专门法院,在法官队伍建设上兼顾来源多样性与意见一致性,在审判监督上通过最高法院矫正形式主义裁判,确保专利法适用宽严适度,其间探索的解决方案及积累的经验教训对我国最高人民法院知识产权法庭的制度设计具有积极的借鉴意义。

我国组建最高人民法院知识产权法庭,集中全国技术类知识产权上诉案件审理权的初衷是促进管辖集中化、审理专门化、程序集约化和人员专业化。[2]但与此同时,美国联邦巡回上诉法院建设的经验提醒我们,在组建过程中管辖集中化可能因失去同行检验而出现专利法适用僵化,审理专门化可能因案件单一而造成审判人员视野狭窄,程序集约化可能形成与专利政策偏离的形式主义裁判规则,人员专业化可能因知识背景所限而忽视技术创新的现实需求。国情是各国知识产权制度选择的基础。[3]我国与美国基本国情不同,无法照搬美国联邦巡回上诉法院的做法,在建立国家层面知识产权案件上诉审理机制的道路上,应当在借鉴国外经验的基础之上,充分立足于本土国情和现实需要,科学合理地解决最高人民法院知识产权法庭在受案范围、人员选拔、裁判规则、审判监督等领域的具体制度设计问题。

---

[1] 2018年2月,中共中央办公厅、国务院办公厅印发《关于加强知识产权审判领域改革创新若干问题的意见》,指出要从推动建成知识产权强国和世界科技强国的战略高度,破除制约知识产权审判发展的体制机制障碍,研究建立国家层面知识产权案件上诉审理机制。

[2] 参见2018年10月22日最高人民法院院长周强在第十三届全国人民代表大会常务委员会第六次会议上《关于专利等案件诉讼程序若干问题的决定(草案)》的说明。

[3] 吴汉东:《中国知识产权法制建设的评价与反思》,《中国法学》2009年第1期,第60页。

Construction of Appeal Mechanism for Intellectual Property Cases at the National Level: American Experience and Enlightenment

Abstract: The establishment of the appeal mechanism for Intellectual Property cases at the national level is an important task to improve the judicial protection of intellectual property rights in the new era. As an experimental result of the American appeal mechanism reform for Intellectual Property cases at the national level, the U. S. Court of Appeals for the Federal Circuit (CAFC) has gained wider experience during the past thirty years. In order to prevent the potential risks of its exclusive jurisdiction on patent appeal cases, CAFC expands the scope of litigation to avoid being a special court, emphasizes both the source diversity and opinion consistency of judges, rectifies the formalism of judicial rules by means of the adjudication supervision from the Supreme Court. The accumulated solutions and lessons learned by CAFC provide positive reference for the establishment of the Chinese new Intellectual Property Tribunal within the Supreme People's Court.

Keywords: CAFC; Scope of Litigation; Judge Team; Judicial Rules; Adjudication Supervision

滥用知识产权行为保全的法律规制研究[*]

王　铮[**]

摘　要：《最高人民法院关于审查知识产权纠纷行为保全案件适用法律若干问题的规定》对滥用知识产权行为保全设置了客观归责原则，保全询问、强制担保等制度，但我国知识产权行为保全规则依然存在着担保数额过低、申请费用标准不明确、审查期限较短等诸多问题。美国禁令制度中的惩罚性损害赔偿制度、完善的上诉救济制度为我国知识产权行为保全制度的发展提供了有益启示。我国在完善知识产权行为保全制度的过程中，应进一步创设惩罚性损害赔偿制度、完善救济机制、合理延长审查期限等，以更好地防止滥用知识产权行为保全的现象发生。

关键词：知识产权　行为保全　审查期限　惩罚性赔偿

引　言

2018 年 11 月 26 日，最高人民法院在《关于对诉前停止侵犯专利权行为适用法律问题的若干规定》和《关于诉前停止侵犯注册商标专用权行为和保全证据适用法律问题的解释》（以下简称"两个诉前停止侵权司法解释"）的实践基础上，制定并颁布了《关于审查知识产权纠纷行为保全案件适用法律若干问题的规定》（以下简称《行为保全规定》），尽管该规定在一定程度上完善了我国规制滥用知识产权行为保全现象的相关规则，但其仍存在着内容较为简单抽象、缺乏明确的适用标准、缺乏完善的程序规则和系统的预防机制等问题。

滥用知识产权权利是指权利人超出了知识产权法律、行政法规的规定，不正当行使有关权利，继而损害他人利益、社会公益或者限制排除竞争的行为。我国学术界目前对知识产权行为保全制度的研究已经较为充

---

[*] 本文系重庆知识产权保护协同创新中心专项研究项目"滥用知识产权行为保全法律规制研究"（18IP006）的阶段性研究成果。
[**] 王铮，西南政法大学法学院硕士研究生。

分，主要集中在知识产权行为保全制度的体系化构建①、审查标准的具体要求②、行为保全申请程序中的证明标准③等方面，但对滥用知识产权行为保全的现象关注度还不够，现有的文献也仅是从设立听证制度④、完善担保制度⑤等角度来研究对滥用知识产权行为保全的规制，未能将事前预防与事后救济相结合，同时也未能将《行为保全规定》出台后的新情况予以考虑。

实践中恶意申请人的违法成本依然较低，一些企图不正当竞争的市场主体常借此进行知识产权恶性竞争、谋取非法利益，这严重扰乱了知识产权的市场秩序。在我国强化知识产权保护力度的大背景下，对于规制滥用知识产权行为保全的研究应引起司法实务界及理论界的充分重视，故本文拟从滥用知识产权行为保全的类型化分析出发，对我国规制滥用知识产权行为保全的司法实践进行检视，同时比较借鉴域外规制滥用知识产权行为保全的相关制度，以期提出完善的规制我国滥用知识产权行为保全的建议。

一　滥用知识产权行为保全的类型化分析

根据当事人主观目的和侵权事实是否客观存在，笔者认为滥用知识产权行为保全应包含恶意知识产权行为保全和过度使用知识产权行为保全两个方面。

（一）恶意知识产权行为保全

恶意知识产权行为保全，是指当事人以获取非法或不正当利益为目的

---

① 卢海君、邢文静：《知识产权禁令救济：法理解析、制度创新与立法完善》，《电子知识产权》2013年第3期。
② 伍敏欢、王岩：《知识产权侵权诉前禁令的审查标准探析》，《电子知识产权》2017年第4期；毕潇潇、房绍坤：《美国法上临时禁令的适用及借鉴》，《苏州大学学报》（哲学社会科学版）2017年第2期。
③ 任重：《我国诉前行为保全申请的实践难题：成因与出路》，《环球法律评论》2016年第4期。
④ 应振芳、储晓丹：《我国知识产权行为保全制度的合宪性研究》，《知识产权》2016年第2期；丁文严：《民事行为保全的申请与审查》，《人民司法·应用》2017年第34期；施高翔、齐树洁：《我国知识产权禁令制度的重构》，《厦门大学学报》（哲学社会科学版）2011年第5期。
⑤ 蒋利玮：《知识产权行为保全中的担保和反担保》，《电子知识产权》2016年第4期。

而故意提起的在法律上或事实上无依据的知识产权行为保全申请，其本质是对诚实信用原则的违背。诚实信用原则在民事诉讼中对当事人的适用，表现为在程序的形成方面禁止当事人滥用诉讼权利对对方当事人造成不利的后果，必须对当事人课以信义诚实地进行诉讼的义务。① 诚然，当事人根据处分权原则可以自由行使其诉讼权利，但恶意申请知识产权行为保全违背了权利设置的目的，专门以损害对方当事人权利为目的，自应受到诚实信用原则的制约。

在认定知识产权恶意行为保全时，必须满足以下要求：①申请人在主观上出于恶意，即以获取非法利益或不正当利益为目的；②申请人在客观上实施虚假陈述、伪造证据、隐瞒事实等行为；③申请人提起知识产权行为保全申请导致相关人遭受损失；④被申请人遭受的损失与申请人提起知识产权行为保全申请存在因果关系。

（二）过度使用知识产权行为保全

过度使用知识产权行为保全，即申请人并无牟取非法或不正当利益的目的，仅是为了保护自己的合法权益，从而过度使用权利，根据既有的申请条件，向人民法院提起行为保全申请。根据滥用权利的超越目的或界限说：权利滥用即逸出权利的、社会的、经济的目的或社会所不容的界限之权利行使，过度行使知识产权行为保全即为违反经济的目的行使权利。② 从法律经济学的角度分析，过度行使知识产权行为保全所损害的利益大于或等于行使此损害的他人的利益、浪费的司法资源，会带来外部的不经济性，使得有限的司法资源不能得到最大化的利用，因此同样有规制的必要性。

"过度"应包括以下两种情形：第一，采取行为保全所损害的利益大于其获得的利益；第二，采取行为保全所损害的利益等于其所获得的利益，即无论采取行为保全与否，对申请人利益的保护并不会产生差异，任何一方当事人既不获益也不受损。第一种情形将会损害被申请人的合法权益，而第二种情形则会浪费司法资源。过度使用知识产权行为保全，主观上，申请人并无牟取不法利益的恶意，客观上知识产权行为保全申请条件真实存在，申请人并未虚构，但申请人过度使用知识产权行为保全制度，不但会导致被申请人"讼累"，同时也是对司法资源的浪费。

---

① 唐力：《民事诉讼构造研究——以当事人与法院作用分担为中心》，法律出版社，2006，第148页。
② 钱玉林：《禁止权利滥用的法理分析》，《现代法学》2002年第1期。

无论是恶意知识产权行为保全，或是过度使用知识产权行为保全，本质上都是申请人对权利的滥用，法律虽然明确赋予了当事人提起知识产权行为保全申请的权利，但权利皆应受限制，无不受限制的权利，滥用知识产权行为保全正是对权利边界的突破，侵犯了被申请人的合法权益，给被申请人造成了一定的损害，对滥用知识产权行为保全进行规制，正是为了追求法律的矫正正义。

二 我国滥用知识产权行为保全规制的实践检视

滥用知识产权行为保全法律规制主要是指对上述滥用知识产权行为保全的情形进行规制的各项原则及措施，其通常通过"事前预防、事中威慑、事后惩戒"的方式，全过程、多层次、宽领域地防止滥用权利的现象发生。笔者尝试通过对既有制度的类型化梳理，并结合现实案例，探究规制滥用知识产权行为保全的实践困境。

（一）滥用知识产权行为保全的立法规制

我国知识产权行为保全制度的相关法律规则历经了从分散到统一的立法流变。《民事诉讼法》从宏观上构建了我国行为保全制度，《行为保全规定》在两个诉前停止侵权司法解释的运行基础上，进一步从立法上对滥用知识产权行为保全进行了规制，设立了客观归责原则、保全询问制度等，在防止滥用知识产权行为保全现象的发生上起到了积极作用。但由于我国知识产权行为保全制度起步较晚，对该制度的实践经验仍不充分，尽管《行为保全规定》在一定程度上完善了我国的立法规制，但是仍存在与相关立法、司法实践不协调、不匹配之处。

1. 滥用知识产权行为保全立法规制的举措

第一，客观归责原则。《行为保全规定》第16条对申请有错误的认定采用了客观归责原则，即不将申请人的主观过错作为认定要件，只要出现第16条所规定的客观情形，例如"生效裁判认定不构成侵权或者不正当竞争"等，就应当认定申请人"申请有错误"。认定申请错误的客观归责化是规制滥用知识产权行为保全的一个重要制度完善，其主要出于以下几个方面的考虑：①符合国际公约及域外经验，根据《与贸易有关的知识产权协定》（以下简称"TRIPS协定"）第50条的规定，国际公约对知识产权执法中的临时措施采取的即为严格责任，同时临时禁令被认定错误也不以主观过错为要件；②符合公平观念，有助于申请人审慎申请，减少滥用申请权给他人造成损害；③符合行为保全制度特征，行为保全本质上是提前将生效裁判强制执行，若其请求最终未获支持，也就代表着申请行为保全错误。① 此外，根据《民事诉讼法》第105条的规定，若"申请有错误"的，被申请人可向申请人主张损害赔偿，客观归责原则同时减轻了被申请人举证的负担，对维护其合法权益具有积极意义。

第二，保全措施询问制度。《民事诉讼法》和两个诉前停止侵权司法解释并未要求人民法院在采取行为保全措施前询问或听取申请人意见，而是采取了必要时询问以及事后审查的做法，根据笔者搜集到的案例，法院往往只审查申请人所提交的材料，而极少询问被申请人的意见，仅有一个复议案件②的法院召集双方当事人参与听证程序。然而，行为保全从一定角度来看具有使将来生效判决提前执行的效果，因此行为保全裁定的作出应十分谨慎。学术界之前普遍呼吁应在审查行为保全案件的过程中，充分听取当事人意见，赋予被申请人辩护的权利。为了使行为保全裁定的作出更具真实客观性，《行为保全规定》明确采取行为保全措施前一般要询问申请人和被申请人，要以询问为原则，以不询问为例外。对双方当事人的询问，有利于法官掌握更真实、全面的信息，同时也在一定程度上给予了被申请人救济途径，即在询问过程中，提出证据抑或是对对方证据提出异议，从而有效防止了知识产权行为保全的滥用（见图1）。

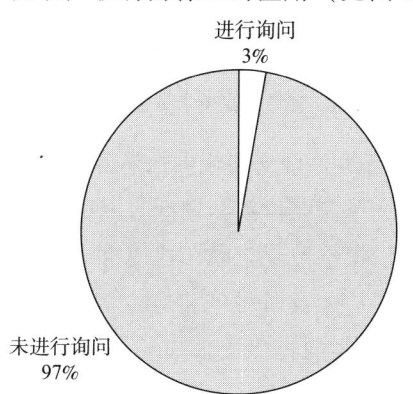

图1 法院进行询问和未进行询问的情况

---

① 《完善行为保全制度有效保护知识产权最高人民法院知产庭负责人就审查知识产权纠纷行为保全案件适用法律相关问题答记者问》，最高人民法院官网，http://www.court.gov.cn/zixun-xiangqing-135621.html。

② （2014）鄂武汉中知禁字第00006-1号民事裁定书。

第三，调高申请费用收取标准。在以往的司法实践中，行为保全的申请费多是按照财产保全案件的标准收取，但行为保全案件不涉及财产数额是其典型的特征之一，这便导致收费数额较低，在笔者整理分析的30件推荐案例样本中，13件案例裁定书中载明了诉讼费用，其中8件案件诉讼费用为1000元，占总案件的61.5%，诉讼费用最低的为"中国好声音"行为保全案，其受理费仅为30元（见图2）。该收费标准为行为人滥用权利谋取自身不当利益创造了条件，使其违法成本极低，同时不能有效地发挥诉讼费用的分流作用，易造成被申请人的"讼累"。《行为保全规定》第20条规定"申请人申请行为保全，应当依照《诉讼费用交纳办法》关于申请采取行为保全措施的规定交纳申请费"，由此将行为保全案件的申请费用交纳标准予以明确，从而为遏制相关行为人滥用申请权利打下了基础。

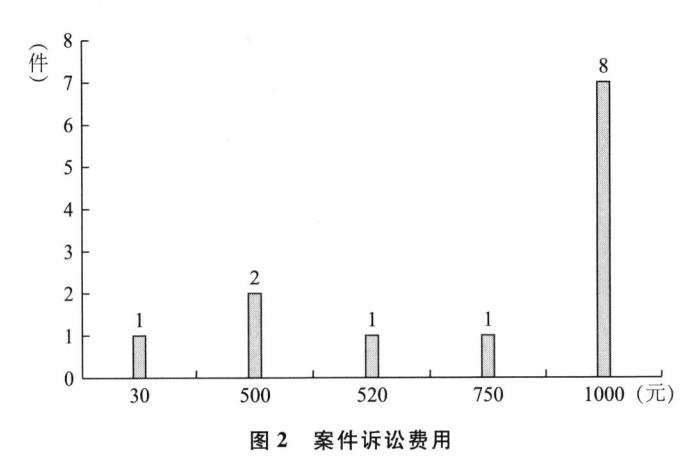

图2 案件诉讼费用

2. 滥用知识产权行为保全立法规制的不足

第一，因错误保全可获赔偿数额过低。因执行保全行为受损，被申请人可获得的赔偿数额以担保数额为限，这使得违法成本相对较低。尽管强制担保制度可以使被申请人及时得到相应救济，但根据《行为保全规定》第11条可知，申请人提供的担保数额应相当于被申请人因执行行为保全措施可能遭受的损失。然而知识产权客体并不具有独占性，受到侵害后难以恢复原状，且更新换代速度较快。在许多滥用知识产权行为保全的案例中，虽然最终认定申请人的行为系"申请错误"，但被申请人的产品可能早已丧失了市场优势地位，其实际损失通常远超担保数额，具有主观恶意的申请行为人也仅需支付担保费用作为其违法成本。此外，担保数额也只用于填补被申请人的物质损失，滥用行为保全的行为对被申请人商业信誉、产品形象的侵害通常不包括在内，然而这些非物质损失对于市场主体的经济活动同样具有极为恶劣的影响。①

第二，《诉讼费用交纳办法》未规定申请行为保全费用收取标准。如上文所述，《行为保全规定》已经对知识产权行为保全的申请费用收取标准进行了明确，即依照《诉讼费用交纳办法》关于申请采取行为保全措施的规定交纳申请费。但对《诉讼费用交纳办法》进行梳理后，我们不难发现，该办法关于申请采取行为保全措施的规定仅有海事强制令②一项，这就出现了准用性规则中的参照规则无法参照的尴尬情形。此外，海事强制令的申请费用上限仅为5000元，但知识产权领域案件往往具有事实复杂、专业要求较高、标的数额巨大等特点，例如高通公司申请苹果公司停止侵犯专利权行为一案，高通公司提供了3000万元的担保数额。③《诉讼费用交纳办法》的相关规范缺位，使得《行为保全规定》的制度构建未能落到实处，同时亦为相关行为人进行不正当竞争提供了"便利"，从而无法真正发挥诉讼费用预防申请人滥用诉权的重要作用。

（二）滥用知识产权行为保全的司法规制

2014~2018年这五年间知识产权行为保全案件的数量有限，全国法院分别受理知识产权诉前停止侵权和诉中停止侵权案件157件和75件，笔者将中国裁判文书公开网上的30件推荐案例作为研究样本，以期从个案之中探寻滥用知识产权行为保全的司法规制状况并分析其不足之处。

1. 滥用知识产权行为保全司法规制的状况

第一，审查标准与考量因素。《行为保全规定》第7条完善了人民法院审查行为保全申请应当考量的五种因素④，第8条、第10条分别细化规

---

① 刘晶：《美国规制滥用知识产权行为保全的经验借鉴》，《知识产权》2015年第3期。
② 《诉讼费用交纳办法》第14条："（七）海事案件的申请费按下列标准交纳：1. 申请设立海事赔偿责任限制基金的，每件交纳1000元至1万元；2. 申请海事强制令的，每件交纳1000元至5000元；3. 申请船舶优先权催告的，每件交纳1000元至5000元；4. 申请海事债权登记的，每件交纳1000元；5. 申请共同海损理算的，每件交纳1000元。"
③ （2018）闽01民初字第1208号之一民事裁定书。
④ 《最高人民法院关于审查知识产权纠纷行为保全案件适用法律若干问题的规定》第7条："人民法院审查行为保全申请，应当综合考量下列因素：（一）申请人的请求是否具有事实基础和法律依据，包括请求保护的知识产权效力是否稳定；（二）不采取行为保全措施是否会使申请人的合法权益受到难以弥补的损害或者造成案件裁决难以执行等损害；（三）不采取行为保全措施对申请人造成的损害是否超过采取行为保全措施对被申请人造成的损害；（四）采取行为保全措施是否损害社会公共利益；（五）其他应当考量的因素。"

定了审查判断知识产权效力是否稳定的考量因素以及难以弥补的损害的具体情形,为知识产权行为保全申请的审查提供了更具操作性的方法和标准,苏州中院在诉前停止侵犯专利权的审查中就将两者作为重要参考因素。① 笔者对 30 件推荐案例研究样本的分析发现,司法实践中,法院对案件是否符合申请知识产权行为保全的条件,相比于法律规定的五个方面而言,主要从以下两个方面进行考虑:①权利人是否有证据证明他人正在实施或者即将实施侵犯其知识产权的行为;②如不及时制止是否会使权利人合法权益受到难以弥补的损害。② 对于是否属于难以弥补的损害,又多从侵权行为是否造成如商誉损失等难以用金钱弥补的损失,侵权行为是否将持续扩大侵权范围和损害后果,侵权行为是否将严重抢占市场份额,达到难以恢复的程度等方面进行审查。明晰审查考量因素、分类提高审查标准等措施可以有效防止申请人滥用诉权进行不正当竞争或者损害公共利益。

第二,担保制度及费用计算标准。笔者对 30 件推荐案例研究样本进行分析发现,《行为保全规定》虽未将是否提供担保纳入裁定知识产权行为保全的考量因素,但法官在司法实践中却将担保及担保数额作为裁定知识产权行为保全的依据之一。最高人民法院发布的 14 起北京、上海、广州知识产权法院审结的典型案例——暴雪娱乐有限公司、上海网之易网络科技发展有限公司申请行为保全案和浙江唐德影视股份有限公司与上海灿星文化传播有限公司等申请诉前停止侵害注册商标专用权纠纷案③中,均明确指出将申请人提供担保的情况纳入考量范畴。此外,在担保数额的确定上,关于可能遭受的损失的计算方法,法律并未明确规定。司法实践中,法院往往根据申请人申请禁令错误的可能性大小以及错误实施禁令可能给申请人造成的损失综合考量确定担保数额。例如在熊克生、俞冰原等申请诉前停止侵害知识产权案中,法院依据此种计算方法裁定担保数额 50 万元符合法律规定。强制担保制度进一步提高了申请采取行为保全的门槛,降低了申请人滥用该权利的可能性,同时使得在申请错误时,被申请人可以及时获得救济。此外,在一定情形下,人民法院还可以责令申请人

---

① 参见(2014)苏中知禁字第 00001 号民事裁定书、(2014)苏中知禁字第 00002 号民事裁定书、(2014)苏中知禁字第 00003 号民事裁定书、(2015)苏中知禁字第 00002 号民事裁定书。
② 参见(2008)渝一中法民他字第 5 号民事裁定书、(2006)佛中法民三禁字第 15 号民事裁定书、(2013)三中民保字第 01933 号民事裁定书。
③ 《最高人民法院发布 14 起北京、上海、广州知识产权法院审结的典型案例》、(2016)京 73 行保字第 1 号民事裁定书。

追加担保，从而使被申请人的权益得到最大限度的保障（见表1）。

表1 典型案例的担保费用

案例	担保费用
熊克生、俞冰原（2014）鄂武汉中知禁字第00004-1号	50万元
网易云（2015）杭滨知禁字第1号	300万元
广州酷狗、阿里巴巴（2015）杭余知禁字第2号	250万元
雅培奶粉罐（2013）三中民保字第01933号	400万元
北京红狮涂料有限公司诉北京红狮京漆商贸有限公司诉前停止侵犯商标权纠纷案（2005）二中民保字第10508号	10万元
浙江唐德影视股份有限公司与上海灿星文化传播有限公司等申请诉前停止侵害注册商标专用权纠纷案（2016）京73行保字第1号	1亿3000万元
暴雪娱乐有限公司、上海网之易网络科技发展有限公司申请行为保全案	1000万元

2. 滥用知识产权行为保全司法规制的不足

第一，审理期限过短易致错案发生。我国知识产权诉讼，往往具备以下特征：①申请涉及的知识产权法律关系极其复杂，卷宗数量巨大；②申请涉及的知识产权技术领域极其复杂；③申请涉及的知识产权权利保护范围极为广泛；④知识产权权利人证明违法行为需要耗费大量的时间及精力。[①]

而在我国司法实践中，《民事诉讼法》第101条第2款规定了48小时的超短审限[②]，这意味着在48小时的超短审限内，人民法院必须审查规定在知识产权实体法和《行为保全规定》中的要求事项，同时需要根据法条和司法解释结合复杂且专业的案情，对知识产权行为保全申请作出裁定，这对司法工作人员来说无疑是极其困难的。实践中，司法工作人员需要在48小时的高压下，处理知识产权行为保全申请，难免会导致错案的发生，这在我国"案多人少"的实践困境下更为严重。[③] 这一实践困境无疑为不法分子提供了滥用知识产权行为保全的可乘之机，使其利用法官在48小时超短审限中无法详细审查申请依据的客观真实性这一缺陷，提起知识产权行为保全申请。

---

① 周翠：《行为保全问题研究——对〈民事诉讼法〉第100-105条的解释》，《法律科学·西北政法大学学报》2015年第4期。
② 《民事诉讼法》第101条第2款，"人民法院接受申请后，必须在四十八小时内作出裁定"。
③ 任重：《我国诉前行为保全申请的实践难题：成因与出路》，《环球法律评论》2016年第4期。

第二，行为保全救济途径单一，被申请人合法权益不能得到及时保障。《民事诉讼法》第108条规定，当事人对保全裁定不服的，可以申请复议一次。虽然我国在引入知识产权行为保全制度之初便规定了知识产权行为保全救济途径——申请复议，但并未将诉讼救济纳入救济方式之中，而一次复议对于知识产权这一特殊类型案件中当事人的救济是十分不足的。除此之外，《民事诉讼法》和《行为保全规定》均未对复议主体作出明确规定，当事人申请复议，复议机关究竟是原作出裁定的审判组织还是另行组成合议庭，抑或是上级人民法院，仍未予以明确。[1] 法律规定上的不明确，导致司法实践当中复议机关的混乱，当事人不知道应该向哪级人民法院提起复议，且法院有可能以复议机关不适格为由驳回申请，这在实务中极大地阻挠了当事人行使其复议救济权，在笔者收集的30件案例中，复议案件只有1件。[2] 另外，即使复议机关受理了复议申请，不同的复议机关对于复议申请又可能通过不同的流程审理，从而导致法律适用的不统一。

三 滥用知识产权行为保全规制的域外考察

美国是制定"TRIPS协定"的主要参与者及倡导者，其在防止滥用知识产权行为保全的制度运行中已经取得了较为丰富的经验。因此笔者拟选取美国作为比较对象，以期发现对我国滥用知识产权行为保全法律规制的有益启示。

（一）美国防止滥用知识产权行为保全的现实举措

《美国联邦民事诉讼规则》中的"禁令"制度（Injunctions and Restraining Orders）与我国的知识产权行为保全制度极为相似，具体而言，我国相关法律规定中并未使用诸如"临时禁令""禁令""临时措施"等称谓，而是采用了"行为保全"的表述方式，我国行为保全制度属于美国临时禁令及预先禁令的范畴。美国禁令救济有三种形式：第一种是临时禁令（Temporary Restraining Order），该禁令适用于诉讼前，通常情况下期限仅为10天；第二种是预先禁令（Preliminary Injunction），该禁令适用于申请人起诉后，判决之前，并且没有具体的时间限制；第三种是永久禁令

---

[1] 李昌超、王晓飞：《不作为行为保全的现实困境及制度前景》，《内蒙古社会科学》（汉文版）2016年第4期。
[2] (2014) 鄂武汉中知禁字第00006-1号民事裁定书。

(Permanent Injunction),适用于生效裁判后,往往构成判决的主要内容,通常是无期限的。① 美国"禁令"制度的历史悠久,且在实践中已经得到较为全面的发展及应用,在对滥用知识产权行为保全的规制方面,其作用主要体现在以下两个方面。

1. 惩罚性损害赔偿制度

美国"禁令"制度对当事人是否具有主观恶意进行了区分,并以此设立不同的损害赔偿制度是其与我国行为保全制度的显著区别。通常情况下,对不当禁令的被申请人(wrongfully enjoined defendant)因不当禁令被执行期间所遭受损失的赔偿数额以申请人所提供的担保为限,美国联邦最高法院在 W. R. Grace & Co. v. Local Union 759 案中提到"在担保缺失的情况下,不当禁令的被申请人无法采取任何措施来弥补自己的损失"。② 但是当申请人具有主观恶意(in bad faith)时,不当禁令的被申请人可获得的赔偿数额便可超出担保数额,1977 年美国联邦第十巡回上诉法院审理的 Adolph Coors Co. v. A & S Wholesalers, Inc. 案③、1983 年美国联邦第七巡回上诉法院审理的 Coyne-Delany Co., Inc. v. Capital Development Bd. of State of Ill. 案④、2000 年美国联邦第十一巡回上诉法院审理的 Milan Exp., Inc. v. Averitt Exp., Inc. 案⑤的判决都持有同样的观点。此外,没收使用假冒商标产品命令是美国商标诉讼中的一种禁令,美国 1946 年《商标法》(《美国联邦法典》第 15 卷第 1116 章)的第 34 节第(d)(11)⑥规定"由于错误地没收而遭受损失的一方有权据此对没收命令的请求人提出起诉,并且有权取得适当救济。该救济包括利润损失、材料成本费、信誉的损

---

① James T. Carney, "Rule 65 and Judicial Abuse of Power: A Modest Proposal for Reform," *J. Trial Advoc. 19 Am.* (1995): 87 – 88.
② W. R. Grace & Co. v. Local Union 759, Intern. Union of United Rubber, Cork, Linoleum and Plastic Workers of America, 461 U. S. 757 (1983).
③ Adolph Coors Co. v. A & S Wholesalers, Inc., 561 F. 2d 807, 813, 1977 – 2 Trade Cas. (CCH) 61565 (10th Cir. 1977).
④ Coyne-Delany Co., Inc. v. Capital Development Bd. of State of Ill., 717 F. 2d 385, 394, 37 Fed. R. Serv. 2d 784 (7th Cir. 1983).
⑤ Milan Exp., Inc. v. Averitt Exp., Inc., 208 F. 3d 975, 980, 46 Fed. R. Serv. 3d 895 (11th Cir. 2000).
⑥ 15 U. S. C. 1116 (SECTION 34 OF THE LANHAM ACT) (d) " (11) A person who suffers damage by reason of a wrongful seizure under this subsection has a cause of action against the applicant for the order under which such seizure was made, and shall be entitled to recover such relief as may be appropriate, including damages for lost profits, cost of materials, loss of good will, and punitive damages in instances where the seizure was sought in bad faith, and, unless the court finds extenuating circumstances, to recover a reasonable attorney's fee (…)"

失以及在请求人出于恶意谋求没收命令情况下应追加的惩罚性损害赔偿金"。

2. 完善的上诉救济制度

根据《美国联邦民事诉讼规则》，对于法院作出的临时禁令、预先禁令和永久禁令的判决，当事人如果不服都可以通过上诉来获得救济。[①]例如在《美国联邦第九巡回上诉法院关于〈美国联邦上诉规则〉的适用规则》（Federal Rules of Appellate Procedure Ninth Circuit Rules）[②] 中就针对如何发起对禁止令的上诉、上诉通知应注明的内容、审查主体、上诉期限以及特殊情况下的期限进行了明确规定。此外，对于中间禁令的核准或否决，当事人亦有机会通过中间上诉制度（interlocutory appeal），直接向联邦巡回上诉法院进行上诉。所谓"中间上诉制度"，是指"当事人对初审法院在审理案件过程中具有战略意义的命令、裁定等程序性问题和具有普遍重要性的法律争议不服所提起的立即上诉"。[③] 该制度可以有效防止最终判决迟延作出给当事人带来的不当的损失以及诉讼费用的增多。[④]

（二）美国知识产权禁令制度的有益启示

从上述美国知识产权禁令制度的运行经验来看，我们至少可以得到以下两点启发。

第一，应该加大对恶意申请知识产权行为保全现象的惩治力度。美国禁令制度将申请人是否具有主观恶意作为适用惩罚性赔偿或者说超担保额赔偿的重要考量因素，相比于我国赔偿数额过低的实践现状，美国的规制措施显得更为严格。"加大保护知识产权力度，提高违法成本"是我国知识产权立法的改革方向，习近平指出："中国将保护外资企业合法权益，坚决依法惩处侵犯外商合法权益特别是侵犯知识产权行为，提高知识产权审查质量和审查效率，引入惩罚性赔偿制度，显著提高违法成本。"[⑤] 针对知识产权侵权行为的法律规制，不能采取"一刀切"的做法，将当事人的主观恶意作为重要参考标准，符合我国谨慎谦抑的立法态度。

---

① 刘晶：《美国规制滥用知识产权行为保全的经验借鉴》，《知识产权》2015 年第 3 期。
② CIRCUIT RULE 3-3 (a), (b), (c), FRAP Rules, Ninth Circuit Rules, Circuit Advisory Committee Notes.
③ 林鹏：《民事诉讼中间上诉制度研究》，硕士学位论文，厦门大学，2013，第 3 页。
④ Maury Friedlander, William A. Sanders, "The Need for a Workable Interlocutory Appeal Procedure in Alabama," *Ala. 10 L. Rev. 110* (1957): 112.
⑤ 《习近平在首届中国国际进口博览会开幕式上的主旨演讲（全文）》，新华网，http://www.xinhuanet.com/politics/leaders/2018-11/05/c_1123664692.htm。

第二，着力构建更为全面的行为保全裁定的复审救济制度。美国多层次化的上诉救济制度为当事人的权益提供了保障，这与我国单一的复议救济制度形成反差。正所谓"无救济则无权利"，权利自始就与救济紧密相连，仅仅赋予当事人提起行为保全申请的权利，而并未规定与之相匹配的救济途径，可能会导致权利成为空中楼阁。知识产权案件"案情复杂、案卷庞多、专业性强"的特点使其与一般民事案件存在显著区别，因此构建系统的复审救济制度有助于促进知识产权行为保全更好地发挥其制度效能。

四 我国滥用知识产权行为保全规制的未来走向

如前文所述，我国知识产权行为保全制度在审理期限、受理费用的收取规则、被申请人所遭受损失弥补机制与救济复议机制等方面存在着诸多不足，难以实现其对滥用知识产权行为保全的有效规制。在与美国"禁令"进行比较研究后，我们不难发现知识产权行为保全制度效能的充分发挥应进一步在法律规范的系统重构以及司法实践的转型完善两方面予以深入探讨。

（一）滥用知识产权行为保全立法规制的转型重构

1. 构建对恶意行为保全的惩罚性损害赔偿制度

惩罚性损害赔偿，也被称为示范性赔偿，是指法官判决中所作出的赔偿数额超出实际损害数额的赔偿。[①] 惩罚性损害赔偿制度在我国民事责任领域较为常见，例如《中华人民共和国消费者权益保护法》第55条、《中华人民共和国食品安全法》第148条第2款、《最高人民法院关于审理商品房买卖合同纠纷案件适用法律若干问题的解释》第8条等都明确规定了惩罚性损害赔偿制度，且在实践中已经得到了广泛应用。反观知识产权立法领域，惩罚性损害赔偿制度的适用可谓"凤毛麟角"，仅《商标法》第63条通过该制度对恶意侵犯商标专用权的行为进行了规制。鉴于惩罚性赔偿制度的设立基础及恶意行为保全的违法性，笔者认为在知识产权行为保全领域引入惩罚性赔偿具有以下合理性。

首先，恶意行为保全具有较大的主观恶意性及客观危害性。由前文

---

① 王利明：《惩罚性赔偿研究》，《中国社会科学》2000年第4期，第112页。

对恶意行为保全的概念界定可以看出，申请人具有"获取非法利益或不正当利益"的主观恶意，动机恶劣，具有道德上的可归责性，并且该行为不仅侵犯了被申请人的财产利益，同时扰乱了国家司法的正常秩序，为一己之利而恶意"使用"司法机关，是对我国司法机关及法律规范的蔑视。

其次，补偿性赔偿制度适用于恶意行为保全之不适当性。一方面，从补救目的来看，补偿性赔偿是为了弥补债权人因违约行为遭受的损失，其目的是让受害人达到合同完全履行时的状态，即"填平原则"，而不是惩罚违约行为人。另一方面，从补救效果来看，知识产权侵权往往伴随着高额的利益，若不法行为人所应承担的风险仅仅是填平被申请人之被损害利益，在高额的利益面前势必无法达到对潜在恶意行为人的震慑。

最后，惩罚性赔偿制度的功效正契合了当下恶意行为保全规制之必要，符合提升知识产权保护力度的现实需求，目前学界通常认为，惩罚性赔偿制度主要具有赔偿、制裁以及遏制的功能①，这便弥补了补偿性赔偿无法起到有效的威慑、抑制侵权行为的不足。

因此，在借鉴美国惩罚性损害赔偿制度经验的基础上，我国知识产权行为保全有关法律规范同样应明确：当事人或利害关系人恶意申请知识产权行为保全进行不正当竞争或谋取不正当利益时，被申请人可依据《民事诉讼法》第105条的规定要求申请人赔偿因错误保全所遭受的损失，同时可要求其支付损失一至两倍的惩罚性赔偿金。

2. 细化行为保全受理费用的收取标准。

诉讼费用在案件调节、程序引导、打击滥诉等方面发挥了重要作用。②保障当事人诉权与防止滥用诉权是一对复杂的矛盾体，在当前知识产权行为保全受理费用过低的背景下，滥用诉讼权利的案件不断增多，情况也更加复杂，因此通过合理的诉讼费用对该现象进行必要的制约和惩戒具有现实意义。

在知识产权行为保全案件中，以担保数额为基准并参照财产保全申请费用计算方法来确定申请费用具有相当大的可行性。从实践来看，我国知识产权行为保全目前普遍按照财产保全案件标准收取受理费，但因为知识产权行为保全案件不涉及财产数额，案件申请费用偏低。根据《行为保全

---

① 张新宝、李倩：《惩罚性赔偿的立法选择》，《清华法学》2009年第4期。
② 孙阳：《诉讼费杠杆作用在审前程序的特殊价值研究》，《中国物价》2019年第2期。

规定》第 11 条规定，在行为保全申请中，当事人一般需提供相应的担保①，因此我国申请知识产权行为保全的案件中均有明确的担保数额，这为确定知识产权行为保全案件申请费用提供了相应标准。在财产保全案件中，一般根据财产数额来确定申请费用，从本质上来看，财产数额即被保全对象的价值；而在知识产权行为保全案件中，担保数额应当相当于被申请人可能因执行行为保全措施所遭受的损失，因此，以担保数额作为基准按比例累进计算申请费用符合我国司法现状。对于累进比例，我们可以参照财产保全申请费用规定，但与一般的财产保全申请相比，知识产权行为保全担保费用数额较高，故我国应当进一步细化比例区间，同时，还应在行为保全申请费用中设立费用上限，笔者认为该上限以 1 万～2 万元为宜。

（二）滥用知识产权行为保全司法规制的现实进路

1. 合理延长行为保全案件审查期限

"公正"与"效率"均是司法改革所需体现的重要价值，同时兼顾妥善保护与及时保护也是《行为保全规定》的起草原则之一。尽管 48 小时极短审限带来的问题十分突出，但若忽视效率价值，便会走向另一极端，例如，意大利法院强制执行一个合同，平均需要 1185 日，该日期远超其他高收入水平国家的平均值②，因此合理延长审限成为规制滥用知识产权行为保全现象的必由之路。及时性是"合理延长"的应有之义，既要防止审查被不适当地拖延，也要防止审查程序过快进行所导致的"审查形式化"。③

根据《民事诉讼法》中关于第一审程序和第二审程序审限的相关规定，第一审程序需要在自立案之日起 6 个月内审结，第二审程序需要在自立案之日起 3 个月内审结，这是由于相比于一审而言，二审是在基于一审的情况下作出审判，对于一审中已无争议的事实，二审通常将不再进行审理，因此二审的审理范围要小于一审。与诉讼相似，在知识产权行为保全的申请中，复议所需审查的范围通常情况下也应小于受理申请时所需审查的内容，故类比诉讼审限的规定，行为保全申请第一次的审限应长于复议的审限。根据《行为保全规定》第 14 条的规定，当事人不服行为保全裁

---

① 担保数额应当相当于被申请人可能因执行行为保全措施所遭受的损失，包括责令停止侵权行为所涉产品的销售收益、保管费用等合理损失。
② 陈玉云：《意大利如何应对司法效率低下问题》，《人民法院报》2015 年 8 月 14 日，第 8 版。
③ 胡充寒：《我国知识产权诉前禁令制度的现实考察及正当性构建》，《法学》2011 年第 10 期。

定申请复议的,人民法院应当在收到复议申请后10日内审查并作出裁定,因此,我国应适当延长行为保全审限至15~20日。同时,为及时保护申请人利益,也可仿照美国设立临时禁令制度,在情况特别紧急且行为保全无法立即作出的情况下,可以由法官签发期限较短的临时禁令,从而兼顾妥善保护与及时保护。受理申请法院对临时禁令的审查可遵循形式审查原则,抑或是以"优越盖然性"[1]作为证明标准,以减轻法院审查负担从而使法院可以迅速作出临时禁令裁定。

除对审限的适当延长,为了进一步保障当事人的合法权益,当遇到疑难、复杂案件等特殊情况时,应根据实际情况赋予当事人程序管理参与权,给予当事人在保全申请中平衡追求程序利益与实体利益的机会。赋予当事人参与权,即当事人可以提出延长审限的申请,由当事人与法院共同协商确定是否应当延长审限,应当延长审限至多少。[2] 从本质上来看,当事人行使程序管理参与权是处分权原则的重要体现,当事人通过双方合意决定延长法定审查期限,可以有效缓解审限制度中"公正与效率"的冲突,也可使法院有合理且充足的时间来审查案件的真实情况,确保裁定的客观真实性。

2. 完善行为保全救济程序

根据上文所述,我国目前对于行为保全申请的救济途径有且只有一条——申请复议,且关于复议机关的规定尚不明确,这显然不足以充分保障当事人的合法权益。因此,在进一步完善现有救济路径的同时创设新的解决路径显得十分必要。

由于《行为保全规定》对复议机关并未明确规定,司法实践中,不同的案件中复议机关不同,存在上文所述的几种情况。对于复议机关的确定,笔者建议由原人民法院另行组成合议庭充当复议机关。原人民法院另行组成合议庭,能够避免原法院原合议庭审理的局限性,不会影响对复议的重新审查。此外,知识产权案件具有案情复杂、所需法官专业技术较强的特点,将复议作为唯一的救济途径,对被申请人的权益保障十分有限。因此还应赋予当事人复议上诉权,即当事人对复议结果不满时,还可向上一级人民法院提起诉讼,但上诉期间,不停止对原裁定的执行。

---

[1] 通过调研和实践,唐力教授曾发现在损害赔偿诉讼中已经出现证明度降低的做法。参见唐力、谷佳杰《论知识产权诉讼中损害赔偿数额的确定》,《法学评论》2014年第2期。
[2] 唐力:《民事审限制度的异化及其矫正》,《法制与社会发展》2017年第2期。

Research on Legal Regulation of Abuse of Intellectual Property Rights Protection

Abstract: The Supreme People's Court issued new provisions concerning prohibitory injunctions in intellectual property disputes, which established the objective imputation principle, inquiry system, compulsory guarantee system and others. However, there are still some problems in the provisions on prohibitory injunctions in intellectual property, such as the inadequate amount of guarantee, the unclear standard of application fee and the short review time and so on. In American injunction system, the punitive damages system and the systematic appeal mechanism provide beneficial enlightenment for the development of our intellectual property protection system. In the process of perfecting the Chinese injunction system, China should further establish the punitive damages system, improve the relief mechanism, and reasonably extend the review period and other comparable measures, in order to prevent the abuse of prohibitory injunctions.

Keywords: IPR; Prohibitory Injunctions; Trial Time; Punitive Damages

商标协议共存研究

刘丽飞[*]

摘　要： 近年来我国市场主体通过商标协议共存来解决商标争议的情况不断出现，商标协议共存因此进入研究视角。然商标协议共存涉及的标的——商标权与一般民事标的存在性质上的区别，因此不能以一般民事行为成立生效要件来判断其效力。而且由于商标协议共存涉及市场划分，因此是否因限制竞争或者落入垄断法范围而导致无效仍未可知。再者，商标权获得包括使用取得、注册取得、使用与注册共同取得三种方式，而商标注册审查也包括全面审查和不审查等机制，因此不同的商标权取得方式和不同的商标注册审查机制是否对商标协议共存效力存在影响值得探究。此外，市场的动态性和市场主体的扩张本性，使商标协议共存的时效性极短，当一方当事人违反了商标协议共存时，他方可以请求何种救济权，殊值窥探。

关键词： 商标协议共存　善意使用　意思自治　混淆可能性　竞争秩序

一　商标协议共存概述

（一）商标协议共存概念

广义的商标共存是指两个不同企业在互不干扰各自商业的情况下，使用相同或相似商标来销售产品或服务。[①] 然而在不同或不类似产品上使用相同或近似商标，除非会造成驰名商标的淡化，否则商标共存自无疑虑，因此本文仅在狭义上使用商标共存概念，即不同企业在相同或类似产品上使用相同或近似商标的共存。

商标共存通常于以下情况产生：基于未注册商标权人享有先用权而与

---

[*] 刘丽飞，广西万益律师事务所专职律师。
[①] Tamara Nanayakkara, Marcus Hopperger, Martin Senftleben, "IP and Business: Trademark Co-existence," *WIPO Magazine Issue* (2006): 18.

注册商标权产生共存；基于企业分立或联合商标的转让产生共存；企业在商标标识、产品领域或经营地域上的商业扩张导致相似商标进入同一领域而产生的共存；商标权人间达成商标共存协议。一般情况下，前三种事由产生的商标共存权利义务直接由法律进行规定，可谓商标的法定共存，而最后一种商标共存权利义务的产生则由当事人双方进行约定，可谓商标的协议共存。①

商标协议共存通常以商标共存协议或同意使用协议的形式体现，但商标协议共存与商标共存协议是不同的概念，后者本质上是一个静态协议，只不过内容牵涉近似商标在类似产品上的共同使用或注册。而前者是一个动态概念，这种动态性体现在两方面。一方面，虽然商标协议共存内含商标共存协议或者同意使用协议等静态契约，但商标协议共存状态的最终形成却牵涉契约双方当事人之间、契约双方当事人与商标管理机关之间、契约双方当事人与消费者之间、商标管理机关与消费者之间多方利益的博弈，是多方利益平衡的结果。另一方面，企业的扩张本性促使一方或双方不满足于协议共存的现状，往往努力扩张自己的经营范围，这就导致已经形成的共存局面被频频打破，曾经的协议往往成为新一轮纠纷的导火索。

（二）商标协议共存的价值基础

1. 意思自治所表征的效率追求

《与贸易有关的知识产权协定》第1条指出知识产权是私权②，作为知识产权分支的商标权无疑也刻上了私权的烙印。私权的根本价值在于意思自治，即让市场主体"根据自己的知识、认识和判断以及直接所处的相关环境去自由地选择自己认为最适当的行为"。③ 因此当不同的商标权人基于善意在相同或类似产品上使用相同或近似商标时，"允许商业标记权人自由处分其商业标记，并通过谈判以一定条件达成共存协议"④，体现了商标协议共存以意思自治为基础的效率追求。

2. 真诚使用所表征的实质正义

商标受保护的基础是商标具有识别功能，而"商标的识别功能通过商

---

① 薛洁：《商标共存制度初探》，《电子知识产权》2010年第8期。
② "WTO Analytical Index: Agreement on Trade-Related Aspects of Intellectual Property Rights," https://www.wto.org/english/res_e/booksp_e/analytic_index_e/trips_01_e.htm#article16B2d.
③ 邱本、崔建远：《论私法制度与社会发展》，《天津社会科学》1995年第3期。
④ 陆普舜：《各国商标法律与实务》，中国工商出版社，2006，第374页。

标使用产生,并随着商标使用的时间、范围、频率等逐步强化"。① 相同或类似产品上的相同或近似商标之所以能协议共存,根本原因就在于双方在相同或类似产品上的相同或近似商标的使用符合诚实信用原则,不仅"初始使用是真诚、正当的,持续使用也是真诚、正当的"②,进而"赋予商标以商誉内涵"③,使其具有识别性。因此允许真诚使用的近似商标共存注册和使用,不仅不会挑战我国商标制度,而且可以真诚使用所表征的实质正义来克服以注册制度所表征的形式正义的弊端。

3. 效率价值与公平价值的平衡

效率价值与公平价值既是法律的两大价值基础,也是法律的两大价值矛盾。正是商标协议共存内含了意思自治和真诚使用两大要素,才构建起"承认差别和对立,包容矛盾和冲突并具有化解机制"④ 的效率价值与公平价值对立统一体。一方面,作为上层建筑的公平价值由经济基础决定并受其制约,因此在一定条件下应当承认源自市场效率的协议共存,否则静态的上层建筑将掣肘动态经济基础的发展。另一方面,虽然意思自治所表征的效率价值能对商标资源进行最有效率的分配,促使有限商标资源的优化配置,但并非任何情况下的意思自治都能得到法律承认,极致的效率价值追求将导致市场失灵,需辅之以公平价值。可见,效率与公平价值既是商标协议共存的价值基础,也是商标协议共存备受争议的原因。

二 中国:商标协议共存司法现状

相较于国外协议共存司法实践和我国商标法定共存,商标协议共存算是个"新鲜事",不仅商标评审委员会直到2007年才开始认真研究"共存协议"效力,而且以商标"共存协议"为关键字在北大法宝司法案例下进行搜索,截至2016年也只能得到76篇司法裁判文书。

以搜寻到的裁判文书为研究素材,进行研读和整理后发现,商标协议共存的效力判断需求在商标注册程序和侵权诉讼中都会出现。注册程序中的效力判断需求通常在如下情况产生:一方当事人在申请商标注册前发现

---

① 张玉敏:《论使用在商标制度构建中的作用——写在商标法第三次修改之际》,《知识产权》2011年第9期。
② 黄淳:《论公正目的视角下的商标共存》,《电子知识产权》2012年第8期。
③ 黄汇:《商标权正当性自然法维度的解读——兼对中国〈商标法〉传统理论的澄清与反思》,《政法论坛》2012年第5期。
④ 文正邦:《公平与效率:人类社会的基本价值矛盾》,《政治与法律》2008年第1期。

他人已在相同或类似产品上注册相同或近似商标，或在申请注册程序中被商标局以与他人已注册商标构成近似为由驳回的情况下，申请人为了消除商标注册的法律障碍，将与已注册商标权人达成的商标共同注册或使用协议向商标局、商标评审委员会或法院提交。而侵权诉讼中的效力判断需求则一般在一方超出协议约定的权限使用商标产生的违约或侵权之诉中发生。并且相较于因协议共存引发的注册纠纷，因协议共存引发的违约或侵权之诉并不多发。此外，商标局、商标评审委员会及各级人民法院对待商标协议共存的司法态度不一，影响商标协议共存效力的因素也并不一致。

（一）基于不同理念的相左的裁判

1. 基于行政权独立性否定商标协议共存

该观点认为根据《商标法》第30条的规定，对申请商标不予核准注册的事实基础是申请商标与已在先注册的引证商标构成指定使用在相同或类似商品上的相同或近似商标[①]，商标授权确权机关的职责是在查明事实的基础上适用法律，因此即使在后商标申请人与引证商标权利人之间达成商标协议共存并提交有关书面文件，亦不能改变在后商标与引证商标相似的事实，因此否定商标协议共存。此种观点秉持《商标法》的基本定位是商标管理法[②]，因此商标是否具有可注册性属于商标授权确权机关的审理范围，不属于当事人意思自治的范畴[③]。

2. 将公共利益作为判断混淆可能性的证据

这是商标评审委员会和大多数法院的观点，这种观点认为《商标法》保护的利益有两种。一是商标权人的私权，因此允许当事人通过协议对自身权利进行处置。二是消费者利益，因此即使在后商标申请人出具引证商标权人的同意使用或注册协议，相关部门仍然要基于法定职责或公共利益，结合案件其他因素对在后商标注册申请或使用进行审查，并且如果相关部门认为两冲突商标在市场上共存会引起消费者混淆，就会置商标共存协议于不顾，径直驳回在后商标注册申请或禁止其使用。

商标评审委员会和法院虽然将商标协议共存纳入考虑的范围，但也仅

---

① （新加坡）鳄鱼国际机构私人有限公司与中华人民共和国国家工商行政管理总局商标评审委员会商标驳回复审行政纠纷上诉案，北京市高级人民法院（2010）高行终字第1226号。
② 邓宏光：《从公法到私法：我国〈商标法〉的应然转向——以我国〈商标法〉第三次修订为背景》，《知识产权》2010年第3期。
③ 波尔卡有限公司诉中华人民共和国国家工商行政管理总局商标评审委员会商标行政纠纷案，北京市第一中级人民法院（2010）一中知行初字第1193号。

是将其作为判断两冲突商标是否存在混淆可能性的考量因素。[①] 在这种观点下,商标能否协议共存,主要取决于商标的相似性和商品的类似程度[②]、商标的声誉等因素。且在共存协议作为排除存在混淆可能性有力证据的情况下,如果其他证据证明允许协议共存损害消费者利益或者公共利益,则依然不予采纳共存协议。

3. 基于合同自由充分认可协议共存

司法实践中商标局和商评委几乎不赞同此种观点,认可该观点的法院也较少。该观点的核心是将商标法的直接目的界定为保护商标权人利益,而消费者利益只不过是"保护商标权的附属产品,是一种反射利益"。[③] 该观点认为,在通常情况下,商标授权确权机关和法院对混淆可能性的判断只不过是从相关公众的角度作出的一种法律推定[④],如果处于市场前线的当事人都认为相同或近似商标的共存不会构成混淆从而与"假定侵权人"协议共存,那么相关部门就不应当再站在逻辑的角度假设混淆可能性的存在,否则就构成法律对市场的"强奸",因此,协议共存是排除混淆可能性的有力证据。此外,即使存在混淆可能性,但由于其坚持商标权的私权属性优先于消费者利益这一理念,在商标权人与在后商标申请人或使用人间达成区分使用的共存协议时,消费者被推定为应当容忍市场上存在的一定程度的混淆[⑤]。因为,如果消费者认为其利益受到损害,完全可以行使选择权——用脚投票,因此消费者利益不可能受到重大损害。

(二) 裁判规则缺失引发的困境

1. 过于强调形式正义导致与市场背离

首先,司法机构过于注重商标标志法律上存在的混淆性,导致与市场背离。这种法律上的混淆性往往具有假想性,因为虽然商品类似程度、商标近似性越高越有可能导致混淆,但并非必然如此。"近似本身不是判定

[①] 石必胜:《商标共存协议只作为适用商标法第二十八条考量因素——评析项目管理协会有限公司诉国家工商行政管理总局商标评审委员会商标申请驳回复审行政案》,《中国知识产权报》2013年8月9日,第7版。

[②] 国家工商行政管理总局商标评审委员会法务通讯总第30期,http://www.saic.gov.cn/spw/cwtx/200904/t20090409_55219.html。

[③] 孔祥俊:《商标法适用的基本原理》,中国法制出版社,2012,第241页。

[④] 德克斯户外用品有限公司与中华人民共和国国家工商行政管理总局商标评审委员会商标申请驳回复审行政纠纷上诉案,北京市高级人民法院(2012)高行终字第1043号。

[⑤] 国家工商行政管理总局商标评审委员会与郑州市帅龙红枣食品有限公司因商标申请驳回复审行政纠纷上诉案,北京市高级人民法院(2014)高行(知)终字第3024号。

的标准，关键在于近似是否有可能导致混淆。"① 因此即使两商标标志隔离观察具有很大的近似性，但仍应结合商标使用的市场环境来综合判断是否存在混淆可能性。而商标权人与消费者同作为市场主体，具有理性经济人的性质，不会也不可能作出损害自身利益的行为，因此如果商标权人间协议共存，那么完全可据此推翻法律上存在的混淆性。

其次，司法机构过于注重企业法律上的独立地位，忽视关联企业间的利益一致性，导致与市场背离。比如，在华润万家行政确权案件②中，引证商标权人与申请商标人为关联企业，引证商标权人作为总公司为申请商标人出具了同意注册协议，然而商标局和商标评审委员会却忽视两市场主体的关联关系，不仅不认可协议共存，还机械地认为两商标构成在相同或类似商品上使用近似商标，两商标在市场上共同使用易导致相关公众认为两者具有某种联系，从而驳回了申请商标的注册申请。

最后，过于注重商标权的形式正义，导致与市场背离。比如在引证商标正处于三年不使用撤销程序的情况下，由于引证商标没有在市场上使用，那自不可能与申请商标产生混淆，但司法机构却过于注重商标权的形式正义，认为申请商标与引证商标依然构成在相同或类似商品上使用近似商标，易导致消费者混淆，纵使申请商标人提交了商标共存协议，仍不能消除其注册的在先权利障碍，从而驳回了商标注册③。

2. 过于强调行政权独立性导致高制度成本

首先，法院与行政机构及法院之间态度不一，导致制度运行的高成本。从整理的76篇案例来看，对于当事人提交的商标共存协议，商标局和商标评审委员会基本不予认可，这就导致涉及商标共存协议的商标授权确权案件全部进入诉讼程序，不仅延长了商标权取得的期限，而且增加了当事人的投资风险和诉累。

其次，在商标授权确权阶段缺乏类似于欧盟"冷静期"的协商程序，导致制度运行的高成本。司法实践中存在这样一种情况，即申请商标由商标局依据《商标法》第30条驳回后，申请商标人请求暂停审理，并努力与引证商标人协商，企图达成共存协议。但毫无悬念的是，仅处于萌芽状

---

① 彭学龙：《商标法的符号学分析》，法律出版社，2007，第230页。
② 国家工商行政管理总局商标评审委员会与华润万家有限公司商标申请驳回复审行政纠纷上诉案，北京市高级人民法院（2014）高行终字第1175号。
③ 新纪元帽业有限公司与中华人民共和国国家工商行政管理总局商标评审委员会因商标申请驳回复审行政纠纷上诉案，北京市高级人民法院（2014）高行（知）终字第3687号。

态的协议或任何诉求都不被认可。在前述情况下，虽然申请商标被禁止注册，但其仍可能与引证商标权人达成协议，双方共同在市场上使用，这实质上达到了与获得注册一样的效果。

（三）司法困境生成原因的探究

1. 理论困境：两种不同导向的价值观

商标法保护商标权人利益和消费者利益，这点毫无争议。而且在一般的商标授权确权程序、商标侵权诉讼下，商标法保护的这两种利益具有一致性，即通过保护商标权人的商标不被假冒、仿冒来保护商标权人的投资和生产，进而保护消费者免于混淆。然而在商标协议共存制度下，由于商标权人放弃了对"潜在假冒、仿冒"产品的异议和追诉，甚至认为他人在相同或类似产品上使用相同或近似标志的行为不会与自己销售的产品产生混淆，争议便出现了。一方面，商标权的私权属性揭示了权利的自由处置理念，因此理论上应对权利人的意志自由予以保护。但另一方面，由于商标权人对"潜在侵害行为"的消极，商标法通过对商标权的救济从而间接保护消费者利益的机制无从实施，那么作为管理商标秩序的机构是否应责无旁贷地矫正商标权人行为，从而恢复商标法保护消费者利益的机制？在这种拷问下，商标法中原本相一致的两种价值观便出现了不同的利益保护倾向——消费者导向和商标权人导向。

以消费者利益保护为导向的观点认为，消费者利益是商标法保护的重心，因此商标权人能且仅能在不引起消费者混淆的情况下处置自己的权利，如果商标权人对权利的处置引起了消费者混淆，那么司法机构就会基于对消费者利益的维护对商标权人的行为进行矫正。在这种价值导向的影响下，司法人员存在着这样一种假设：商标权人行为对消费者利益的预设侵害性，即在判断协议共存效力时首先根据相关因素判断是否存在混淆，进而根据是否存在混淆，来考虑是否认可协议共存，而非优先客观判断协议共存的效力。由于商标侵权判断标准为消费者混淆可能性，如果其假定消费者产生了混淆可能性，不仅消费者利益受到了损害，商标权人利益也受到了损害，商标权人对自己权利的处置自然不被认可。

而以商标权人利益保护为导向的观点则认为，商标权人利益才是商标法保护的重心。这是因为，首先不同的部门法肩负着不同的权益保护使命。《商标法》虽然也保护消费者利益，但并非以赋予权利的形式进行直接保护，而是通过保护商标权人权利的方式进行间接保护，这就意味着在商标法领域，消费者权益对商标权人权益的附属地位。在这种价值导向影响下，商标权人利益与消费者利益产生了趋同性，这种趋同性体现在商标利益的取得和丧失是由"双方之各自选择互动而产生"。① 具体到商标协议共存的情况，正是由于商标权人对"潜在侵权行为"采取了认可态度，因此完全可以推定"潜在侵权行为的非侵权性"——不存在混淆的可能性。因为作为理性经济人的消费者，如果自身权益受到损害，便可以选择放弃消费，在这种情况下商标权人的利益无疑也会受到损害。其次虽然存在一定程度的混淆，但此种混淆并不可能长期存在，因为同为理性经济人的商标权人完全不可能容忍消费者混淆长期、大范围的存在，共存双方必定会采取区分措施，消除消费者混淆的可能性。而对于在消除混淆期间存在的混淆，由于消费者利益的附属性，消费者应该容忍混淆的存在。可见，作为理性的经济人，商标权人对自己权利的处置并不会损害消费者利益，自然应当被尊重。

2. 规范困境：注册程序的限制

从比较法的角度看，世界上许多国家都在各自的法律体系下以各种不同的制度形式规定了商标协议共存制度。我国在注册程序中适用商标协议共存最大的障碍无疑来自《商标法》第30条。根据《商标法》第30条的规定，如果申请商标与他人已经注册或初步审定的商标构成在相同或类似商品上注册的相同或近似商标，那么申请商标会直接被商标局驳回，不予公告。由此可见，我国法律不仅对商标协议共存制度无明文规定，而且双方当事人签订的共存协议还可能因为违反法律的强制性规定而无效。

正是由于法律规范的缺失，司法机构在面对不断增长的制度需求时，才只能要么坚守法律，不承认商标协议共存；要么采取迂回战术，将当事人提交的同意注册书或商标共存协议仅作为判断是否存在混淆可能性的考量因素之一，以期回应当事人诉求，同时增强裁决的正当性和说服力，可谓"补充运用模式"。②

3. 制度困境：家长式行政权的配置

我国的行政权行使理念历来以"管理"为特色，商标授权确权虽然是涉及私权的行政权行使，但由于坚持"强调注册在商标权取得上的制度性供给"③，故仍旧没有逃脱"管理"的色彩。我国的商标注册审查同时审

---

① 简资修：《经济推理与法律》，元照出版社，2004，第186页。
② 李友根：《"淡化理论"在商标案件裁判中的影响分析——对100份驰名商标案件判决书的整理与研究》，《法商研究》2008年第3期。
③ 黄汇：《注册取得商标权制度的观念重塑与制度再造》，《法商研究》2015年第4期。

查构成商标注册障碍的绝对理由及相对理由，由于相对理由的审查仅关乎他人在先权利，不涉及公共利益，对于私权之间的冲突是否应当由行政权主动介入的纷争便由来已久。支持方认为主动审查相对理由可以保护在先商标权人和消费者利益、维护市场竞争，反对者则认为"属于公民自由范畴的事情，应让公民自己决定"①，否则可能"挑起前后商标权人之纠纷"②，特别是在前后商标权人协议共存时，如果不尊重商标权人的权利处置自由，无疑是将行政意志凌驾于民事意志之上。

在此纷争之下，一方面支持方依然坚守"管理式"的行政权力行使方式，将自身角色定位为商标权人的家长，亲力亲为保护其权利，忽视商标权人处置自己权利的意志；另一方面反对者如某些法院则试图转换思维，要求行政权以"服务论"而非"管理论"作为行使理念，从而培养对民事权利的尊重，并将民事意志纳入行政权力行使的考量因素，以期达成市场主体间及其与公共利益间的利益平衡、行政权力和民事权利行使的良性互动。然而，在家长式行政权配置保持不变的情况下，尽管反对者试图转换思维，但受限于行政权行使的羁束性特性，至多将商标协议共存作为行政权行使的佐证，商标协议共存仍然要受到其他诸多因素的影响。再者，即使突破现有行政权配置框架，赋予商标协议共存独立地位，亦有违反行政权合法性之嫌。可见，家长式行政权配置是导致商标协议共存两难境地的制度之源。

三 域外：商标协议共存法治经验

商标协议共存制度的域外发展模式主要有两种，一种是以英国为代表的绝对效力模式，另一种是以美国为代表的相对效力模式。

（一）英国：绝对效力模式

1. 商标的财产权进路

英国对商标协议共存采取绝对效力模式是由于其法律文化中蕴含的一个重要理念——商标权的财产属性。商标被当作一种财产看待就意味着财产所有人享有对财产的完全处置权。因此商标协议共存其实与商标权的转

---

① 应松年、薛刚凌：《论行政权》，《政法论坛》2001年第4期。
② 汪泽：《相对理由审查取舍之辨》，《中华商标》2009年第9期。

让、许可使用等商标权处置方式一样，是且仅是商标权人对自己财产的处分方式。[1] 如果这种处置没有损害公共利益或者竞争秩序，那么行政机关和法院就应当尊重商标权人的行为。

2. 不审查相对理由的商标注册机制

英国对商标协议共存采取绝对效力模式还由于其不审查相对理由的商标注册系统。英国的商标注册系统废除了依职权审查相对理由的注册程序，仅留下注册的检索和通知制度。检索和通知制度意即审查员在检索申请商标与在先权利冲突时，会将检索结果告之申请人，由申请人决定是否修改商标或继续申请。如果申请人继续申请，那么审查员会将检索结果通知在先权利人，由在先权利人决定是否在申请商标公告后提起异议。如在先权利人提起了异议程序，当事人之间可在异议程序中规定的冷静期内达成协议，以终止异议程序。可见在检索和通知制度中审查员不会以在后申请商标与已注册商标构成在相同或类似产品上使用相同或近似标志，容易使消费者产生混淆为由主动驳回商标申请，而是将选择权交给已注册商标权人，当其判断申请商标与自身商标共存会导致混淆可能性时，由其提起异议程序。

在这种注册程序之下，如果申请商标人与在先商标注册人达成商标共存合意，那么在先商标人自不会提起商标异议程序，而由于审查员不再享有审查相对理由的职权，即使其认为两商标存在形式上的障碍也必须保持克制。可见不审查相对理由的商标注册系统为商标协议共存的绝对效力模式提供了制度路径。

3. 商标协议共存的法律限制

英国的绝对效力模式并非承认商标协议共存不受任何条件的限制，相反商标协议共存要受到以下两个条件的限制。

首先，协议双方当事人有关商标共存的合意必须真实、一致，且协议必须具有对价。但如果一方当事人仅是单纯地允许另一方当事人在商业中使用其特定商标而没有从对方当事人处取得相应的对价，那么这种单纯的同意使用的意思表达就可以撤回。[2]

其次，商标协议共存不得违反垄断法和竞争法的规定。如果商标协议

---

[1] 李雨峰、倪朱亮：《寻求公平与秩序：商标法上的共存制度研究》，《知识产权》2012年第6期。

[2] IPO. UK："Coexistence Agreement：Fact Sheet，" https://www.gov.uk/government/publications/coexistence-agreement/coexistence-agreement-fact-sheet contents.

共存涉嫌违反垄断法和竞争法等公共利益的有关规定，或对市场进行分割，或对其他经营者进入市场设定不合理障碍，其必然受到反垄断法审查。在这种情形之下，当事人对自己财产的处置行为当然无效。

（二）美国：相对效力模式

1. 商标财产权之争

美国联邦商标法并没有类似于英国商标法中"商标属于私人财产"的明确规定，关于商标是不是财产权的问题，美国理论界与司法界存在争论。

承认商标属于财产一方认为基于财产自由处置的观念，商标权人无疑可以使用或放弃自己的权利，商标协议共存具有合法性。反对方则将商标与贸易秩序紧密联系，并将商标功能的发挥作为判断商标权界限的基础，商标协议共存是否合法无疑取决于其是否损害了商标功能的发挥及是否影响了竞争秩序。

2. 商标注册的全面审查机制

与英国不同，美国的商标注册审查模式是全面审查，在这种模式下，对商标是否符合注册的实质性要件的审查具有主动性。不过虽然美国采取了全面审查模式，审查员可以基于申请商标与引证商标存在混淆可能性驳回其注册，但《美国商标审查指南》[①] 第 1207.01（d）条第（ⅷ）款的规定却为商标协议共存留下了制度空间。《美国商标审查指南》第 1207.01（d）条第（ⅷ）款是有关"同意协议"的规定，即在审查员基于对联邦商标法相对理由的审查欲驳回商标注册申请时，申请人可以提交一份与在先注册人达成的同意其注册的协议，以克服商标申请的障碍。审查员在收到当事人提交的同意协议后，将从同意协议的内容及案件所有记录综合判断两冲突商标共存是否存在混淆可能性，如果审查员认为不存在混淆可能性，则予以注册，如果审查员认为存在混淆可能性，则驳回注册。

从《美国商标审查指南》的体系上看，第 1207.01（d）条"其他考虑因素"的条款是在"混淆的可能性"条款之下，因此同意协议在商标注册程序中能且仅能作为考虑混淆可能性的因素之一，是其相对效力模式的制度之因。

---

① 《美国商标审查指南》，美国专利商标局译，商务印书馆，2008，第 309~313 页。

3. 商标协议共存与共同注册程序融合路径

在早期美国区域性贸易为主的经济制度下，普遍存在经营者在不同区域内使用相同或相似商标的情况，为了解决在相同或近似商标上的商标权属纷争，美国商标法规定了商标"共同使用"和"共同注册"程序。

然而经济贸易的一体化发展和市场经济的自由化特性，在很多情况下，欲申请共同使用和共同注册的商标不符合诸如远方使用等法律规定，因此为能够取得商标共同注册，商标使用人间往往达成共存协议以试图突破共同注册的法律规定。但是由于商标的全面审查模式，专利商标局并不受当事人共存协议的约束，因此早期的时候，专利商标局不仅不允许共同注册申请人间通过协议划分使用区域，也不接受协议在重叠市场上共同使用商标的任何申请。不过由于在诉讼中与法院的意见相左，专利商标局不得不愈加重视当事人的共存合意[①]，共同使用和共同注册程序也因此走上了与商标协议共存的融合之路。

首先，如果冲突商标申请人间达成共存合意，则不受共同注册程序的时间限制。1988年的商标法修正案在《兰哈姆法》第2（d）款下增加了一款，规定"当商标在先申请人或在先注册权人同意授予在后申请共同注册时，不要求在后申请人于在先申请或注册的申请日前使用商标"[②]，只要冲突商标人间达成了商标共存的合意，并申请商标共同注册，法律便不予时间上的限制，但专利商标局仍要审查两申请商标共同注册是否存在混淆可能性。

其次，如果冲突商标申请人间达成共存合意，则不受远方区域使用的限制。如 Holmes Oil, Co. v. Myers Cruizers of Mena, Inc. 案[③]因出现了商标使用区域的重叠与一般的共同注册程序不同，由于案涉的共存合意是为解决商标争议，包含当事人消除混淆的措施、各自使用的性质和限制等具体措施，TTAB 认为可以此作为混淆可能性不存在的证据，从而支持了双方的共同注册申请。

可见如商标共同注册程序在面临商标协议共存的挑战时，仍然坚持传统的"真诚使用、远方区域"等诸多因素的限制，显然不利于商标资源的优化配置和鼓励市场自由竞争，因此商标共同注册程序与商标协议共存的

---

① Trademark Trial and Appeal Board Practice and Procedure. § 4：33. Settlement Agreements.
② Marc A. Bergsman, "Concurrent Use and Intent-to-Use Applications," in Trademark Trial and Appeal Board, eds., *Trademark Rep.* 416, No. 83 (1993): 2.
③ Holmes Oil, Co. v. Myers Cruizers of Mena, Inc., 101 U. S. P. Q. 2d 1148 (T. T. A. B. 2011).

融合，为商标协议共存提供了制度路径。

4. 公共利益限制

商标的财产权性质之争与商标注册的全面审查机制为美国商标协议共存的相对效力模式奠定了理念和制度基础，同时商标共同注册程序为商标协议共存提供了实现的制度路径，而消费者利益、公共健康与竞争秩序无疑构成了商标协议共存的公共利益限制。

（1）关于消费者利益

在美国商标协议共存的发展史上，消费者混淆可能性是否构成对商标协议共存的限制主要经历了两个阶段的变化。

第一阶段的判例法认为，是否存在消费者混淆可能性是判断商标协议共存能否被接受的根本标准。这一阶段的代表即杜邦案[1]。专利商标局认为杜邦的申请商标与引证商标相同且使用在类似产品上，因此会产生消费者混淆的可能性，拒绝给予杜邦商标注册。杜邦公司不服，向商标复审和上诉委员会提起上诉，在上诉过程中，杜邦公司收购了 Horizon 公司在汽车清洁剂产品上的商业和商标，同时二者签订了商标共存协议，约定了各自商标使用的市场领域，同时约定任一方在另一方市场上销售的产品只能是附带性使用产品并禁止在对方市场上为附带性使用产品的适宜使用做任何宣传和扩张。然而尽管商标复审和上诉委员会注意到了商标的转让和签订的共存协议，但仍然坚持认为在诉争产品非常类似的情况下，商标权人排除自身在汽车市场使用商标权的行为本身并不能消除产生混淆的可能性。

针对杜邦案，联邦第二巡回上诉法院认为《兰哈姆法》第 2 条规定只要商标具有识别性就不应因其性质而拒绝注册，除非其与在先注册商标构成使用在类似产品上的近似商标，并引起消费者混淆。在法院所列举判断是否存在混淆可能性的一系列因素中就包含了商标共存协议。法院分析就共存协议而言，要区分共存协议的不同类型分别考虑。如果共存协议仅仅是单纯的同意协议，缺乏具体的消除混淆的措施或者对各自商标使用的限制等内容，而同意人也可能会继续使用或扩张使用商标，那这种单纯的同意可能是基于对法律的无知或者误解作出，因此对混淆可能性的判断仅有帮助作用，仅能在综合判断案件情形并缺乏混淆可能性时才能存在。而如果共存协议非常具体，包含了消除混淆的具体措施、商标使用的限制和动

---

[1] Application of E. I. DuPont DeNemours & Co. 476 F. 2d 1357, 177 U. S. P. Q. 563（Cust. & Pat. App., 1973）.

态监视机制等内容,比如杜邦案,那协议就能单独作为证据证明不存在混淆的事实。法院认为支持此推断的一个基础事实是:经济生存的本质是金钱至上而非利他主义,因此使用高价值商标且声誉良好的经营者没有兴趣引起公众混淆,如果那些对市场使用最熟悉且最有志于避免混淆的人达成了避免混淆的协议,这种证据足够单独证明没有存在混淆可能性。但法院同时指出分割市场等事实并不是在每个案件中都能作为排除混淆的单独证据,特别是当消费者在双方市场都非常活跃且非常熟悉在特定商标下销售的产品时,往往会将在相同或近似商标下销售的产品视为同一来源,在这种情况下,尽管协议的某些条款表明冲突商标指示不同来源,但仍需结合案件综合考虑。

然而在以 Times Mirror Magazines 公司(以下简称 TM)诉 Field & Stream Licenses Company 案[①]为代表的系列案中,"消费者混淆可能性"却不再构成否定商标协议共存的理由。该案中,随着原、被告业务的扩张,双方使用商标的产品类别逐渐开始接近甚至重叠。为了解决商标注册和使用争议,双方当事人分别于 1984 年、1991 年、1994 年和 1995 年签订了一系列协议。然而,TM 却于 1996 年提起诉讼,认为被告在相同或类似产品上使用相同或近似商标将导致消费者混淆,请求法院确认双方之间签订的协议无效。对此,地区法院认为,双方商标在市场上的共同使用所造成的消费者混淆并不会导致公众利益受到严重损害,因此驳回了原告请求。联邦第二巡回上诉法院进一步解释道,欲使一份自由协商签订的商标合同归于无效,请求方必须证明合同的存在将会使公共利益而非个人利益严重受到损害。当然法院承认在某些情形下,消费者混淆可以造成前述损害,但如果消费者混淆的结果是购买到同等质量的产品,而这些产品并不会损害消费者健康或者安全,那显然只损害了缔约一方的利益而并未损害消费者利益。本案中,法院一方面承认双方产品类似、商标相同,因此双方商标在市场上共存会产生消费者混淆,但是另一方面,法院认为消费者混淆所导致的损害并不能上升到公共利益的高度,因此法院绝不会披上公共利益的外衣来行保护个人利益之实。

(2)关于公共健康

虽然一般情形下消费者混淆不能否定协议共存效力,但当涉及药品等

---

① Times Mirror Magazines, Inc. v. Field & Stream Licenses Co. & Jerome V. Lavin, 294 F. 3d 383, 63 U. S. P. Q. 2d 1417. (2002).

特殊产品领域的时候，由于消费者混淆关涉到公共健康，因此仍然构成商标协议共存的公共利益限制，Merrell Pharmaceuticals 公司与 Allergan 公司商标争议案[1]就是如此。安第斯公平法院认为，共存协议自身并不能使本案申请注册的商标克服注册障碍，如果允许两商标在药剂类特殊产品上共存无疑会产生消费者混淆，而消费者混淆通常都会不可避免地损害公共健康，在这种情况下损害消费者利益无疑会严重损害公共利益，自然可据此否定协议共存合法性。

（3）关于竞争秩序

一般情况下，商标协议共存都会涉及双方当事人对于商标使用的商品范围、销售地域等的划分，如果这种划分超出了商标保护的界限，跨入垄断法所规制的市场分割行为，比如固定价格、设置市场准入障碍等，自然应归于无效。但如果协议共存牵涉的划分市场行为仅限制了当事人使用商标的方式，那并不必然会损害竞争秩序。

例如在 Clorox Company 与 Sterling Winthrop, Inc. 案[2]中，法院持以下观点。首先，对于需要以何种方式和采取何种措施保护各自商标并解决商标争议，缔约双方是最佳决策者，在没有相反证据的情况下，法院对这些决定二次猜测是不明智的，相反可推定双方签订的协议具有促进竞争的效果。其次，本案的协议仅限制竞争者使用商标的方式，但并没有限制竞争者生产和销售竞争性产品，只要其使用特定商标以外的商标，况且协议并没有限制其他竞争者的竞争，所以协议仅仅损害了竞争者的利益，而非损害整个市场竞争秩序。可见，如果商标权人以协议共存的合法形式掩盖限制或消除竞争的非法目的，援引垄断法和竞争法对其进行合法性审查自无争议，只不过由于协议共存通常仅涉及对双方商标权的限制，而不会对其他竞争者的竞争产生影响，一般不会违反垄断法和竞争法。

四　商标协议共存有效要件

一项法律制度能否成功运行关键在于是否根植于本土文化，对比我国商标制度，笔者认为判断商标协议共存有效，应当从以下方面着手。

---

[1] International Trademark Association, "The Eleventh Annual International Review of Trademark Jurisprudence," *Trademark Rep.* 277, No. 94 (2004): 62-63.

[2] Clorox, Co. v. Sterling Winthrop, Inc., 117 F. 3d 50, 42 U. S. P. Q. 2d 1161 (2d Cir. 1997).

（一）意思表示真实一致

意思表示真实意味着双方当事人关于商标共存的意思完全是根据自己对市场和双方竞争力的判断而自由作出，意味着双方对于商标共存的理解一致，对各自、对方商标的标志形式、商标权行使范围认识一致。

（二）使用人的善意

如果在后使用人基于善意的使用在自身商标上建立了识别性，那商标无疑应当获得法律保护，因此善意使用是商标获得法律保护的正当性基础。善意意味着使用人在相同或类似产品上使用相同或近似商标并非恶意攀附的搭便车行为，并非为了窃取他人商誉。

具体到商标协议共存的场合，如果双方当事人达成了协议共存，协议共存本身往往可以证明在后使用人的善意。这是因为，通过与在先商标的所有人相接触，后来的商标申请者已经通知了在先权利人其拟进行的行为，而在先商标所有人对在后使用人的行为有充分了解的情况下，仍然同意，可以作为证明在后使用人没有恶意的积极证据。[①]

（三）不违反公共利益

在商标协议共存的审查标准问题上，美、英等域外国家对于公共健康和竞争秩序等公共利益构成否定商标协议共存的理由，这一点毫无争议，我国也应如此。

但对于建立在消费者利益之上的混淆可能性是否构成商标协议共存的审查标准问题，笔者认为，除非在特定产品上的消费者混淆间接损害了公共健康，否则一般情形下消费者混淆不能构成否定商标协议共存的理由。原因如下。

首先，公共利益概念的层级性决定了消费者混淆利益的次级性。公共利益在不同的部门法语境下有不同的表现形式，在商标法语境下，主要体现为竞争秩序和消费者利益。竞争秩序是商标法中"最高层级也是最抽象的一种公共利益"[②]，而消费者利益是商标中最具体但也相对低级的公共

---

① 〔英〕杰里米·菲利普斯：《商标法实证性分析》，马强主译，中国人民大学出版社，2013，第404页。
② 黄汇：《商标法中的公共利益及其保护——以"微信"商标案为对象的逻辑分析与法理展开》，《法学》2015年第10期。

利益，应该服从于最高利益。

其次，消费者"混淆不可能完全消除也没有必要完全消除"[1]，况且商标协议共存制度的目的决定既存的消费者混淆也不可能长期存在。姑且不论从经济生活的实践出发，如果双方当事人在相同或类似产品上使用相同或近似商标而没有产生混淆可能性，那自不用签订商标共存协议，况且从商标协议共存的功能上说，商标协议共存的目的是当"双方分别在市场上使用商标已引起和将引起任何混淆时，互负通知义务，并且承诺共同、友好地解决"。[2] 因此商标协议共存制度与消费者混淆可能性之间的关系应该是商标协议共存为避免、减轻甚至消除消费者混淆可能性提供了路径，而非消费者混淆可能性构成否定商标协议共存的公共利益考量。

再次，如果消费产品不属于特殊领域产品，那么短期内存在的消费者混淆并不会严重损害消费者利益。一方面，低忠诚度或无忠诚度消费者的消费行为具有任意性，其消费特点是消费内容为产品功能而非品牌，这就意味着相同或相似产品间的可替代性强，对品牌混淆与否并不会影响其利益。另一方面，由于具有品牌忠诚度的消费者对消费品牌具有"高度卷入"[3]的特性，因而一般具有较高的注意程度，不容易被混淆。退一步讲，即使其因为消费环境限制产生了偶然性混淆，"一旦其掌握了令其不愉快的信息，不仅会行使消费者选择权避开该品牌，还会质疑该品牌，采取积极行动将其拉回正轨"。[4]

最后，从经济角度分析，允许一定程度消费者混淆下的协议共存与禁止一定程度消费者混淆下的协议共存的取舍涉及对"两个潜在错误成本的衡量"[5]，而允许商标协议共存产生的潜在长期收益大于潜在短期成本。允许拥有近似商标的善良经营者共同在市场上生存，不仅客观上保护了各商标权人对各自商标的投入，鼓励了竞争和合作，也增加了消费者的市场选择机会。此外，商标权人会对共存的近似商标采取区分措施，因此虽然

---

[1] 周云川：《共存协议与商标注册》，《中国专利与商标》2014年第1期。
[2] United States Department of Commerce, "Opposition No. 121, 784," http://www.uspto.gov/web/offices/com/sol/foia/ttab/2dissues/2002/121784.
[3] Thomas R. Lee, Glenn L. Christensen, Eric D. DeRosia, "Trademarks, Consumer Psychology, and The Sophisticated Consumer," *Emory Law Journal*, 57 Emory L. J. 575 (2008): 586-587.
[4] 〔英〕杰里米·菲利普斯：《商标法实证性分析》，马强主译，中国人民大学出版社，2013，第580页。
[5] 〔美〕兰德斯、波斯纳：《知识产权法的经济结构》，金海军译，北京大学出版社，2005，第258页。

短期内存在消费者混淆,但从长远来看,"商标自身识别性"[①] 并不会受到影响。可见,存在消费者混淆时是否允许商标协议共存并非商标权人利益和消费者利益的取舍,而是关于消费者短期利益与长期利益的博弈。

有效要件是协议共存被支持的重要审查标准,我国商标注册程序应区分商标协议共存类型。如果双方当事人签订的商标共存协议只是裸体协议——宽泛的表明同意对方商标的注册和使用且没有就如何区分使用等具体信息进行协商,那商标授权确权机构可以要求双方当事人补充提交有关信息,或者直接对双方进行区分义务的分配。但对于在先商标已经构成三年不使用等可撤销情形的,商标授权确权机构可直接认可前述裸体协议。然而如果双方当事人签订的商标共存协议非常清楚和完整,那么其不仅是双方当事人关于债权债务约定的私人协议,同时由于其包含了双方商标在市场上使用的具体信息,能为司法机构弥补信息缺陷,应予以充分尊重。而在侵权程序中,法院可以依据当事人签订的共存协议分配双方的权利义务,特别是在双方当事人对潜在的直接混淆具有全面预见性的情况下却仍然签订协议时,法院不应再基于公众混淆的相同理由否定协议效力,以保护对方的信赖利益。

五 我国商标协议共存制度构建

我国现阶段商标注册程序还存在诸多缺陷,并不能与商标协议共存融合,对经济生活的掣肘日益凸显。为达到协议共存民事行为与商标注册行政行为的良性互动,需对商标注册程序进行完善。

(一) 理念澄清——关于商标法价值导向

如前所述,在商标协议共存的效力之争中,争论最激烈的无疑是商标法的价值导向。然而,无论是以商标权人利益保护为主还是以消费者利益保护为主的价值导向,都是在相同或相似商标共存将产生混淆可能性的逻辑预设前提下的推论[②],都没有客观地对商标协议共存进行评价,是一种

[①] 薛明友、祝卫华:《从暗战到共赢:商标权利冲突中权利共存问题研究——以商标与商号权利冲突为视角》,载奚晓明主编《商标审判的回顾与展望——纪念〈商标法〉颁布三十周年征文集》,人民法院出版社,2013,第170页。

[②] 梅术文、王超政:《商标共存理论探析》,《重庆理工大学学报》(社会科学版) 2010年第3期。

结果思维。

为了转换结果思维，"法官最好要比法律表现出对灵活性的更加崇尚，通过在各种方法中的正确抉择来做出裁判"。[1] 首先，树立相似商标在类似产品上共存并不必然产生混淆的意识。其次，将商品类似、商标相似的主观判断抽离，建立相似性的客观判断标准。[2] 在面对相似商标协议共存纠纷时，摒弃以商标和商品等片面要素为主要考虑因素的判断方式，厘清商标相似、商品类似和混淆可能性的关系，将商标相似、商品类似仅作为考虑混淆可能性的其中一个因素，同时结合当事人的共存合意综合判断是否允许共存。

（二）制度设计——以注册程序为视角

1. 法律规范设计

由我国《商标法》第30条、第31条及《商标法实施条例》第19条的规定可知，关于商标协议共存我国并无明文法律规定，虽然可以将行政法规中的"书面协议"解释为包含了共同申请人间达成的共存协议，但由于其适用范围小、效力层级低，仍然无法从根本上解决问题。

从比较法上看，前述美、英两国以法律规范的形式明文规定协议共存自不必再说，此外其他国家无不以各种法律形式明确规定了商标协议共存制度。因此，笔者建议《商标法》下次修订时，在第30条增加一款："但与在先申请人达成商标协议共存且不损害公共利益者，不在此限"，以从根本上解决行政权羁束性与当事人意思自治之间的冲突。

2. 商标协议共存的共存协议设计

商标共存协议是综合体现双方当事人关于近似商标共存约定的法律文本，对当事人权利义务的配置具有重要作用。为充分发挥共存协议对双方的规范性作用，相关机构可以制定协议范本，为当事人行为提供指引。

一份真实、清晰、完整的商标共存协议除确保当事人都是合法主体外还应当包含以下内容。[3] 第一，明确双方各自的商标权范围。比如各自可以使用的商标形式、产品类型、使用地域、广告规模和区域等。第二，明确避免消费者混淆的区分措施。第三，约定利益分享机制。如在协议中约

---

[1] 〔美〕卡多佐:《司法过程的性质及法律的成长》，张维编译，北京出版社，2012，第127页。

[2] 王太平:《商标侵权的判断标准：相似性与混淆可能性之关系》，《法学研究》2014年第6期。

[3] Ron Cauldwell Jewelry, Inc., 63 U.S.P.Q. 2d 2009, 2002 WL745591 (TTAB 2002).

定一方当事人不经另一方当事人同意不得销售特定产品时的利益分享机制。第四，约定双方权利的缓冲区以禁止在特定区域的商标使用，或者约定各自的商业扩张领域。第五，设立一个未来协商机制，标明当一方当事人品牌影响扩展至何种程度时双方的共存协议应当重新商定。[1] 第六，约定监督条款。

3. 商标协议共存的注册协商

当商标授权确权机构认为在后商标构成与在先已注册商标在相同或类似产品上申请相同或近似商标，并直接驳回在后商标的申请时，虽然某些商标申请人会积极与在先注册人协商，企图达成商标共存协议，但由于我国商标注册程序并未规定在此情况下的协商程序或暂停审理程序，而商标共存又涉及双方当事人的利益博弈，共存谈判往往耗时耗力，因此很有可能导致复审程序结束后诉讼程序进行中才达成共存协议并向法院提交。面对此种新证据，虽然法院不能将之作为判断行政行为合法性的证据，但显然维持驳回注册的行政行为也失去了意义，因为在后申请人可实际使用商标，实际上取得了与注册一样的效果。

注册协商程序正是应前述现实需求而生，即在商标局欲驳回商标申请时，提前向商标申请人发出警告，并告知其在先权利状态，申请人接到警告后，如果决定和在先权利人协商，那么可向商标局申请暂停审理，商标局应暂停审理，并预留一个期限，由申请人与在先权利人自行决定是否共存。期满后，如果当事人协商成功并提交共存协议的，商标局对其进行审查，并进行效力判断。

4. 商标协议共存的备案登记

司法不予认可商标协议共存的理由之一便是商标权是一种对世权，而商标协议共存是商标权人关于权利的内部约定，没有公开，消费者和其他义务人没有渠道获取商标协议共存下各商标的权利状态和权利界限，因此商标协议共存将商标的对世权内部化，自然不具有绝对效力。

故商标协议共存需要一种制度——商标协议共存的登记备案制度[2]，将权利的限制状态予以公示，以保障交易公平及应对权属变更状况下对守约方的保护。可在商标注册登记事项中增加一项——商标协议共存登记，

---

[1] 陈娅倩：《共存协议框架下的商标共存机制》，《中华商标》2012年第4期。
[2] Laurence R. Helfer, Karen J. Alter, "The Normalizing of Adjudication in Complex International Governance Regimes: Patterns, Possibilities, and Problems," *New York University Journal of International Law & Politics*, 41 N. Y. U. J. Int'l L. & Pol. 871 (2009): 31.

将商标协议共存的具体信息予以公示，比如共存商标权人的名称和共存商标的注册编号①，并赋予登记对抗效力；利用商标授权确权机构在商标协议共存制度中的审查地位，将备案登记主动化，即在允许双方当事人协议共存的同时，主动将协议共存的有关信息予以登记。

六 商标协议共存法律适用

由于"扩张冲动是企业家最重要的内生性行为特征之一"②，再加上协议外第三人对相同或近似商标的使用，双方之间达成的协议共存状态不断面临挑战，新一轮的纠纷不断产生。

（一）可行的救济方式

商标协议共存在双方"商标的外围创造了一个安全港湾以减少使用的不确定性和风险"③，因此对于安全港内的商标使用行为，基于禁反言原则和诚实信用原则的限制，禁止一方再次对另一方提起法律诉讼，然而一旦一方的商标使用行为跨出了安全港湾，就会失去庇护而面临法律控诉的风险。在此种情况下，守约方可行的救济方式是违约之诉、侵权之诉抑或两者皆可？在 Brennan's 公司与 Dickie Brennan 公司纠纷案中，地区法院认为原、被告曾签订的合同使原告不能提起商标之诉，除非合同被撤销或无效。然而上诉法院却认为，原告允许被告以特定方式使用商标并不意味着被告所有未授权的使用行为都不必承担商标侵权责任，况且原告并没有以明示的方式放弃诉权。因此如果一方以协议约定的方式使用商标，协议本身可以保护其免受侵权控诉，但当涉及超出协议的使用行为时，合同条款本身并非阻却另一方行使诉权的因素。

（二）共存协议的不同效力

对于超出协议共存约定的商标使用行为，守约方可以选择提起商标侵权之诉或者违约之诉，曾经签订的商标共存协议在不同的诉讼中，将产生

---

① 《香港知识产权署："同意、诚实的同时使用及特殊情况"》，http://www.ipd.gov.hk/chi/intellectual_property/trademarks/previous_registry/WM_Honest_Concurrent_Use。
② 姜付秀、张敏等：《管理者过度自信、企业扩张与财务困境》，《经济研究》2009年第1期。
③ Brennan's, Inc. v. Dickie Brennan & Co., 376 F. 3d 356, 71 U. S. P. Q. 2d 1400 (5th Cir. 2004).

不同的作用。

1. 违约之诉下合同条款的解释

对于一方超出协议共存约定的商标使用行为，如果另一方选择提起违约之诉，曾经签订的共存协议无疑成为分配双方权利义务的规范。但如果双方对于合同的理解产生分歧，那么违约与否的关键就在于法官以什么角度对协议共存合同进行解释。

如 Apple, Corps Ltd. 诉 Apple Computer, Inc. 违反商标共存协议案[①]中法院所述，商标的功能就是用以识别并区分产品和生产者，而商标共存协议不过是为双方商标的使用划分了领域，以避免混淆。因此在决定被告的行为是否违约时，不能仅从宽泛的角度看被告的商标是否与原告商品产生了表面的联系，而应该从共存协议的目的和消费者的角度看，被告的商标是否指向了原告的产品。

可见，商标共存协议在违约之诉中是直接配置当事双方权利义务的自律性规范，具有决定性作用。但在双方对协议的理解出现分歧时，根据共存协议的目的，应结合《合同法》和《商标法》对其进行解释，以更好地探寻双方的合意。

2. 侵权之诉下混淆可能性的黄金标准

相较于违约之诉下商标共存协议可作为双方权利义务配置基础的共识，学界对侵权之诉下商标共存协议所起的效用经历了从"基础"到"参照"的转变。在"基础观"下如果合同禁止一方在特定产品上使用商标，那么禁止的范围当然包括相关产品。[②] 而在"参照观"下，除非合同术语是商标法意义上的，且符合双方的合同意图，否则由于语言的限制性，并不能当然地将禁止使用的意图扩张到相关产品上。[③]

（法国）拉科斯特股份有限公司与（新加坡）鳄鱼国际机构私人有限公司商标侵权纠纷案是我国超出共存协议约定导致的商标侵权纠纷的典型案例。法国鳄鱼公司和新加坡鳄鱼公司为了规范各自在服装及相关产品上的相似"鳄鱼及图"商标的使用，签订了商标共存协议，约定了各自商标使用的产品和使用地域，其中约定地域不包括中国大陆。之后双方企业向中国大陆市场的扩张导致双方商标纠纷的再度爆发，法国鳄鱼公司向中国

---

① [2006] EWHC 996 (Ch); [2006] Info. T. L. R. 9; (2006) 150 S. J. L. B. 668.

② R. M. Hollingshead, Corporation v. Davies-Young Soap, Co., 121 F. 2d 503, 50 USPQ 71 (1941).

③ Kimberly-clark, Corporation, v. Fort Howard Paper, Co., 772 F. 2d 860 (Fed Cir 1985).

法院提起了商标侵权之诉。对于双方曾经签订的商标共存协议的效用问题，法国鳄鱼公司认为"由于共存协议约定使用地域不包括中国，因此不能成为被告在中国大陆合法使用的依据"，而新加坡公司则认为共存协议除明确约定"在本协议第一条所列国家开展合作"外，还约定"如有可能在世界其他地方进行合作"，因此可以作为双方的行为规范。对此一审法院认为双方出于真实的意思表示签订了旨在相互区分的协议，况且共存协议"不违反中国法律规定，亦未损害他人及公共利益，应当确认有效"。而二审法院显然持反对观点，认为"因为共存协议约定地域不包括中国大陆，因此其仅可以作为是否构成侵权的考虑因素"。

可见，相较于商标法和不正当竞争法对商标使用行为的规范而言，商标协议共存给予当事人更大的协商自由，因此超出一方允许的商标使用行为虽然面临侵权控诉，但并不必然得出侵权的结论。在这种情况下，法官几乎将案件审理推倒重来①，既存的共存协议沦为一项考虑因素，而消费者混淆可能性才是检验侵权与否的黄金标准。

结　语

"任何法律制度如果缺乏稳定性就不能成其为一个体系，而要经过漫长的时间推移仍能保持足够活力，则必须有接纳变化的灵活性。"② 相同或类似商品上的相同或近似商标构成侵权是我国商标法律制度稳定性的需求，而在一定条件下允许商标协议共存无疑是以经济生活的灵活性弥补法律制度的稳定性，是保持法律制度生命力的不二法门。

Research on Trademark Coexistence by Agreement

Abstract：In recent years, situations that China's market entities solve trademark disputes by signing trademark coexistence agreement continue to increase, so that trademark coexistence by agreement enters the perspective of re-

---

① 陈娅倩：《共存协议框架下的商标共存机制》，《中华商标》2012 年第 4 期。
② 〔美〕罗伯特·E. 基顿：《侵权法中的创造性延续》，李俊译，载《哈佛法律评论·侵权法学精粹》，徐爱国组织编译，法律出版社，2005，第 65 页。

search. However, there is a difference of the subject between the trademark coexistence by agreement and the general civil behavior; therefore we can not judge the effect of trademark coexistence by agreement according to the effective elements of general civil behavior. Meanwhile, since trademark coexistence by agreement involves market division, due to the restrictions of competition or falling into the scope of anti-monopoly law, whether it is valid or not is still unknown. Furthermore, acquisition of trademark right includes three ways which are by use alone, by registration alone as well as by use and registration together, and the examination of trademark registration also includes comprehensive review, non-review and other mechanisms, so whether different ways of getting trademark right and different patterns of examining trademark registration influence the effectiveness of trademark coexistence by agreement is worth exploring. In addition, due to the dynamic nature of market and the expansion nature of market entities, the effectiveness of trademark coexistence by agreement for a given period of time is very short. When one party violates the trademark coexistence agreement, what kinds of relief right can be obtained by the other party is worth considering.

Keywords: Coexistence Agreements; Bona Fide Use; Autonomy of Will; Likelihood of Confusion; Competition Order

新时代专利疑难问题探讨

论药品专利链接制度在我国的推行与完善

——基于美国实践的视角

杜澄杰[*]

摘　要：制药行业是一个十分特殊的行业，一种新药的研发需要投入大量的资金和时间成本，且研发难度极高，因此新药研发企业通常都会通过专利制度来保护其合法权益。创新药企业通过申请专利获取新药的专利权，并通过专利权所赋予的垄断地位来获取高额垄断利润。但是，高额的利润必然源于专利药高昂的价格，而广大的患者无力负担高昂的药价，因此，高昂的专利药价格会严重损害人们对于药品的可及性。提高药品的可及性是保障公民健康权的重要方式，而健康权是最基本的人权，如果患者无力承担高昂的专利药价，即使研发再多的新药也无助于保护公民的健康权。而在药品市场上作为创新药竞争者的仿制药，其疗效与创新药相同，且价格低廉，因此仿制药可以大大减轻患者的经济负担。但是，由于药品关系到公共健康，药品的安全性十分重要，因此制药行业的技术创新成果需要经过国家相关行政部门的审查批准，待确认其安全性后才能将技术投向市场。在仿制药申请注册上市的过程中，考查该仿制药的相关专利状况与已经获得批准的药品的有效专利之间的关系的制度即本文所讨论的药品专利链接制度。

关键词：药品专利链接制度　利益平衡　仿制药注册审批　药品专利保护

引　言

制药行业是一个极度依赖专利制度保护的行业，新药公司通过专利制度赋予的垄断地位获取高额利润，这些利润可以填补新药企业研发新药所

---

[*] 杜澄杰，上海市浦东新区人民法院法官助理。

付出的高额成本，同时也有助于支持创新药企业开展新一轮的研发活动，从而形成一个良性的循环。专利制度可以不断地激励创新药企业研发出治疗疾病的特效药。但新药公司为获得高额利润必然会将巨大的成本转移到广大患者身上，许多需要特效药的患者根本无力负担高昂的药价，这严重阻碍了人们对于药品的可及性，不利于实现人们的健康权。因此，在全世界特别是广大发展中国家，提高药品可及性已经成为实现公民健康权、发展公共卫生事业的关键问题。世界贸易组织针对药价高昂这一问题设计了专利强制许可[①]以及药品平行进口[②]等方法，但在实践中，这些办法只针对一小部分的药品，并且实施这些办法存在诸多附加条件的限制。而仿制药由于其疗效与创新药相同、价格低廉的特点，对实现药品的可及性具有显著的积极作用，因此，大力发展仿制药产业、加快仿制药上市进程的呼声越来越高。我国是仿制药大国，现有的10.7万种化学药品中，95%以上都是仿制药。[③] 同时，还存在着一个"药品专利悬崖"[④] 现象。据统计，2013年至2017年间，全球有将近100种畅销药的专利期届满，"药品专利悬崖"的到来对于我国仿制药企业无疑是一个重大的机遇。在我国，仿制药上市需要经过国家食品药品监督管理总局（以下简称"CFDA"）的审查批准，但CFDA并不具有审查药品相关专利的能力。因此，在实践中，经常会发生以下现象：一些侵犯创新药专利权的仿制药被批准上市，创新药企业提起诉讼，致使仿制药厂商在药品上市后不久即卷入专利侵权纠纷，严重影响了仿制药的销售，而侵权仿制药的销售也在事实上损害了专利权人的利益；另外，一些创新药企业策略性地申请一些"常青专利"（evergreening patent）[⑤]，并以仿制药厂商侵犯这些专利为由将仿制药厂商拖入诉讼泥潭，以延缓仿制药上市时间。这些问题，不仅严重阻碍了仿制药产业的发展，也不利于保护专利权人利益。因此，如何保证新药企业的

---

① 专利强制许可指专利行政部门依照专利法规定，不经专利权人同意，直接允许其他单位或个人实施其发明创造的一种许可方式。
② 药品平行进口指第三人在未经专利权持有人许可的情况下，将在一国市场经持有人许可或经其同意销售的专利药品进口到另外一个国家销售的行为。
③ 李唐宁：《国产仿制药迎政策利好》，《经济参考报》2015年12月8日，第A02版。
④ "药品专利悬崖"是对药品专利保护期届满带来的专利药品销售和利润的大幅下降的形象比喻。
⑤ 所谓"常青专利"，是指原研药商为阻止学名药的上市，围绕药品专利申请的多个新专利，它们通常并不是新的药用活性成分（active pharmaceutical ingredient），而是在药品的其他方面申请专利，故被称为"派生专利"（secondary patents），尽管其在专利质量上存有可疑之处，但同样具有延缓学名药上市的作用。

利益，又同时促进仿制药上市，保证公众的药品可及性，是设计药品专利链接制度所要考虑的关键问题。

目前，我国《专利法》与《药品注册管理办法》中都涉及了药品专利链接制度的相关内容，但其规定十分空泛，缺乏可操作性。与美国发达的药品专利链接制度相比，我国药品专利链接制度是极其薄弱甚至空白的。2016年以来，我国发布了一系列关于建立药品专利链接制度的相关文件，如《关于深化审评审批制度改革鼓励药品医疗器械创新的意见》《总局关于征求〈关于鼓励药品医疗器械创新保护创新者权益的相关政策（征求意见稿）〉意见的公告（2017年第55号）》等，其中都有关于药品专利链接制度的规定。可见，中国探索建立药品专利链接制度试点工作的方向已经明确。但需要注意的是，由于我国专利技术发展较晚且制药市场不够成熟，面对涉及多个领域、多个环节的美国药品专利链接制度，应当因地制宜，予以选择性地借鉴，切忌照抄照搬。

一 药品专利链接制度的界定

中国学界对药品专利链接制度的界定一般有两种观点：一种是从设立目的进行界定，认为"药品专利链接制度是指仿制药上市批准与创新药品专利期满相链接，即仿制药注册申请应当考虑先前已上市药品的专利状况，从而避免可能产生专利侵权"[1]；另一种从职能方面进行界定，认为"药品专利链接制度不仅指在仿制药申请上市时考查相关专利状况的制度，还应该包括药品监管部门与专利主管部门之间的职能链接"[2]。加拿大《药品上市许可专利链接条例》规定："专利链接就是指对涉及专利问题的药品注册申请，须进行有关专利审查的要求和过程。"[3] 加拿大对药品专利链接制度的定义可以说是从职能方面入手的，但仍然不够具体。

对于药品专利链接制度概念的界定，我们应该从制度的起源地美国来寻找。美国设立药品专利链接制度的初衷是在保护创新药厂商专利权的同时促进仿制药的上市，平衡创新与仿制的利益。美国在仿制药申请

---

[1] 张鹏、宋瑞霖、陈昌雄等：《药品注册审批工作中专利相关问题探讨》，《中国药房》2006年第9期。

[2] 杨莉、李野：《美国的药品专利连接制度研究》，《中国药房》2007年第4期。

[3] 肖建玉、沈爱玲：《加拿大药品专利链接制度对我国的启示》，《中国卫生事业管理》2010年第10期。

上市程序中设置了药品监管部门和专利主管部门的职能链接，药品监管部门在受理仿制药上市时会要求仿制药厂商提供仿制药相关专利状况的信息，药品监管部门会将收到的专利相关信息报给专利主管部门审查，由专利主管部门对仿制药的相关专利状况进行实质性审查并反馈给药品监管部门作为参考。该职能链接程序可以最大程度地提前预防仿制药专利侵权，这正是美国药品专利链接制度的精髓所在。因此，对药品专利链接制度的概念界定应该建立在药品监管部门与专利主管部门的职能链接上。药品专利链接制度应该是仿制药厂商向药品监管部门申请上市过程中，药品监管部门对仿制药的相关专利状况进行形式审查，并协同专利主管部门对该仿制药相关专利状况进行实质性审查的一种制度。这一套协同审查仿制药专利状况的运行机制和工作流程被称为药品专利链接制度，目的在于实现创仿平衡。但这种定义方式还略显狭隘，我们应该从更广义的角度来定义药品专利链接制度。综观美国相关制度，在职能链接这一核心的基础上还需要一系列相关配套程序来支撑，例如药品注册与专利保护产生的专利公开、试验例外，因仿制药上市申请产生的专利侵权诉讼、专利挑战等。

因此，药品专利链接制度是指以药品监管部门与专利主管部门协同审查拟上市的仿制药专利状况的相关程序构建起来的旨在提前预防专利侵权的制度。

二 美国药品专利链接制度的相关制度

HWA 对美国仿制药市场乃至世界制药市场都有巨大而深远的影响，药品专利链接制度作为 HWA 的最核心组成部分，开创性地创设了一个创仿利益平衡机制。

（一）仿制药的简化申请程序

创新药专利申请企业可以通过 NDA（New Drug Application，即新药申请）程序向 FDA 申请创新药上市，FDA 批准后，将授予该药物不受任何专利期限影响的市场独占权。而针对仿制药，HWA 的第一部分构建了一套简化仿制药上市的系统来确保创新药专利届满后仿制药能尽快上市，从而产生一个充分竞争的药品市场。这套系统即 ANDA（Abbrevitive New Drug Application，即简略新药申请）程序，仿制药制造商只需提供证据证明：第一，生产的仿制药与经过批准的原研药具有生物与药理上的等效性①；第二，生产的仿制药与已经经过 FDA 批准的药品在该仿制药标签②标明的推荐使用状态下具有相同的安全性与有效性；第三，提供信息说明仿制药的活性成分、规格、剂型、适应症状、服用方式、药效持续时间以及生产标准等都与原研药相当，即使不等，差异也在合理范围内。ANDA 申请人可以依靠创新药的临床数据来证明这些信息，另外还禁止政府再向仿制药厂商要求其他额外的信息，这些做法可以促使仿制药厂商将精力集中于提高仿制药的质量上，并且可以省下巨大的临床试验成本，间接降低仿制药的价格。

(二) 专利声明制度

HWA 第一部分规定，仿制药厂商要想使其仿制药上市，除了需要提供信息证明与药品安全性与有效性相关的内容外，还被要求提供一份与其相关的创新药专利保护状态的法律声明。该声明有四种：相关专利未向 FDA 提交（第一类声明）；相关专利已经过期（第二类声明）；相关专利即将过期，仿制药厂商会在其过期后上市其仿制药版本（第三类声明）；相关专利无效或者仿制药厂商生产、制造、销售和使用其版本仿制药不会侵犯相关专利（第四类声明）。FDA 受理 ANDA 后，会将相关信息报美国专利商标局（以下简称"USPTO"）备案，并根据 USPTO 对药品专利状态的信息反馈，作出审批决定。若信息属实，对于第一、二类声明，FDA 可以直接批准仿制药上市；对于第三类声明，FDA 可以在相关创新药专利期届满后批准该仿制药上市；而对于第四类声明，仿制药厂商可以在相关专利期届满前提出 ANDA，这种做法即"专利挑战"，在下文笔者将详细论述。

(三) "桔皮书" 制度

在上文中，HWA 要求仿制药厂商在提出上市审批申请时提交一份相关创新药专利保护状态的法律声明，为了帮助仿制药厂商确认相关创新药的专利状况，HWA 规定，专利药企业在向 FDA 提出新药申请时，必须同

---

① 所谓生物与药理上的等效性，是指仿制药与品牌药的作用机制和临床效果是相同的，也就是说，仿制药可作为品牌药的同等替代品。
② FDA 规定，仿制药厂商在提交申请审批时要提供最终打印标签（final printed labeling, FPL），这些医药标签能够准确反映该仿制药的颜色、尺寸以及标签是否符合相关规定等必要信息。

时列明该新药的专利信息，包括专利号和专利保护期届满日。当新药获得批准时，FDA会将这些信息登记在《经过治疗等效性评价批准的药品》一书，即"桔皮书"（Orange Book）中，并且在其官网免费发布，详细列举获批药物及其专利信息。若该专利是在该创新药获得上市批准后获得的，则该创新药企业应该在其被授予专利后30天内向FDA提交该药品的相关专利信息，并备案，若逾期未提交则视为未及时备案。录入桔皮书的专利被称为登记专利。仿制药企业可以在桔皮书中检索相关的药品专利信息，并据此作出不侵权的声明。登记专利能够帮助FDA快速便捷地评估仿制药企业提出ANDA时相关创新药的专利状态，若相关创新药未进入桔皮书，则该创新药的专利不能阻止FDA批准侵权的ANDA。

在HWA实施后很长一段时间内，桔皮书的药品专利登记十分混乱。FDA并未明确规定列入桔皮书的专利类型，由于FDA并非专门审批和认定专利的部门，其对专利药厂提出的相关专利并不会进行实质审查，只是将创新药厂商提交的专利信息如实记入桔皮书，因此在创新药专利期即将届满之际，有些创新药厂商会想办法登记一些"常青专利"，这些"常青专利"往往不是专利药的成分、配方或者用途等核心技术，而是一些诸如代谢物专利、包装专利、中间体专利等，并以这些"常青专利"作为被侵权专利向仿制药厂商提起诉讼，以期拖延仿制药的上市时间。① 为应对这一问题，MMA明确规定了可以列入桔皮书的专利，包括活性化合物、组合物、配方、药品用途；并列举了不能列入桔皮书的专利，包括代谢物、制造及工艺方法、中间体、外包装专利等。

桔皮书是药品专利链接制度中的相关专利载体，在美国具有很高的法律效力。它的出现为申请人对专利信息的检索与对比提供了极大的便利，有助于推动仿制药的上市审批。

（四）仿制药厂商的专利挑战

HWA规定，仿制药厂商在作出上文提到的第四类专利声明，即相关专利无效或者仿制药厂商生产、制造、销售和使用其版本仿制药不会侵犯相关专利时，仿制药厂商的专利挑战程序正式启动。专利挑战主要由以下几个程序组成。

---

① 比如，葛兰素史克公司在加拿大仿制药公司Apotex对其专利药品帕罗西汀提起ANDA之后，先后在桔皮书上登记了9个专利，对Apotex提起五次侵权诉讼，暂停审查期长达65个月。

第一，专利挑战人的及时告知义务。MMA 在 HWA 的基础上明确规定了专利挑战人的及时告知义务，即作出第四类声明的仿制药企业应在 ANDA 被受理后的 20 个工作日内通知专利权人①，以避免仿制药厂商拖延其告知义务。

第二，45 日诉讼期制度。HWA 规定了 45 日诉讼期制度，即专利权人可以在 45 日内激活专利侵权诉讼（45 日起诉期），逾期未提出的，FDA 可以对符合条件的 ANDA 予以批准，该仿制药即可进入市场销售。MMA 还规定在仿制药厂商依法通知原研药厂商其作出第四类声明后，原研药厂商未在 45 日内提起诉讼的，为了消除专利疑虑，ANDA 申请人可以向法院主动提出专利确认之诉，如此，法院就可以在 FDA 批准仿制药品上市前解决相关专利纠纷。另外，仿制药厂商甚至可以在专利权人提出的专利侵权诉讼中提出反诉，若仿制药厂商胜诉，其可以将此专利从桔皮书中删除。

第三，30 个月遏制期制度。HWA 规定了 30 个月遏制期制度，即专利权人针对该仿制药注册申请的起诉会自动引发 30 个月的遏制期，仿制药的上市申请批准将自动推迟至专利过期、专利侵权诉讼解决或者 30 个月遏制期届满之前。在此期间，FDA 不会中断对仿制药的技术性评审。若超过 30 个月，该专利纠纷仍未解决，则 FDA 会给符合条件的 ANDA 颁发临时性许可批件，随后根据法院判决，FDA 会对该临时性许可作出撤销或者颁发正式性批件的决定。但在实践中，FDA 发现，专利药厂商会滥用这一制度来谋取利益，例如葛兰素史克公司案中，药品专利权人申请各种价值较低的专利，并将此作为起诉的理由，多次诉讼，以这种方式来获得 30 个月的遏制期，从而获得这 30 个月的垄断利益。虽然，因第四类声明而提起的专利侵权诉讼中绝大部分是仿制药厂商胜诉，但专利药厂商却达到了延迟仿制药上市的目的，获得了额外的垄断期间。因此，MMA 针对 30 个月遏制期滥用问题规定了进入 30 个月遏制期的次数，即每个 ANDA 有且只有一次进入 30 个月遏制期的机会。

第四，180 日市场独占期。为了激励仿制药企业作出第四类声明，HWA 赋予首先进行专利挑战并且成功的仿制药企业 180 日市场独占期。若有几个仿制药在同一天挑战成功，则这些仿制药都享有此市场独占期。在此期间，FDA 无权批准任何其他仿制药企业的 ANDA，仅专利药企业和

---

① 告知的内容主要包括仿制药的 ANDA 已被 FDA 受理、申报的日期、详细说明相关专利无效或者不侵权的事实以及法律依据（仅限于申请日之前记载于桔皮书中的登记专利），并列举所有的有效专利。

该仿制药企业有权销售桔皮书中所列的该类药品。同时，该首仿药可以以低于创新药五分之一的价格来销售，这有利于降低药品价格，并且有助于帮助首仿药迅速占据市场份额。但是在实践中会出现这样的问题，如果首家取得上市许可的仿制药厂商未正式进入市场，则180天的独占期无法启动，FDA也无法再审查核准其他符合条件的仿制药厂商的上市申请，原研药厂商利用这一机制，与仿制药厂商通过商业谈判，达成逆向和解协议，一次买断仿制药厂商基于专利挑战成功而获得的180天的独占期，阻止仿制药上市与其争夺市场利益。所谓逆向和解协议（reverse payment），即在仿制药厂商提出第四类声明后，专利药厂商提出专利侵权诉讼，之后作为原告的原研药厂商与作为被告的仿制药厂商在诉讼中达成和解，因为是专利药厂商付给仿制药厂商和解金，有别于通常情况下被告付和解金给原告，所以称为逆向和解协议。[1] 逆向和解协议是一种次优选择，但其仍然可以带来一定的利益，但该协议与HWA鼓励仿制药上市保护公民健康权的立法目的背道而驰。2003年MMA对这些问题作出了一些修改。其一，规定仿制药企业的180天独占期从仿制药首次市场销售开始计算。其二，原研药厂商与仿制药厂商之间就专利所达成的逆向和解协议，必须向美国司法部报告备案，否则将面临罚款。其三，规定了5种丧失180天独占期的情况，即首仿药未能在通过FDA审查后75日内上市；首仿药申请人撤销申请、补充申请或撤回不侵权证明；自申请ANDA日起30个月内未获得暂时性批准；仿制药厂与原药厂达成的协议经认定内容违反《反托拉斯法》（Anti-trust Laws）；专利不侵权证明中列入的专利全部过期。[2]

（五）Bolar 例外

法定试验豁免例外是指"在美国境内制造、使用、许诺销售或者销售受专利保护的发明，或者是输入美国者，如果其目的仅仅是满足联邦规范药物或医学生物产品的制造、使用或销售的法律锁定的信息提交义务，并且两者关系合理时，不承担侵权责任"[3]，此条也被称为Bolar例外。1984年的Bolar案中，联邦巡回上诉法院裁定："当专利期将要届满前，被告从

---

[1] M. A. Carrier, "Unsettling Drug Patent Settlements: A Framework for Presumptive Illegally," *Michigan Law Review* 108 (2009): 38.

[2] 董丽、杨悦：《美国药品专利期延长与市场独占期规定研究》，《中国医药导刊》2006年第5期。

[3] Martin Adelman, Randall Rader, Cordon Klancnik：《美国专利法》，郑胜利、刘江彬译，知识产权出版社，2011，第195页。

国外购买药品,并以之作了有限试验,这种以向FDA提交申请,以便尽快获得上市批准,在专利权届满后立即投放市场为目的的试验行为为侵权行为。"① 该判决结果触及了美国仿制药厂商的利益,引起了其强烈的不满,美国国会针对这一局面,修订了专利法,允许竞争者为了获得FDA的批准,在药品专利届满之前,试验相关的专利药品。

（六）联邦食品药品管理局与专利商标局的职能链接

FDA与USPTO之间的职能链接是美国药品专利链接制度的核心。FDA的职能为审查药品的安全性与有效性,USPTO的职能为审查申请专利的药品的生产工艺、成分或者使用方式,来决定是否授予该药品专利权。审查批准上市与授予专利权是两个相对独立的行为,且FDA与USPTO审查的标准依据不同。某种药品要想进入市场,不仅需要通过FDA的审查批准,同时还需要考虑该药品的专利状况,该药品不得侵犯他人的专利权。药品专利链接制度实现了FDA与USPTO之间的职能链接。仿制药厂商在提出ANDA时,会作出专利声明,FDA在受理该申请后会将收到的专利相关资料报给USPTO审查,USPTO会对该仿制药相关的专利状况做实质性审查,并将结论反馈给FDA。通过这种协调沟通实现两个部门间的职能链接,从而有效地规避仿制药申请上市过程中由于信息保密性带来的专利侵权风险。

美国实施HWA迄今已有30余年,该法案在实践过程中不断接受检验且不断完善,平衡着药品市场中各方的利益。在实践中药品专利链接制度有助于促进产业的发展,在客观上提高专利的质量,减少药品领域的重复专利、无效专利、垃圾专利。

三 药品专利链接制度在我国的立法现状以及问题

（一）中国版"桔皮书"——《中国上市药品目录集》

我国现行的《药品注册管理办法》第8条规定了信息公示制度②,第

---

① 李明德:《美国知识产权法》,法律出版社,2014,第130页。
② 《药品注册管理办法》第8条:"药品监督管理部门应当向申请人提供可查询的药品注册受理、检查、检验、审评、审批的进度和结论等信息。药品监督管理部门应当在行政机关网站或者注册申请受理场所公开下列信息:（一）药品注册申请事项、程序、收费标准和依据、时限,需要提交的全部材料目录和申请书示范文本……（三）已批准的药品目录等综合信息。"

18条规定对于申请人所提交的说明或者声明必须在网站上公示。① 在2017年底前，我国药品专利可以查询到的信息来源有食药监局网站的"药品注册相关专利信息公开"数据库，但这一数据库在登记有效专利外，也登记了未授权的专利申请和无效专利，并且没有相关的法律法规明确规定录入数据库专利信息的内容、录入方式以及更新的时间，相比较美国、加拿大严格的录入专利信息规定，我国录入的信息存在不完整性和不权威性。仿制药企业在进行专利不侵权声明时，仍需要自行在国家知识产权局专利检索系统或者商业专利数据库等其他数据库中进行检索。《关于鼓励药品医疗器械创新保护创新者权益的相关政策（征求意见稿）》（以下简称55号征求意见稿）规定，我国要建立《中国上市药品目录集》，其中将会明确记录在我国上市销售的药品的药学信息与商业信息，包括了上市药品的专利信息。②

2017年12月29日，CFDA发布《中国上市药品目录集》，这本目录集也可称为中国版的"桔皮书"。《中国上市药品目录集》是国家食品药品监督管理总局发布批准上市药品信息的载体，收录批准上市的创新药、改良型新药、化学药品新注册分类的仿制药以及通过质量和疗效一致性评价药品的具体信息，并实时更新供制药行业和医学界人员及社会公众了解和查询。具体包括：药品批准基本信息、仿制药等效信息、专利及独占期信息。有学者认为："结合实践中已有工作基础和审评审批开展的情况，前两部分信息列出的难度不大，专利及独占期信息则是难点，因为相关配套制度尚未建立，缺乏法律和法规依据。"③

另外，在实践中经常存在创新药企业通过登记大量的"常青专利"，来起诉仿制药厂商，以期拖延仿制药上市进度的现象；或者是隐藏其可能引发诉讼的相关专利，不予登记，而是在仿制药上市销售后指控仿制药厂商专利侵权并在诉讼中把这些相关专利作为对仿制药厂商不利的证据使用。因此，对于可以录入《中国上市药品目录集》的专利类型、内容，目

---

① 《药品注册管理办法》第18条："对申请人提交的说明或者声明，药品监督管理部门应当在行政机关网站予以公示。"
② 55号征求意见稿："四、建立上市药品目录集。在中国批准上市的药品，载入《中国上市药品目录集》，注明创新药、改良型新药以及通过质量和疗效一致性评价的仿制药的属性；注明所列药品的有效成分、剂型、规格、上市许可持有人等信息，以及所享有的专利、监测期和试验数据保护等专属权利信息。"
③ 杨悦：《健全四大功能，动态汇总信息——小析〈中国上市药品目录集〉（征求意见稿）》，《医药经济报》2017年9月14日，第F02版。

录集的法律效力以及录入的强制性也有待明确。

(二) 专利声明制度

"目前,注册审查过程中遇到专利纠纷时如何处理是长期困扰药监部门的一大难题。"① 然而,彻底解决此问题的关键并不是纠纷出现后 CFDA 应如何进行审批工作,而应将着眼点放在纠纷出现之前。之所以药品注册审批阶段的专利纠纷会引起如此大的争议、专利权人与仿制药生产商的矛盾激化如此严重,是因为专利权人没能及时了解其专利药品被仿制的情况。当专利权人知晓仿制药生产商正在进行仿制工作,进行仿制药注册申请,并对其提出侵权诉讼时,仿制药生产商往往已进行了大量前期工作、投入了许多财力物力。此时被卷入专利纠纷,给仿制药生产商带来了巨大危机。同时,某些创新药厂商滥用专利链接制度,通过对仿制药厂商提起侵权诉讼来延迟仿制药上市进度,以期在此期间维持自己的市场垄断地位,获取垄断利益。因此,CFDA 作为连接创新药厂商与仿制药生产商的中间机构,应发挥其药品注册信息的即时传递功能,并在配套机制的辅助下,使专利链接制度真正发挥出纠纷提前解决功能。而专利声明程序,正是关键一步。

我国《药品注册管理办法》要求仿制药厂商在申请仿制药上市时提交相关专利的"权属状态说明"②,55 号征求意见稿也有相关规定③。从实践的角度来讲,上述声明义务具体落实还需要其他相关制度的配合,例如以不履行声明义务的不利后果作为义务履行的激励和保障。目前 55 号征求意见稿并没有规定相应的惩罚措施,仅规定如果药品申请被受理,申请人未声明涉及相关专利,而专利权人提起侵权诉讼,则药品审批机构根据法院立案情况将该等药品申请列入批准等待期。因此,在缺乏相应的惩罚措施的情况下,仿制药企业可能存在侥幸心理,通过不履行或者不当履行声明义务来避免侵权诉讼和 CFDA 的延期批准。

1. 关于仿制药的注册申请

我国并没有建立如美国那样的仿制药简化申请制度,相反,我国仿制

---

① 段珊珊:《新形势下中国药品专利链接制度的建立与监管》,硕士学位论文,重庆医科大学,2014,第 33 页。
② 《药品注册管理办法》第 18 条:"申请人应当对其申请注册的药物或者使用的处方、工艺、用途等,提供申请人或者他人在中国的专利及其权属状态的说明。"
③ 55 号征求意见稿:"一、建立药品专利链接制度。药品注册申请人在提交注册申请时,应提交其知道和应当知道的涉及相关权利的声明。"

药厂商在上市申请前仍然需要通过大量的临床试验来证明其生产的仿制药的安全性与有效性，这给仿制药厂商带来了巨大的前期成本压力，不利于仿制药的上市。

2. 提起仿制药注册申请的时间和批件生效时间

对于提起仿制药注册申请的时间，我国《药品注册管理办法》第19条规定在药品专利期届满前2年内提出注册申请。[①] 并且，Bolar例外的时间阶段就必须遵循这个时间规定。许多学者提出了怀疑，"对于复杂的临床试验，仿制药企业能否在2年内完成？可能等仿制药上市时，相关原研药的专利期早已届满很久，相当于延长了专利药品的保护期"。[②] "专利期届满是指哪一个专利的专利期届满，是指药品所有专利专利期届满还是指药品的部分专利专利期（如中间体、药品制备方法专利等等）届满……对于在专利期届满前专利权已经失效或者无效的情形，2年该从何算起。"[③] 美国规定仿制药厂商必须在原研药市场独占期届满后才能提出上市申请，或者提出专利挑战，进入相应程序。我国对于2年的规定没有法律的依据，且对于非正常的药品专利期届满，该规定存在不可预见性。

对于批件生效的时间，我国现行立法规定仿制药批件生效的时间是在专利期满后[④]。2014年的《药品注册管理办法（征求意见稿）》将该条改为"符合规定的核发药品批准文号、《进口药品注册证》或者《医药产品注册证》，专利期满后生效"；2016年的《药品注册管理办法（征求意见稿）》则将原第19条移至第六章监督管理部分，并修改为"符合规定的核发药品注册批件"；但在2019年版本的修改稿中未予以明确。同时，对于"核发批件"是否必须在专利期满之后进行也存在争议。

3. 异议机制——专利挑战

根据《药品注册管理办法》第18条规定[⑤]，我国并未引入异议机制，申请人和专利权人需要另行通过专利侵权诉讼，确认不侵权之诉、专利无效宣告以及禁令救济等程序解决纠纷。此外，尽管市场独占期可以增加仿制药

---

① 《药品注册管理办法》第19条："对他人已获得中国专利权的药品，申请人可以在该药品专利期届满前2年内提出注册申请。"
② 王骏飞：《药品专利链接制度研究》，硕士学位论文，南京大学，2016，第18页。
③ 张文红：《论药品专利链接制度》，硕士学位论文，山东大学，2016，第21页。
④ 《药品注册管理办法》第19条："国家食品药品监督管理局按照本办法予以审查，符合规定的，在专利期满后核发药品批准文号、《进口药品注册证》或者《医药产品注册证》。"
⑤ 《药品注册管理办法》第18条："药品注册过程中发生专利权纠纷的，按照有关专利的法律法规解决。"

企业慎重作出不侵权声明、挑战专利的积极性，但是我国尚未对这一制度进行详细规定。针对这些问题，55号征求意见稿中引入了专利挑战异议制度。

(1) 不侵犯专利权声明

我国《药品注册管理办法》第18条有对不侵犯专利权的规定①，但是未对不侵权声明的类型进行明确解释，也没有规定提交不侵权声明时应该提供的证明材料，导致不侵权声明流于形式。对于申请人所提交的不侵权声明，仅规定了CFDA要在行政机关的网站上予以公示，并不需要进行实质性审查。对于确实是侵权的药品注册申请，CFDA是否应该在药品上市审批程序中采取相应的措施也没有法律规定。对于申请人来说，是否可以这样理解，即使拟申请注册的药品最后被确认侵权，也不会影响其药品的上市审批，这样的不侵权声明形同虚设。同时，对创新药企业来说，如果其发现侵犯其专利权的仿制药已经向药监局申请注册，依据现行《药品注册管理办法》，其应当按专利法规定解决专利纠纷，但专利法也没有规定这种申请注册行为是否构成侵权，美国将这种行为作为"拟制侵权"②，创新药申请人该怎样阻止这种继发性侵权以保证自己的利益，缺乏这种拟制侵权的规定使得创新药企业没有维权依据。

另外，由于CFDA不会将书面不侵权声明转发，也没有规定仿制药申请人通知专利权人的义务，因此专利权人只能通过CFDA公示的药品注册信息和其他途径了解其专利是否被侵权，然后通过司法途径进行救济。然而由于药品注册信息公示的滞后性，专利权人通常不能在第一时间获知相关信息，这势必影响专利权人提出异议的效率，不利于及时解决潜在的专利纠纷。因此，55号征求意见稿对仿制药厂商的通知义务作出了规定。③

(2) 专利权人提起侵权诉讼

55号征求意见稿将专利权人回应仿制药厂商的专利侵权时间规定为

---

① 《药品注册管理办法》第18条："他人在中国存在专利的，申请人应当提交对他人的专利不构成侵权的声明。对申请人提交的说明或者声明，药品监督管理部门应当在行政机关网站予以公示。"

② 美国《专利法》第271（e）条第（2）款规定，药品或药品的使用受专利保护，依据《联邦食品、药品及化妆品法案》的规定提交的ANDA，若其意在获得批准以便在专利到期前从事商业制造、使用或销售，则该提交ANDA的行为视为侵犯专利权。该条款通常也被称为"拟制侵权"条款。"拟制侵权"条款旨在为联邦法院管辖相关案件提供法律基础。拟制侵权案件中，原告无法主张损害赔偿，而只能请求禁令，即请求法院裁决在创新药到期前，不得核准涉案仿制药的申请。

③ 55号征求意见稿："挑战相关药品专利的，申请人需声明不构成对相关药品专利侵权，并在提出注册申请后20天内告知相关药品专利权人。"

20 天①，从专利权人角度来说，20 天内起诉较难实现。尽管立案制度改革已经使得立案变得相对容易，但在 20 天内搜集立案相关证据并完成相应的起诉工作并非易事。例如，专利侵权纠纷中，权利人一般会通过公证购买②的方式来证明侵权行为，但由于仿制药尚处于申请批准阶段，还没有投入生产更没有上市，专利权人很难通过公证购买的方式取得侵权产品进而申请鉴定。

（3）批准等待期

国内现有制度并未对批准等待期作出规定，因此，一旦在药品注册过程中涉及专利纠纷，特别是涉及反诉专利无效，则诉讼流程将持续相当长的一段时间，由于中国的相关规定中缺乏程序上的链接机制，药监局对于是否要等待最终的审理结果，并没有明确规定，诉讼结果对于药品申请注册的影响也不明确。2005 年曾经规定一旦法院判决专利权人胜诉，专利权人有权申请注销侵权药品的批准文号，但是损害实际上已经产生。55 号征求意见稿对批准等待期作了明确规定③，但是，并未对可进入批准等待期的次数作出限制。在美国有些创新药企业滥用专利链接制度，利用"常青专利"多次起诉仿制药厂商，以致多次进入批准等待期，严重阻碍了仿制药上市的进度，针对这一风险，我国应该吸取教训，加入对进入批准等待期次数的限制。

（4）首仿药挑战成功的数据保护期

此前因未规定专利挑战制度，仿制药企业缺乏进行专利挑战的动力，55 号征求意见稿中对首仿药挑战成功的数据保护期作了规定④。

但是在实践中，从仿制药企业角度来说，在衡量专利挑战成功所带来的利益和专利诉讼带来的风险时，和解可能是最双赢的解决方案。首先，由于药品专利侵权十分复杂，专利诉讼往往旷日持久。从起诉到司法机关作出生效判决，可能包括一审、二审甚至再审，案件很难在 2 年内尘埃落定。如果双方难以达成和解，仿制药上市时间将至少推迟 24 个月。其次，

---

① 55 号征求意见稿："相关药品专利权人认为侵犯其专利权的，应在接到申请人告知后 20 天内向司法机关提起专利侵权诉讼，并告知药品审评机构。"

② 即购买过程是有公证员参与证明的，比如带上公证员一起去商场买侵权产品，在公证员见证下向侵权厂家下单等，以便于在诉讼中认定相关证据的有效性。

③ 55 号征求意见稿："药品审评机构收到司法机关专利侵权立案相关证明文件后，可设置最长不超过 24 个月的批准等待期；在此期间，不停止已受理药品的技术审评工作……药品上市销售引发知识产权诉讼的，以司法机关判决为准。"

④ 55 号征求意见稿："挑战专利成功和境外已上市但境内首仿上市的药品给予 1.5 年数据保护期。"

即使经过24个月,未决的诉讼也可能会对仿制药企业的药品上市造成潜在的阻碍。如果药品经销售并被确认侵权后,仿制药企业前期高额销售和宣传投入将付之东流,并面临大额的侵权赔偿。因此,双方达成和解也许能够达成双赢。但和解也很可能引发垄断问题。挑战成功的首仿药将获得1.5年的试验数据保护期,而在试验数据保护期内,其他仿制药企业由于难以利用试验数据,将很难通过审批进入市场。如美国180天市场独占期一样,该保护期很有可能成为专利药企业和首仿药企业之间的交易砝码,双方可以通过横向垄断协议固定价格、垄断市场。例如专利药企业通过反向支付与首仿药企业签署协议,避免首仿药在数据保护期内将仿制药上市,从而使得专利药厂商延长市场垄断期,获得高额利润。因此,如何通过立法规制预防这种可能的垄断,维持市场上的竞争,也是立法者在设计药品专利链接制度时需要考虑的。

（5）Bolar例外

美国的Bolar例外在为仿制药尽早研发以便尽早上市提供支持的同时,又与其他包括拟制侵权规定及其他药品注册审批中的规定一起组成了一个制度体系,来平衡仿制药企业与创新药申请人之间的利益。我国《专利法》第69条也有同样的规定,但是我国缺少"拟制侵权"条款并且药品管理法律法规尚不完善,这给我国药品产业的发展埋下了隐患。在我国的实践中,对于Bolar例外的边界存在争议,仿制药的申请注册行为往往被Bolar例外所吸收,而被视为不侵犯专利权的行为。

（6）各部门间的职能链接

根据前文论述,我们可以看到,在美国,药品主管部门、法院和专利主管部门之间高效协同,并且三者之间也不存在职能上的相互干涉,充分实现了三部门职能的有效链接。反观我国,药品管理法并未赋予CFDA在药品注册中对专利进行审查的权力,CFDA、SIPO与法院之间的协同性较低,欠缺有效的沟通机制,不利于提前规避专利侵权风险。因此,在设计职能链接时,需要考虑到各部门间职能上可能的冲突,通过立法缓解这种矛盾,促使部门间高效协作。

（三）对我国药品专利链接制度的评价

从2002年至2016年,尽管对《药品注册管理办法》有过多次修改,但解决药品注册审批过程中的专利问题的整体思路和框架并没有实质上的变化。我国现行的制度虽然具备了某些药品专利链接制度的元素,但离真正的药品专利链接制度还很远。

在实务操作中，我国药品专利链接制度规则模糊，可操作性不强，使得CFDA陷入了一个两难的境地。一方面，如果CFDA仅仅把仿制药申请人在申请上市时提供的"相关专利的权属说明"和"不侵权声明"作为仿制药上市审查过程中的专利状况考查依据，那么可能导致一些仿制药企业通过欺骗的方式成功将侵权仿制药上市，严重损害专利权人利益，CFDA也会被指责纵容仿制药专利侵权行为。我国制药行业创新能力本就不强，能够独立研发的新药种类少，并且大量的罕见药都由外国企业研发。这种情况下，一旦外国企业因为我国专利保护不力不愿意进入或者推迟进入，则我国人民获得有效治疗药品的难度将加大。而由于缺乏"批准等待期"制度，创新药企业无法阻止仿制药上市，一旦仿制药上市就会被创新药企业诉专利侵权，仿制药企业一旦败诉，不仅前期成本无法收回，还可能面临巨额赔偿。同时，这种情况可能导致一些仿制药企业出于投资安全角度考虑，主要生产那些已经大量仿制的没有任何侵权风险的低水平的药物，但其收益又较低，因此也就无法累积资金进行高水平仿制药的研发。如此恶性循环，不利于我国形成健康强大的仿制药产业。另一方面，由于缺乏"拟制侵权"制度，如果CFDA因为可能侵权的仿制药申请上市的行为而中止或者驳回申请，则缺乏法律依据，还会严重影响审批的进度，致使大量上市申请被搁置。可见，我国现行药品专利链接制度并未起到促进创新、加快仿制药上市、平衡创仿利益的目的。在实务中，也给CFDA的审批工作带来了巨大障碍。

仿制药上市审批过程中的专利问题无论如何都是存在的，如果在法律上不做规制只会给CFDA在审批时带来巨大障碍。而引入专利链接制度，绝不仅仅有助于专利权人维护自己的利益，对于仿制药企业也有益处。药品专利链接制度有助于提高仿制药企业的专利意识，在其决定仿制项目时更关注专利信息，以避免可能的专利侵权风险，而对于有机会的"专利漏洞"，专利挑战成功的首仿药的数据保护期可以激励仿制药企业主动出击。因此，完善我国药品专利链接制度有助于平衡我国创仿利益。

2016年以来，国家发布了一系列与建立药品专利链接制度相关的文件，可见，中国探索建立药品专利链接试点工作的方向已经明确。笔者认为，我们应该立足于我国国情，根据我国医药产业的发展现状和公民健康需要，借鉴他国经验，明确药品专利链接制度相关内容，建立完备的配套制度，构建一个创仿平衡的药品专利链接制度。

四 我国药品专利链接制度的完善

(一) 提升立法层次

我国目前的药品专利链接制度都规定在《药品注册管理办法》中，但用部门规章来规定该制度并不妥当。药品专利链接制度是提升我国知识产权保护水平的重大举措，是平衡创仿利益、平衡专利权与健康权的关键制度，药品专利链接制度所调控的机制中包含着药品监管部门、专利主管部门以及法院。三个部门间的职能冲突，如果只以部门规章来化解、协调，那么很多问题可能会无法解决。因此，必须提高立法层次来对药品专利链接制度相关问题进行界定。事实上，在2018年的立法计划中，CFDA已将《全国人大常委会授权开展部分药品专利期补偿制度试点和探索建立药品专利链接制度的决定（送审稿）》报送国务院提请全国人大常委会审议，说明我国已经从法律层面开始对药品专利链接制度进行规定。笔者建议，在试点工作完成后，制定"中华人民共和国药品注册管理法"，对药品专利链接制度相关内容进行规定。

(二) 加强部门间职能链接

建立CFDA和SIPO的职能链接机制，不管是药品上市审查还是专利审查都需要极强的专业知识，单靠一个部门解决两个问题并不现实，即使在药品监管部门设立专业的专利审查团队，也并不经济。因此最好的方式就是发挥两个部门的优势，协同合作，做到高效的职能链接。在药品上市审批过程中，CFDA应与SIPO加强沟通，共享信息。可以从以下几方面入手。第一，对于录入《中国上市药品目录集》的新药专利信息，CFDA可以通过职能链接向SIPO进行咨询，SIPO将建议反馈给卫生部门供其参考。第二，CFDA有权将那些虽然已经登记了但是登记不符合要件的专利信息予以删除，若CFDA无法确定该专利信息是否符合相关要件，则其有权要求SIPO提供咨询协助。第三，CFDA与SIPO设立通知渠道，一旦SIPO发现《中国上市药品目录集》中记入的专利失效，则应当及时通知CFDA删除该专利信息。第四，在仿制药提出上市申请时，对仿制药厂商提出专利权属状态以及不侵权声明的理由，CFDA可以在进行形式审查后，交由SIPO进行实质审查，再反馈给CFDA作为上市审批依据。

(三) 建立"拟制侵权"机制

依据现行《专利法》，被仿制药专利权人缺乏提起专利侵权诉讼的法律依据，在司法领域的专利挑战程序无法启动。为落实相关规定，确保专利链接制度能够切实有效实施，有必要对仿制药上市许可申请的行为作出专门规定，为被仿制药专利权人提起专利侵权诉讼提供法律依据。因此，有必要对"拟制侵权"作出明确规定，即任何人在他人的化学药品相关发明专利保护期内向国家药品行政监督管理部门提出仿制药上市许可申请的行为，都视为侵犯专利权。

需要明确的是，该条规定的"视为侵犯专利权"与专利法规定的五种专利侵权行为在性质上存在差异。《专利法》规定的一般专利侵权行为是针对一般专利产品的，其法律责任包括停止侵权和损害赔偿；而拟制侵权仅仅适用于仿制药上市许可申请过程中的专利挑战案件，特别针对的是药品相关的发明专利。由于药品的特殊性，未经国家药品行政监督管理部门批准，仿制药不可能上市，因此，就其法律责任而言，也仅仅是停止侵权（即撤回或变更申请，直至相关专利无效或失效），而不包括损害赔偿等其他侵权责任。

中国是成文法国家，制定规则需要考虑法律体系的完整性和系统性。在一部本应适用于各个技术领域的专利法中，专门为药品专利制定特殊规则可能会破坏专利法本身的系统性和普适性，因此，引入"拟制侵权"制度尽管是目前解决启动专利挑战法律基础的最直接、最有效的方式，但考虑到可能会因此导致的混淆，在无法引入与美国《专利法》的规定类似的"拟制侵权"制度的情况下，可以考虑通过如下两种方案予以解决。

其一，扩大对"制造"的解释，即将仿制药上市申请行为视为"研制"行为，纳入"制造"的范围。概言之，在药品领域，仿制药企业进行研究实验旨在验证、改进他人或者专利权的药品，可以适用科学目的和使用目的使用专利的例外，不视为侵犯专利权；如果仿制药企业研究试验旨在获取仿制药获得行政审批所需的信息，可以适用Bolar例外的规定，不视为侵犯专利权；仿制药企业依据药品行政管理法律的相关规定和程序，提交上市申请的行为，其目的旨在获得行政审批后，可以生产、销售仿制药，该行为属于"制造"行为，药品专利权人可以据此提起专利侵权诉讼，要求法院判决专利到期后才能批准该上市申请。

其二，对Bolar例外规定进行修正，增加但书条款，将"药品上市申报行为除外",即为药品或医疗器械上市进行注册申报的,不属于不视为侵犯专利权的行为,药品或医疗器械的专利权人认为该申报审批中的药品或医疗器械侵犯其专利权的,可以提起专利侵权诉讼。

无论是"拟制侵权",还是对制造进行扩大解释,将申报行为解释为"研制",纳入"制造"范围,或者是对Bolar例外增加但书规定,实际上都是为药品专利权人提起专利侵权诉讼,为法院管辖相关案件提供法律基础。事实上,由于仅仅提交上市申请,即申报行为,并非真正实施了制造、销售行为,也不会给专利权人造成实际损害,因此,无论选择何种方案,药品专利权人实际上都无法主张损害赔偿,这与美国《专利法》中"拟制侵权"的法律后果是殊途同归的。

(四) 取消申请人在药品专利期届满前2年内提出注册申请的规定

如上文所述,2年时间可能根本不够仿制药厂商完成临床试验,与我国引入Bolar例外以期加快仿制药上市进度的宗旨不符,应该允许仿制药厂商在专利期满前任何时间提出仿制药上市申请,只要规定在专利期届满前CFDA不能批准药品上市许可。当专利期届满时,CFDA可以给通过审查的仿制药厂商颁发批件,并即刻生效。这有助于加快仿制药上市。

(五) 进一步完善《中国上市药品目录集》

经统计分析,"药品专利信息公示平台所占权重最大(0.3982),且远高于其他几个因素,是建立药品专利链接制度的关键因素"。[①] 所以,我国应该把作为中国专利信息公示平台的《中国上市药品目录集》作为整个药品专利链接制度的基石来建设。

首先,应该明确规定可以录入目录集的专利类型。实践中常出现药品专利权人登记大量的"常青专利",并以此作为诉讼依据起诉仿制药厂商来达到阻碍仿制药上市目的的情况。因此,笔者建议,CFDA应该明确规定记入目录集的专利种类,明确规定目录集中只录入与所申请的药品直接相关有效的专利信息,例如活性化合物、配方、组合物、药品用途等。明确不能列入的专利,例如制造及工艺方法、外包装、代谢物、中间体等。

---

① 刘晶晶、武志昂:《建立我国药品专利链接制度的专家调查研究》,《中国新药杂志》2016年第11期。

并且，对于要录入目录集的专利，必须要求专利人在登记时给出需要登记的理由。

其次，应该保证录入《中国上市药品目录集》的专利信息的准确性、完整性，以提高其权威性。具体有以下几种做法。第一，需要CFDA密切与SIPO配合，尽力完善已经记录在《中国上市药品目录集》中药品的专利及独占期信息，对于之后录入的信息，CFDA与SIPO也应当密切合作，通过职能链接保证信息在录入目录集时的准确性。第二，赋予CFDA删除目录集中无效专利或者不符合录入要件的专利的权力，CFDA可以主动审查，不确定的可以咨询SIPO，SIPO也可以通过通知渠道告知CFDA其发现的无效专利，通知其从目录集中删除。第三，建立第三人异议机制，若他人对目录集中专利有效性提出异议，CFDA可以依情况启动专利有效性审查。第四，允许仿制药厂商在专利权人提出的专利侵权诉讼中提出反诉，若仿制药厂商胜诉，其可以将此专利从目录集中删除。

最后，应当赋予《中国上市药品目录集》以法律效力，针对专利人隐藏相关专利的问题，可以规定在相关专利侵权诉讼中，以目录集上登记专利为准，禁止专利证据突袭。

（六）完善专利挑战配套制度

1. 完善专利声明制度

我国现行法律要求仿制药申请人在向CFDA申请上市时提供相关专利的"权属说明"，并在专利挑战时作出不侵权声明。笔者认为，这两条其实目的是一样的，即要求仿制药申请人在申请上市时对其申请上市的仿制药的相关专利状况作出一个声明，以期提前预防专利侵权风险。

首先，仿制药申请人在申请时必须进行专利声明，其所提供的专利信息不仅要包括该专利的权属状态，还要包括其有效性。

其次，要明确所提供的声明的类型，并且要求仿制药申请人对每个声明提供证明材料支撑，CFDA根据不同类型的声明，做不同处理。对于在目录集中没有相关专利的、他人专利已经失效的或者他人专利已经过期的，申请人可以向CFDA提交权威的目录集检索报告作为证据，经CFDA形式审查无误后即可审批通过，若有必要，也可要求SIPO做实质性审查；对于相关专利即将过期，申请人也承诺在专利期届满后才会上市的，无须提交证明材料，待专利期届满CFDA即可批准其上市。

再次，对于仿制药申请人提出目录集中相关专利无效，或者该专利有效，但是仿制药厂商生产、制造、销售和使用其版本仿制药不会侵犯相关专利的这类声明，必须要求仿制药申请人在20天内通知相关专利人，若产生专利纠纷，则进入争端解决机制。

最后，要解决仿制药申请人抱有侥幸心理，通过不履行或不当履行声明及通知义务来避免侵权诉讼和CFDA的延迟批准的问题，至少有两种合理的方式。第一，设立相应的惩戒制度，或者参照美国做法，给予专利挑战成功者一定的政策优惠，促使仿制药企业积极履行相关义务。第二，由行政审批部门完成相关专利检索和通知工作，该方法具有专业、全面、公平的显著特点，但可能过度增加行政部门的工作负担。

2. 完善侵权诉讼规定

首先，完善专利权人提起侵权诉讼时间的规定。在仿制药申请人提出相关专利无效或者该专利有效，但是仿制药厂商生产、制造、销售和使用其版本仿制药不会侵犯相关专利的这类声明并且通知到相关专利权人时，相关专利人可以提起专利侵权诉讼，但必须限定在一个时间段内，并要求若相关专利人在这期间未提出专利侵权诉讼，则在仿制药上市后不可提出专利侵权诉讼，以防止浪费CFDA的审批资源。而对于这个时间段，55号征求意见稿规定为20天，笔者在上文中提到，在20天内要完成专利侵权证据材料的收集和起诉工作难度很大，主要是由于仿制药未上市，依据现行法律，无法收集到侵权产品作为侵权证据。但是，若我国能建立"拟制侵权"制度，将仿制药申请上市行为拟制为"侵权"，则20天的规定比较有操作性。

其次，建立确权诉讼制度。创新药厂商如果未在20天内提起诉讼，为了消除专利疑虑，仿制药厂商可以向法院主动提出专利确认之诉，如此，法院就可以在CFDA批准仿制药品上市前解决相关专利纠纷。

最后，应当建立专利权人滥用药品专利链接制度的赔偿机制。对于专利权人滥用专利链接制度而推迟仿制药上市的，专利药厂商要对仿制药的延迟上市作出补偿，且规定仿制药厂商请求损害赔偿的范围以受损害为限，不包括利益损失。

3. 设定合理的批准等待期

55号征求意见稿已经将我国的批准等待期设置为24个月。笔者认为，一个合理批准等待期时长必须与我国平均的专利侵权诉讼时长相符。如果设置时间过短，则CFDA依然无法按照法院判决结果和SIPO处理结果作出审批，设立批准等待期的目的也无法达到；如果设置时间过长，则有可能会妨碍仿制药的上市。有数据统计,"我国专利侵权纠纷一审案件通常在12个月内解决,涉外案件可能会略长"[1],"SIPO的专利复审委员会的复审时间通常会在24个月以上"[2]。因此,对一审来讲,55号征求意见稿规定的24个月是比较合理的。若案件时长超过了24个月,CFDA可以颁发临时批件,待案件审结后,若仿制药厂商胜诉,则将临时批件转化为正式批件,反之,则收回临时批件。

另外,为了防止专利权人多次起诉将仿制药厂商多次带入"批准等待期"来延缓仿制药上市进度,CFDA需制定配套的规则来限制专利药厂商对专利药品保护期的变相延长。例如,规定专利权人只能进入一次批准等待期。

4. 完善首仿药数据保护期制度

我国首仿药数据保护期制度与美国"180天市场独占期"类似,55号征求意见稿规定对挑战成功的首仿药给予1.5年的数据保护期。首仿药的数据保护期有助于鼓励仿制药企业进行专利挑战。合理的首仿药数据保护期可以给专利挑战成功的首仿药企业足够的市场垄断期,帮助其收回成本,并获得利润。制度设计者在设计时长时应当考虑仿制药厂商收回成本所用时长等因素,合理设计首仿药数据保护期。

同时,为了避免在美国出现的首家仿制药厂商以"首仿药的数据保护期"作为筹码,与专利权人达成逆向和解协议,造成垄断现象,CFDA必须采取措施对其进行规制。第一,应当对数据保护期的起算时间作出规定,比如以仿制药被批准上市之日起开始计算。第二,规定丧失数据保护期利益的情形。如首家仿制药厂商在限定日期内不能及时上市仿制药,或仿制药厂商与专利权人达成的协议违反《反垄断法》或者《反不正当竞争法》。第三,可以规定仿制药厂商与专利权人之间达成的逆向和解协议必须向商务部反垄断局备案,否则将面临罚款。

---

[1] 转引自刘立春、朱雪忠《美国和加拿大药品专利链接体系要素的选择及其对中国的启示》,《中国科技论坛》2014年第1期。

[2] J. Benjamin Bai, Peter J. Wang, Helen Cheng, "What Multinational Companies Need to Know about Patent Invalidation and Patent Litigation in China," *Northwestern Journal of Technology and Intellectual Property* 5 (2007): 453.

On the Implementation and Improvement of Drug Patent Link System in China—Based on the Perspective of American Practice

Abstract: The pharmaceutical industry is a very special industry. The research and development of a new drug requires a lot of capital and time costs, and the R&D is extremely difficult. Therefore, new drug companies usually protect their legal rights through patents. New drug companies obtain patent rights for new drugs by applying for patents, and obtain high monopoly profits through the monopoly position granted by patent rights. However, high profits always come from the high price of patented drugs, and the majority of patients cannot afford high drug prices. Therefore, the high price of patented medicines will seriously impair people's access to medicines. Ensuring the availability of drugs is very important to protect citizens' right to health. The right to health is the most basic human right. If patients cannot afford high patented drug prices, even if companies develop more new drugs, they will not help protect citizens' right to health. In the pharmaceutical market, generic drugs are competitors to innovative drugs, having the same therapeutic effect as innovative drugs but much cheaper. So generic drugs can greatly ease the economic burden on patients. However, since the drug is related to public health, the safety of drugs is very important. Therefore, before the pharmaceutical technological innovation achievements being put the technology into the market, they need to be examined and approved by the national administrative departments to confirm their safety. In the process of applying for registration of a generic drug, a system that examines the relationship between the relevant patent status of the generic drug and the effective patent that has been approved for the drug is the pharmaceutical patent linkage discussed in this paper.

Keywords: Pharmaceutical Patent Linkage System; Balance of Interests; Generic Drug Registration Approval; Drug Patent Protection

专利权保护范围的功能性限定研究

钟炜杰[*]

摘　要：一般而言，专利权利要求书应以表示结构或方法的语言来对技术特征进行限定，但有些技术特征是不适宜甚至难以用表示结构或方法的语言来进行描述的，于是逐渐出现了全部或部分以表示功能或效果的语言来进行描述的技术特征，我们将其称为功能性限定特征。但是，由于功能性限定特征与传统的技术特征存在较大差异，其自诞生之日起就备受争议。目前我国对功能性限定特征的研究比较薄弱，本文试图在借鉴国内外理论研究成果及相关司法实践的基础上，对功能性限定特征的相关问题进行有益探讨。

关键词：功能性限定　功能性特征　专利权利要求　保护范围　解释规则

引　言

一般而言，专利权利要求书中记载的技术方案通常是由结构特征和方法特征[①]组成的，但在某些领域，许多技术特征是难以用表示结构或方法的语言来进行描述的，故实践中出现了一种新的权利要求书撰写方式，即通过描述某一技术特征的具体实施方式所能达到的功能或效果来对该技术特征进行限定，这种技术特征被称为功能性限定特征（也称功能性限定、功能性特征等）。现今理论界和实务界对功能性限定特征的理解存在很大争议，主要集中于功能性限定特征的解释规则和保护范围等问题上。虽然我国最高人民法院和国家知识产权局已分别通过司法解释和《专利审查指南》[②]等文件对功能性限定特征的相关制度进行了规定；但一方面司法解

---

[*] 钟炜杰，江门市中级人民法院法官助理。
[①] 结构特征即以表示结构、组分等内容的语言来进行描述的技术特征；方法特征即以表示方法、步骤等内容的语言来进行描述的技术特征。
[②] 本文参考和引用的《专利审查指南》内容均出自国家知识产权局 2010 年 1 月 21 日修订的《专利审查指南》。

释和《专利审查指南》的规定存在明显的矛盾,导致实践中使用了功能性限定特征的权利要求存在"实质审查通过难,诉讼保护范围小"、保护范围不明确等问题,另一方面司法解释和《专利审查指南》本身也存在缺陷,其制度设计亟须完善。本文试图通过对功能性限定特征的概念、分类、解释规则等问题进行探讨,借鉴各国相关立法例,指出我国功能性限定特征相关制度的缺陷,并为细化、完善我国功能性限定特征相关制度提出合理的建议。

一 功能性限定特征的兴起

(一) 功能性限定特征的出现

一般认为,现代专利制度的基本目标之一就是以一定的垄断权换取某种技术方案的充分公开,使该项技术能够为公众所掌握和运用,故专利权人对其技术方案的公开应当达到所属技术领域的技术人员能够理解和重现该技术方案的程度。因此,专利申请人在撰写权利要求书时,一般应公开其技术方案中的全部技术特征,并使用表示结构或方法的语言来描述技术特征(如描述装置的结构、物品的成分或操作的方法步骤等,以这种方式描述的技术特征被称为结构特征或方法特征)。但囿于语言文字的表达能力,有些技术特征是难以用表示结构或方法的语言来进行描述的,或者说有些技术特征用表示结构或方法的语言来描述不及用表示功能或效果的语言来描述更为恰当和有效(此多见于电子通信、信息技术等领域)。更重要的是,使用表示功能或效果的语言来描述的技术特征一般可以宣示更大的保护范围,而这正是绝大部分专利申请人梦寐以求的。基于上述两方面原因,实践中开始有专利申请人对权利要求中的部分甚至全部技术特征使用表示功能或效果的语言来进行描述,这种技术特征就被称为功能性限定特征。现今,世界各国逐渐接受了这种权利要求书撰写方式,但各国对功能性限定特征的认识以及相应的制度设计有较大的差异。

(二) 功能性限定特征的概念和本质

1. 功能性限定特征的概念

对于功能性限定特征的概念,理论界尚未形成一致意见。美国《专利法》、《欧洲专利公约》、《专利合作条约》(PCT)等法律文件均未明确地对功能性限定特征进行定义,只规定了在权利要求中使用功能性限定特征的条件、相应的撰写要求等内容,其共同核心在于:该种技术特征只描述了某一装置、物品或方法的功能或效果而未直接陈述其结构、材料或操作等。

我国最高人民法院《关于审理侵犯专利权纠纷案件应用法律若干问题的解释(二)》(以下简称《专利侵权纠纷司法解释(二)》)第8条第1款对功能性限定特征作出了明确定义:"功能性特征,是指对于结构、组分、步骤、条件或其之间的关系等,通过其在发明创造中所起的功能或者效果进行限定的技术特征,但本领域普通技术人员仅通过阅读权利要求即可直接、明确地确定实现上述功能或者效果的具体实施方式的除外。"国家知识产权局制定的《专利侵权判定和假冒专利行为认定指南(试行)》也作出了类似的规定。还有学者将功能性限定特征定义为"权利要求中以功能或者效果表述的技术特征"。[1] 这两种定义与上文所述外国立法例的核心并无二致,但这两种明确的定义却揭示了功能性限定特征的广义与狭义之分。

笔者认为,广义的功能性限定特征即上述"权利要求中以功能或者效果表述的技术特征"。相对而言,狭义的功能性限定特征则应指权利要求中仅以功能或者效果表述的,并未直接体现结构、组分或方法的技术特征[2],其与广义的功能性限定特征的区别在于,排除了以下两类技术特征:一是既以功能或效果进行表述,又对具体的结构、组分或方法进行披露的技术特征;二是仅靠描述其功能或者效果即可直接体现实现该功能或效果之具体结构、组分或方法的技术特征。这两类技术特征中,前者通常直接被认定为结构特征或者方法特征;后者则常常被撰写为可以实现某种功能的装置或方法,但实际上多为某种约定俗成的技术术语或公知技术,如"一个可以改变电势差的装置(即指变压器)"等。由于这些术语或技术的功能或效果与其结构、组分或方法之间的联系是相对确定的,所属领域的技术人员在看到这些功能或效果时不经创造性劳动就可以联想到实现该功能或效果的具体实施方式,因此虽然这些技术特征只对其功能或效果进行了描述,但这种描述实际上已经披露了具体的结构、组分或方法,也可以归为结构特征或方法特征一类。但笔者认为,将这两类技术特征也归类为广义的功能性限定特征,并与狭义的功能性限定特征进行对比,或更能

---

[1] 崔国斌:《专利法:原理与案例》,北京大学出版社,2016,第633页。
[2] 《专利侵权纠纷司法解释(二)》第8条第1款的但书部分表明,该司法解释规定的是狭义的功能性限定特征的概念。

厘清这几个概念之间的联系与区别。

2. 功能性限定特征的本质

对于功能性限定特征本质上是否为一种技术特征的问题,理论上存在不同观点。有研究者认为,功能性限定特征本质上不是一种技术特征,它不过是结构特征或方法特征的技术效果,因此含有功能性限定特征的技术方案是不完整的。笔者认为这种观点是有待商榷的。首先,就技术特征的概念而言,理论上尚未形成一致意见。笔者认为,一个完整的技术方案是由若干相对独立的技术单元组成的,而技术特征就是对某一技术单元所进行的语言概括或描述,从这个角度来看,功能性限定特征与结构特征、方法特征其实都是在对某一技术单元进行概括和描述,其不同之处仅在于进行概括和描述的思路有异(功能性限定特征描述了技术单元的功能和效果,而结构特征和方法特征描述了技术单元的结构、组分、步骤、方法及其之间的关系等),故功能性限定特征可以既是技术效果,也是技术特征,二者并不冲突。

(三) 功能性限定特征的合理性和必要性

现阶段,理论界对有关功能性限定特征是否具有合理性和必要性的问题(也即允许专利申请人在权利要求中使用功能性限定特征是否合理和必要的问题)尚未形成一致意见,总体而言,笔者认为功能性限定特征具有合理性和必要性,主要理由有以下几点。

(1) 功能性限定特征本质上属于技术特征

上文已经论述过,功能性限定特征本质上是一种技术特征,故在权利要求中使用功能性限定特征不应存在理论障碍。至于使用了功能性限定特征的权利要求是否满足"实用性""充分公开"等要求的问题,则是进一步对功能性限定特征适用解释规则、确定保护范围时应当考虑的。

(2) 某些情况下,使用功能性限定特征是不可避免的

如上文所述,囿于语言文字的表达能力,有些技术特征是难以用表示结构或方法的语言来进行描述的,这种情形在电子通信领域和信息技术领域尤为常见。在这些领域,有大量涉及软硬件结合的发明专利(如"一种利用计算机去除图像噪声的方法"等),其技术方案的创新之处常常不在于硬件的物理结构或材料,而在于软件的算法。这些算法大多繁复冗长,直接将其写入权利要求很难满足"权利要求书应当清楚、简要"的要求,故必须对算法进行提炼后方可写入权利要求。此时算法的模块结构恰好提

供了对其进行提炼的可行方法,而对某一模块本身的最优概括方式就是陈述其功能①,因而一种算法通常可以被提炼为:"一种算法,其特征在于包括若干模块,其中模块一可以实现功能A,模块二可以实现功能B……"从某种程度上来说,这种提炼方法的优越性是无法超越的,因此,至少在涉及算法的部分发明专利中,功能性限定特征的作用是不可或缺的。

(3)某些情况下,使用功能性限定特征更加恰当有效

功能性限定特征在传统机械、医药等领域也具有一定优越性。比如,当若干技术方案因不具备相同或相应的特定技术特征而无法作为一件专利提出申请②,而这些技术方案的不同之处恰好能被概括为同一个功能性限定特征时③,使用该功能性限定特征把这些技术方案合并为一件专利进行申请就是有效率的;或者当一个技术方案中的某项技术特征的具体结构(或组分、方法等)可以为无数种其他公知具体结构所代替,且这些具体结构可以被合理归纳为一个功能性限定特征时④,允许申请人使用该功能性限定特征就是合理且有效的。上述现象在传统机械领域并不少见。

功能性限定特征在医药领域的运用亦能产生有益作用。比如在靶向治疗法中,针对某一种生物靶分子的药物可能有多种,其结构、组分、制备方法等可能有极大差异,但它们都具有相同的功能(即对特定生物靶分子产生激活或抑制等作用),故而可以被一个功能性限定特征涵盖,只要能够合理限定这种功能性限定特征的保护范围,允许申请人使用这种功能性限定特征就是有积极意义的。

此外,世界知识产权组织制定的《PCT国际检索和初步审查指南2018》⑤

---

① 算法由代码组成,通过一系列步骤来实现算法的目的,其代码通常被划分为不同的模块,不同的模块依照一定步骤实现不同的功能。
② 《专利审查指南》第2部分第6章规定:"专利法实施细则第三十四条规定,可以作为一件专利申请提出的属于一个总的发明构思的两项以上的发明或者实用新型,应当在技术上相互关联,包含一个或者多个相同或者相应的特定技术特征,其中特定技术特征是指每一项发明或者实用新型作为整体,对现有技术作出贡献的技术特征。"
③ 比如,假设某种仪器需要一个能够不间断地制冷的部件,则这个制冷部件可以被设计为一个由若干根能够分别装卸的制冷棒组成的制冷体,也可以被设计为一个可以开盖存取制冷液的制冷桶。这种制冷体和制冷桶的具体结构可能不存在相同或相应的特定技术特征而不具备单一性,若撰写为结构特征的话,分别使用这两个结构特征的两个技术方案可能不能作为一件专利进行申请,但它们却可以被概括为同一个功能性限定特征(一个能够进行不间断制冷的部件),从而可以作为一件专利进行申请。
④ 比如一个止水阀门就可以用一个旋转扣合的盖子或者一个塞子等不可胜数的部件替代。
⑤ PCT International Search and Preliminary Examination Guidelines 2018, http://www.wipo.int/pct/en/texts/gdlines.html.

也承认功能性限定特征的合理性,并指出在某些领域,对发明之功能的清晰描述可能比对其结构的过于细节化的描述更为恰当。①

二 功能性限定特征的比较研究

我国法学理论界对功能性限定特征的关注较少,立法和司法实践中对功能性限定特征的运用起步较晚,相关制度缺乏清晰性、确定性和可操作性,借鉴世界各国的相关制度设计和司法实践经验,可为我国功能性限定特征相关制度的理论研究和实践运行提供有益的启示。

(一) 美国

世界范围内,美国是最早以成文法形式允许专利申请人在权利要求中使用功能性限定特征的国家,其相关制度也是最完善的。1952 年,美国颁布了新的《专利法》,其中新增的第 112 条第 f 款规定:"组合的权利要求中的技术特征可以被表达为用于实现某种特定功能的结构或者步骤,而不必陈述实现该功能的具体结构、材料或操作,此类权利要求应被解释为涵盖其说明书中描述的相应具体结构、材料或操作及其等同物。"② 根据该条规定,专利权人在组合的权利要求中可以使用功能性限定特征,其保护范围则被限制为"说明书中描述的相应具体结构、材料或操作及其等同物"。③ 以下将对现阶段美国专利审批程序和专利侵权诉讼中涉及功能性限定特征的规则作进一步介绍。

---

① 《PCT 国际检索和初步审查指南 2018》第 Ⅱ 部分第 4.11、5.04 条。
② 该条原文为"35 U.S.C. 112 (f) An element in a claim for a combination may be expressed as a means or step for performing a specified function without the recital of structure, material, or acts in support thereof, and such claim shall be construed to cover the corresponding structure, material, or acts described in the specification and equivalents thereof"。需要注意的是,有研究者将该条中的"a claim for a combination"翻译为"组合物的权利要求",但笔者认为,在美国专利法中"combination"的含义较为宽泛,既可以指组合物,也可以指操作步骤等的组合,而"a claim for a combination"实际是指拥有两个或以上技术特征的权利要求,故笔者认为将其翻译为"组合的权利要求"更为合理。另有研究者将该条中的"element"翻译为元件,但实际上这里的"element"指的是权利要求中的一个元素或组成部分,笔者认为翻译为"技术特征"更为恰当。
③ 为方便论述与理解,下文将"说明书中描述的相应具体结构、材料或操作"简称为"对应物",因为它是和功能性限定特征中的特定功能相对应的。相应地,说明书中描述的相应具体结构、材料或操作的等同物就简称为"等同物"。"对应物"的本质是若干能够实现特定功能的具体实施方式的集合。

1. 美国专利审批程序中的相关规则

根据美国《专利法》和《美国专利审查指南2017》[①] 的规定，美国专利局对功能性限定特征的审查主要按以下步骤进行。

（1）判断一个技术特征是否为功能性限定特征

如果一个技术特征能够满足以下的"三步分析法"，则应当被认定为功能性限定特征：①其使用了"装置"（means）、"步骤"（steps）的术语或可以替代上述术语的"一般替代术语"；②上述术语必须明确地受到"功能性语言"（functional language）的修饰；③上述术语不能为实现特定功能的具体结构、材料或操作所修饰，修饰该术语的功能性语言亦不能直接传达出实现该功能的具体结构。

由上述第③步的内容可知，《美国专利审查指南2017》对功能性限定特征的理解与上文所述狭义的功能性限定特征是基本一致的。

（2）对功能性限定特征的相关描述[②]进行审查

首先，若申请人在权利要求中使用了功能性限定特征，则其必须在说明书（或附图）中对功能性限定特征的对应物予以充分披露，使所属领域的一般技术人员能够理解相应功能是如何实现的，否则该功能性限定特征将不能满足美国《专利法》第112条第b款有关专利权保护客体（范围）应当明确的要求，专利局可以驳回其申请。

其次，《美国专利审查指南2017》认为单一功能性权利要求（即只有一个技术特征且该特征为功能性限定特征的权利要求）是违反美国《专利法》第112条第b款的要求的，因为只有"组合的权利要求"可以适用美国《专利法》第112条第f款的规定，故也只有"组合的权利要求"中的功能性限定特征才能被解释为涵盖其对应物及等同物，而单一功能性权利要求不能适用美国《专利法》第112条第f款的规定，其只能被解释为涵盖所有可以实现该功能的具体实施方式，但发明人最多只能披露其已知的具体实施方式而不可能披露所有的具体实施方式，故单一功能性权利要求的保护范围是不明确的，其必然不能满足美国《专利法》第112条第b款的要求。

（3）对功能性限定特征的新颖性进行审查

如果一项功能性限定特征通过了以上审查，则应对其进行新颖性和非

---

① Manual of Patent Examining Procedure 2017, https://www.uspto.gov/web/offices/pac/mpep/.《美国专利审查指南2017》中涉及功能性限定特征的条文主要为第2181条至第2186条。

② 结合美国《专利法》的相关表述来理解，此处的"相关描述"包含了权利要求书、说明书和附图中对功能性限定特征的描述。

显而易见性方面的审查。根据《美国专利审查指南2017》的规定，如果专利审查员发现一项现有技术与功能性限定特征构成等同（即该现有技术与功能性限定特征相比是以实质相同的方式，实现完全相同的功能，产生实质相同的效果），则可以认定该功能性限定特征已经被现有技术公开。申请人有权提出异议，但若申请人最终未能提供证据推翻上述认定等同的结论，则可能导致其专利申请丧失新颖性。申请人也可以通过修改权利要求①"挽救"其专利申请。

2. 美国专利侵权诉讼中的相关规则

在专利侵权诉讼中，经常涉及被诉侵权产品或方法是否落入某专利权保护范围中的问题，如果该专利的权利要求被主张为含有功能性限定特征，则美国法院一般会按照"判断某技术特征是否为功能性限定特征、确定功能性限定特征的保护范围、判断被诉产品或方法是否侵犯专利权"的步骤解决上述问题。②

（1）判断一个技术特征是否为功能性限定特征

美国法院一般适用"两步预设法"或上文所述"三步分析法"来判断一个技术特征是否为功能性限定特征。其中"两步预设法"的判断程序如下。①如果一个技术特征明确使用了"装置"或"步骤"的术语并含有功能性语言，那么该技术特征被预设为属于功能性限定特征。但如果该技术特征进一步揭露了实现其所述功能的具体结构，则上述预设将被推翻。②如果一个技术特征没有使用"装置"或"步骤"的术语，那么该技术特征被预设为不属于功能性限定特征。但如果该技术特征的语言未能充分揭露确定的具体结构或者它只陈述了功能而没有揭露实现该功能所需要的具体结构，则上述预设将被推翻。③ 可以看出，"两步预设法"与"三步分析法"在本质上是相同的，都是将功能性限定特征理解为狭义的功能性限定特征。

（2）确定功能性限定特征的保护范围

美国法院一般认为，若申请人在权利要求中使用了功能性限定特征，则申请人有义务在说明书中明确指定其功能性限定特征的对应物的范围。如果申请人未明确将某种具体结构（或组分、方法等）指定为对应物，那

---

① 修改权利要求的方式包括以下两种：①对功能性限定特征的特定功能进行限制，使现有技术不能实现完全相同的功能；②以现有技术中没有公开的对应物替代该功能性限定特征写入权利要求中。
② 由于《美国专利审查指南2017》中有关功能性限定特征的规定与美国法院对功能性限定特征的态度是基本一致的，故下文仅针对上文未述及或有需要特别指出的问题进行进一步介绍。
③ 《美国专利审查指南2017》第2181条第Ⅰ款。

么即使在所属领域的一般技术人员看来这种具体结构明显能够实现完全相同的功能,该种具体结构仍不能被认定为对应物。① 功能性限定特征的保护范围应严格解释为涵盖申请人所指定的对应物及其等同物。②

(3) 判断被诉产品或方法是否侵犯专利权

在确定功能性限定特征的保护范围后,美国法院将适用一般的专利侵权判断规则(包括全部技术特征原则、等同原则等)来判断被诉产品或方法是否侵犯专利权。具体到功能性限定特征方面,最值得关注的问题是:专利侵权诉讼中,功能性限定特征能否适用等同原则来确定保护范围。由于功能性限定特征的保护范围本身已经涵盖了对应物的等同物,故功能性限定特征能否适用等同原则一直存在理论上的争议。对此,美国联邦上诉巡回法院认为:如果被诉产品或方法中与功能性限定特征之对应物及其等同物"等同"的结构是在专利授权日以后出现的,则法院可以对该功能性限定特征适用等同原则进行分析。③

(二) 欧洲

欧洲大部分国家均为《欧洲专利公约》(EPC)的缔约国,这些国家的国家专利申请均由根据《欧洲专利公约》组建的欧洲专利局(EPO)进行审查,但专利侵权诉讼由各国法院自行审理。

欧洲专利局进行专利审查的主要依据是《欧洲专利公约》和《欧洲专利局审查指南2017》④。其中,《欧洲专利公约》并未对功能性限定特征作出明确规定,《欧洲专利局审查指南2017》亦未集中地对功能性限定特征作出规定,但要求审查员在审查"权利要求的形式和内容""专利新颖性"等问题时一并进行审查。

总的来说,《欧洲专利局审查指南2017》有条件地允许申请人在权利要求中使用"功能性语言"或"效果性语言"对发明进行描述,但亦明确指出,使用功能性语言的条件和使用效果性语言的条件应当得到区分。

---

① 《美国专利审查指南2017》第2181条第Ⅱ款第C项。
② 美国法院判断等同物范围的方法与上文所述判断现有技术与功能性限定特征是否等同的方法基本一致。
③ 尹新天:《专利权的保护》,知识产权出版社,2005,第332~334页。
④ Guidelines for Examination in the European Patent Office 2017, http://documents.epo.org/projects/babylon/eponet.nsf/0/D94333C1A028BC0AC12581C90057921F/$File/guidelines_for_examination_2017_en.《欧洲专利局审查指南2017》中涉及功能性限定特征的主要有第F部分第Ⅳ章第2.1、4.10、6.5条。

1. 使用功能性语言的相关规定

根据《欧洲专利局审查指南 2017》的规定，如果技术人员无须运用创造性技能即能毫无困难地提供实现某特定功能的一些具体实施方式，那么申请人就可以在权利要求中以该功能对某一技术特征进行定义。即使说明书中仅公开了该技术特征的一种具体实施方式，但只要技术人员知晓存在其他可以实现相同功能的手段，那么该技术特征就是被允许的。可以看出，欧洲专利局对这种"以其功能来定义的技术特征"的理解类似于上文所述"仅靠描述其功能或者效果即可直接体现实现该功能或效果之具体结构、组分或方法的技术特征"[①]。

《欧洲专利局审查指南 2017》未明确规定这种技术特征的保护范围，但研究者一般认为其保护范围应涵盖现实中能够实现其所述功能的所有具体实施方式。因为使用这种技术特征的前提条件（即技术人员无须运用创造性技能即能毫无困难地提供实现某特定功能的一些具体实施方式）本身就证明了现实中已经存在通用的、可以有效实现该特定功能的现有技术。因此，这种技术特征实际是对若干现有技术的概括和提炼，其保护范围当然可以涵盖所有能够实现该功能的现有技术。

2. 使用效果性语言的相关规定

根据《欧洲专利局审查指南 2017》的规定，申请人一般不被允许使用其发明整体所能产生或达到的效果（result to be achieved）来定义其权利要求，但如果该发明只能以这种方式来定义，或使用其他能够合理限制权利要求保护范围的方式也无法给出更准确的定义，且这种效果是可以通过所属领域技术人员所公知的或者说明书中已经进行充分说明的实验或操作在不经过度实验的情况下即可直接而明确地验证的，那么这种定义方式可能被允许。[②]

---

① 为方便叙述，以下将"仅靠描述其功能或者效果即可直接体现实现该功能或效果之具体结构、组分或方法的技术特征"简称为"非狭义的功能性限定特征"。

② 比如，在一件与烟灰缸有关的申请中，该烟灰缸的形状和尺寸可以使在其中闷燃的烟头自动熄灭。在保证其效果的同时，该烟灰缸的形状和尺寸可能有多种组合故而难以定义，此时，只要申请人在说明书中进行充分的说明，使技术人员能够通过惯常实验操作确定实现该效果需要的尺寸，且在权利要求中尽可能清晰地说明该烟灰缸的构造和形状，则申请人可以在权利要求中以该烟灰缸想要达到的效果来对其进行定义（此为《欧洲专利局审查指南 2017》举的例子）。需要注意的是，《欧洲专利局审查指南 2017》举该例子可能只是为了说明这种"以其效果来定义的权利要求"也是有可能满足《欧洲专利公约》的权利要求撰写要求的，而非认为这个例子必然符合"新颖性""创造性"等其他专利授权条件（其实在一般人看来，这种烟灰缸所能产生的效果是易于实现的，只要具有一定密封性的烟灰缸都可以产生这种效果）。

针对这种"以其效果来定义的权利要求",《欧洲专利局审查指南 2017》特别声明:"一项专利权的保护范围应当与其技术贡献相一致,这是《欧洲专利公约》第84条所反映的一项一般法律原则。专利权的保护范围不应扩展到所属领域技术人员阅读说明书后仍认为没有公开的客体上。因此,如果一项独立权利要求利用了一项发明整体产生的效果来定义其自身,而'如何产生该效果'又恰是该项发明的核心技术问题,那么该项权利要求应当公开其为产生上述效果所需要的必要技术特征。"

笔者认为,这一声明实质是要求申请人在使用"以其效果来定义的权利要求"时,必须将能够产生所述效果的必要技术特征也写入权利要求中[①],故最终的权利要求实际上既描述了效果又描述了能够产生该效果的具体实施方式(类似于上文所述"既以功能或效果进行表述,又对具体的结构、组分或方法进行披露的技术特征",但这里指的是完整的权利要求而不是技术特征),对效果的描述更多只是对其公开的具体实施方式起到补充说明的作用,对该权利要求的保护范围并无影响。

(三) 日本

日本《专利法》未对功能性限定特征进行专门规定,但日本的司法实践中允许申请人在权利要求中使用"功能和特点"来定义技术特征。而对于如何确定功能性限定特征保护范围的问题,日本法院在1978年和1998年的两个案件中采取了基本相同的解释理念,即认为功能性限定特征的保护范围不应被局限于说明书所公开的具体实施方式,但也不应涵盖能够实现其所述功能的全部实施方式,具体的保护范围应当以所属领域一般技术人员的认知能力为标准。[②] 笔者认为,这种确定功能性限定特征保护范围的方式过于依赖主观判断,缺乏客观标准,是不可取的。

(四)《专利合作条约》

《专利合作条约》未对功能性限定特征进行专门规定,但《PCT 国际

---

① 这一声明实际将"以其效果来定义的权利要求"分成了两类:第一类权利要求中,该发明所能产生的效果即为该发明所要解决的技术问题,这种权利要求必须公开实现所述效果的必要技术特征;第二类权利要求中,该发明所能产生的效果与该发明所要解决的技术问题无关。但由于《欧洲专利公约》第84条明确规定,权利要求应当清楚、简明,故这种与发明所要解决的技术问题无关的语言描述不应被写入权利要求,因此,第二类权利要求显然是不符合《欧洲专利公约》的相关规定的。

② 何玉杰:《功能性权利要求研究》,硕士学位论文,北京化工大学,2013,第16~18页。

检索和初步审查指南 2018》相对集中地对功能性限定特征进行了规定，其涉及功能性限定特征的条文内容与《欧洲专利公约》的相关规定基本一致。《PCT 国际检索和初步审查指南 2018》还特别规定，如果一个权利要求中的技术特征是以其功能或特性来定义而没有详细说明其结构、材料或操作的，该技术特征应被解释为能够实现该特定功能或特性的所有结构、材料或操作。[1]

三 功能性限定特征的解释

（一）功能性限定特征解释规则的一般分类

从上述各国立法例来看，功能性限定特征的解释问题（即如何确定功能性限定特征保护范围的问题）是关键问题，专利审批程序中的新颖性审查、权利要求的"清楚性"审查（即审查功能性限定特征的含义是否清楚）、说明书的"充分公开"审查、专利侵权诉讼中能否适用等同原则等一系列问题，都离不开功能性限定特征的解释问题。实际上，只要确定了功能性限定特征的解释规则，就基本确定了功能性限定特征的保护范围和审查规则。现阶段，各国适用的功能性限定特征解释规则大致上可以划分为以下两种。

1. 宽泛解释规则

宽泛解释规则以《欧洲专利公约》的相关规定为代表，一般按文义解释的方法将功能性限定特征解释为涵盖可以实现特定功能的所有具体实施方式，而不仅限于说明书和附图中公开的具体实施方式，说明书和附图一般只起辅助性或提示性作用。

2. 具体解释规则

具体解释规则（也称严格解释规则）以美国《专利法》的相关规定为代表，一般将功能性限定特征解释为仅涵盖说明书或附图中公开的可以实现特定功能的具体实施方式及其等同实施方式[2]，说明书和附图对功能性限定特征的解释有明显的限制作用。

---

[1] 《PCT 国际检索和初步审查指南 2018》第 Ⅱ 部分第 4.11、5.04、5.25、5.56、5.57 条。
[2] 这里的"可以实现特定功能的具体实施方式及其等同实施方式"与上文所述美国《专利法》中的"对应物及其等同物"的含义是基本一致的。

（二）功能性限定特征解释规则的对比研究

1. 两种解释规则的不同适用客体的厘清

世界范围内专利制度最为健全、先进的欧洲和美国分别对功能性限定特征适用了两种相差甚远的解释规则，不少研究者将大量精力放在了这两种解释规则的对比研究上，力求挑选出更优的解释规则。但许多研究者忽略了一个问题：美国和欧洲对功能性限定特征的理解（包括使用条件、认定标准等）是不同的，因此这两种解释规则的适用客体本身就是不同的。如上文所述，《欧洲专利局审查指南2017》规定的功能性限定特征属于非狭义的功能性限定特征，而美国《专利法》中规定的功能性限定特征则属于狭义的功能性限定特征，两者有明显区别，故在未区分两类适用客体的情况下即对这两种立法例中的解释规则进行优劣对比分析是没有意义的。

2. 两种解释规则与不同适用客体的匹配逻辑

笔者认为，欧洲对非狭义的功能性限定特征适用宽泛解释规则，美国对狭义的功能性限定特征适用具体解释规则，都是合理的选择。

对于非狭义的功能性限定特征而言，由于它实际上是对若干现有技术的概括和提炼，故对使用了非狭义的功能性限定特征的技术方案而言，其创造性并非体现在该非狭义的功能性限定特征本身所体现的具体实施方式上，而在于特定技术问题的提出或非狭义的功能性限定特征与其他技术特征的结合等。故只要申请人能够在说明书中充分、合理地提示可以实现特定功能的若干具体实施方式，使所属领域的一般技术人员可以联想到其他所有能够实现特定功能的公知实施手段，那么即使将非狭义的功能性限定特征的保护范围扩张到涵盖所有能够实现特定功能的具体实施方式（即适用宽泛解释规则），也不会导致专利权的保护范围与其技术贡献产生不平衡或导致公共利益遭受损害。相反，如果把这种功能性限定特征的保护范围限定在说明书所公开的具体实施方式及其等同实施方式（即适用具体解释规则）中，若申请人在说明书中遗漏了某些以不同方式实现特定功能的现有技术，或者日后出现了能够以不同方式实现相同特定功能的技术手段，则该含有功能性限定特征的专利权将形同虚设，对申请人颇为不公，恐会打击申请人申请专利公开技术的热情，与专利法的基本目标相悖。

而对于狭义的功能性限定特征来说，适用具体解释规则却是更加合理的。首先，狭义的功能性限定特征本身并不直接体现能够实现其所述功能的具体实施方式，也就是说所属领域的一般技术人员仅通过阅读权利要求书中与狭义的功能性限定特征有关的描述,是不知如何(运用现有技术)实现其所述功能的。这就说明,申请人在说明书中公开的若干具体实施方式本身分别具有一定的创造性,而狭义的功能性限定特征实质只是对说明书中记载的若干具体实施方式所能实现的功能进行了提炼和概括。由于这种提炼和概括行为本身并没有创造性,也没有作出新的技术贡献,而仅仅是出于便利(或其他原因)才将若干具体实施方式集结起来写进一项权利要求中(作为一项专利进行申请),因此,含有狭义的功能性限定特征的技术方案的最合理保护范围,应当与直接把申请人公开的若干具体实施方式分别(作为结构特征或方法特征)写进权利要求后得到的若干技术方案的保护范围的集合相等,而这正是狭义的功能性限定特征适用具体解释规则后所涵盖的保护范围,换句话说,适用具体解释规则后的狭义的功能性限定特征实质上相当于说明书中公开的具体实施方式的集合。其次,在适用具体解释规则时,原则上申请人在说明书中公开的具体实施方式越多,其专利权的保护范围就越大,故适用具体解释规则还能促使申请人公开更多和更优的具体实施方式,有利于促进发明创造的实施应用。相反,若将狭义的功能性限定特征解释为涵盖所有能够实现其所述功能的具体实施方式,则可能涵盖申请人未公开的(包括将来出现的)具体实施方式,使得该功能性限定特征的保护范围远大于申请人通过公开部分具体实施方式所作出的技术贡献,有损害公共利益之虞。

此外有研究者提出,各国专利法均有类似于"专利权的保护范围以权利要求的内容为准"的规定,但具体解释规则却直接以说明书中的内容确定保护范围,相当于把仅在说明书中记载的内容纳入权利要求中,混淆了权利要求书和说明书的作用,且不利于专利权保护范围的公示。笔者认为,上述意见是对适用具体解释规则来确定功能性限定特征保护范围的逻辑产生了误解。首先,功能性限定特征本身已经写入权利要求,对其适用具体解释规则只是依据说明书对其进行解释,而依据说明书对权利要求中的术语、词句进行解释也是为各国专利法所允许的,并不会混淆权利要求书与说明书的作用。其次,专利文件的公示主要针对的并非普罗大众,而是意欲研究或实施专利技术者,他们对专利文件的研读大多不会止步于权利要求书,否则难以达到其目的。因此,将权利要求书与说明书的作用完全割裂可能只是理论研究的需要,实践中只要法律法规对具体解释规则作出明确、合理的规定,就不会导致专利权保护范围公示不清。

（三）功能性限定特征解释规则的完善设计

虽然欧美立法例为功能性限定特征解释规则的设计提供了有益启示，但其制度设计仍有值得进一步探讨之处，其中最突出的就是具体解释规则所引发的"二次等同"问题，即已经适用具体解释规则确定保护范围的功能性限定特征在专利侵权诉讼中能否再适用等同原则的问题。

一种观点认为，狭义的功能性限定特征在适用具体解释规则时，已经使用"等同物"的概念扩大了保护范围，如果在专利侵权诉讼中再允许其适用等同原则，会使专利权人"二次获利"，这是不合理的，故不应允许已经适用具体解释规则的狭义的功能性限定特征再次适用等同原则。[1] 另一种观点认为，以美国立法例为例，具体解释规则中判断等同物范围的标准（以实质相同的方法，实现完全相同的功能，产生实质相同的效果）与等同原则中判断两个技术特征是否构成等同的标准（以实质相同的方式，实现实质相同的功能，产生实质相同的效果）是有差异的。可以认为，功能性限定特征的"等同技术特征"排除了"等同物"之后的部分，就是与该功能性限定特征"构成等同侵权"的技术特征。因此，允许已经适用具体解释规则的功能性限定特征适用等同原则亦无不妥。[2]

笔者认为，上述两种观点均有不足之处，都未能从根本上解决"二次等同"问题。以美国立法例为例，第一种观点的问题在于，功能性限定特征适用具体解释规则所得到的等同物的范围确实比功能性限定特征适用等同原则后得到的等同技术特征的范围小，如果功能性限定特征在适用具体解释规则后不能再适用等同原则，可能会导致功能性限定特征在专利侵权诉讼中的实际保护范围比一般技术特征小，这是不合理的。而第二种观点则隐含了一个前提：仅对对应物适用等同原则，不对等同物适用等同原则。否则它亦无法逃脱"二次等同"的窠臼。但这种做法人为割裂了具体解释规则为狭义的功能性限定特征确定的保护范围，理论上不够圆融，同时它也向等同原则的司法实践提出了新的考验：在等同技术特征中排除等同物时，如何把握两者之间的界限。

实际上，上述两种观点均未触及引发"二次等同"问题的根本原因：

---

[1] 苏斐：《功能性限定权利要求的相关问题探讨》，硕士学位论文，中国社会科学院，2013，第5页。

[2] 骆俊峰：《论功能性技术特征的解释规则》，硕士学位论文，西南政法大学，2015，第12页。

传统的具体解释规则（以美国立法例为典型）本身存在不合理之处。尹新天教授亦指出，美国立法例是不够理想的，他主张"将美国对采用功能性限定特征的权利要求的相同侵权判断中，原本应当属于等同侵权判断的那一部分划分出去，归入等同侵权的判断"①，实质是主张把狭义的功能性限定特征解释为仅涵盖说明书所公开的对应物本身，将包括等同物在内的其他需要涵盖的具体实施方式交由等同原则来进行保护。

笔者认为，对具体解释规则的这种修正是合理的。美国之所以将功能性限定特征解释为涵盖对应物及其等同物，可能是由于其等同原则发展滞后。美国于1952年修订《专利法》时，法院仍在"整体等同原则"和"全部技术特征等同原则"之间徘徊②，如果不将功能性限定特征解释为涵盖等同物，那么在进行等同侵权判断时或许只能就整体技术方案而不能就功能性限定特征本身适用等同原则进行"方式—功能—效果"的比较，可能导致对功能性限定特征的保护力度不足，故美国《专利法》不得已作此选择。此外，美国立法机关在《专利法》中新增第112条第f款主要是采纳了美国专利律师界的意见③，专利律师为了专利权人的利益而力争把"等同物"明确列入保护范围也可能是影响因素之一。不论过程如何，美国《专利法》将功能性限定特征解释为涵盖等同物，确是引起"二次等同"问题的罪魁祸首。然而时至今日，全部技术特征等同原则已经获得了世界各国的普遍认可，包括我国④，在专利侵权诉讼中对狭义的功能性限定特征单独适用等同原则已无障碍，故将其解释为涵盖"等同物"亦已无必要。从另一个角度来说，狭义的功能性限定特征本质上是对对应物的提

---

① 尹新天：《专利权的保护》，知识产权出版社，2005，第340页。
② "整体等同原则"是指在适用等同原则时，要把被诉侵权产品或方法的技术方案与已授权专利的技术方案分别作为一个整体来进行比较，如果被诉侵权产品或方法在整体上满足"以实质相同的方式，实现实质相同的功能，产生实质相同的效果"的条件，则构成等同侵权；而"全部技术特征等同原则"是指要将等同原则适用于权利要求中的每一个技术特征来进行上述"方式—功能—效果"的比较，只有被诉侵权产品或方法涵盖了已授权专利的每一个技术特征的相同或等同技术特征时才构成等同侵权。直至1997年美国最高法院才最终确认等同侵权的判断应当适用全部技术特征等同原则。
③ 尹新天：《专利权的保护》，知识产权出版社，2005，第325页。
④ 《最高人民法院关于审理侵犯专利权纠纷案件应用法律若干问题的解释》（以下简称《专利侵权纠纷司法解释（一）》）第7条第2款规定："被诉侵权技术方案包含与权利要求记载的全部技术特征相同或者等同的技术特征的，人民法院应当认定其落入专利权的保护范围；被诉侵权技术方案的技术特征与权利要求记载的全部技术特征相比，缺少权利要求记载的1个以上的技术特征，或者有1个以上技术特征不相同也不等同的，人民法院应当认定其没有落入专利权的保护范围。"

炼、概括，直接将其保护范围限定于其对应物是更为合理的，如果一般的结构特征或方法特征能够满足专利审查和侵权对比的要求并得到充分保护，那么作为若干结构特征或方法特征之集合的狭义的功能性限定特征也不应该显示出过多的特殊性。此外，专利审查中"等同物"范围的确定与专利侵权诉讼中等同原则的适用均涉及主观判断的问题，具有较大的不确定性，两者的判断结果容易产生混乱或导致矛盾，还会产生重复劳动的问题。故笔者认为，只要把具体解释规则修正为"狭义的功能性限定特征应解释为仅涵盖说明书或附图中公开的可以实现其所述功能的具体实施方式（而不涵盖等同实施方式）"，并在专利侵权诉讼中严格适用全部技术特征等同原则，就能较好地解决"二次等同"问题。

四 我国功能性限定特征相关制度的重构

（一）我国功能性限定特征相关制度的现状

我国专利审批程序与专利侵权诉讼程序中与功能性限定特征相关的制度分别规定于我国国家知识产权局制定的《专利审查指南》和我国最高人民法院制定的相关司法解释中，但这两套制度存在比较明显的差异和矛盾。

1. 专利审批程序中的相关规则

我国《专利审查指南》明确要求申请人"尽量避免使用功能或者效果特征来限定发明"，但它未对"功能或者效果特征"作出明确定义，只规定了其使用条件，即"只有在某一技术特征无法用结构特征来限定，或者技术特征用结构特征限定不如用功能或效果特征来限定更为恰当，而且该功能或者效果能通过说明书中规定的实验或者操作或者所属技术领域的惯用手段直接和肯定地验证的情况下"，申请人才可能被允许在"产品权利要求"中使用功能性限定特征。同时，《专利审查指南》明确规定以下几种情况功能性限定特征不能被允许，因为它们不能得到说明书的支持：①说明书中记载了若干具体实施方式，但所属领域的技术人员不知如何使用其他替代方式来实现相同功能；②说明书中记载的具体实施方式中有一部分不能解决该专利所要解决的技术问题并达到相同的技术效果；③纯功能性权利要求。此外，《专利审查指南》规定，功能性限定特征应被理解为"覆盖了所有能够实现所述功能的实施方式"。[①]

[①] 《专利审查指南》第 2 部分第 2 章。

由上述规定不难看出，我国《专利审查指南》借鉴了《欧洲专利局审查指南2017》中有关"功能性语言"和"效果性语言"的规定，允许申请人在产品权利要求中使用非狭义的功能性限定特征，且对其适用宽泛解释规则，但未对是否允许申请人使用狭义的功能性限定特征的问题作出明确规定。

2. 专利侵权诉讼中的相关规则

如上文所述，我国《专利侵权纠纷司法解释（二）》第8条第1款对功能性限定特征作出了定义。在解释规则方面，《专利侵权纠纷司法解释（一）》第4条规定，功能性限定特征的保护范围仅涵盖说明书和附图描述的特定功能或效果的具体实施方式及其等同的实施方式。《专利侵权纠纷司法解释（二）》第8条第2款还明确规定了"等同实施方式"的认定规则："与说明书及附图记载的实现前款所称功能或者效果不可缺少的技术特征相比，被诉侵权技术方案的相应技术特征是以基本相同的手段，实现相同的功能，达到相同的效果，且本领域普通技术人员在被诉侵权行为发生时无需经过创造性劳动就能够联想到的，人民法院应当认定该相应技术特征与功能性特征相同或者等同。"

可以看出，上述规定明显借鉴了《美国专利审查指南2017》的相关规定，即允许申请人在权利要求中使用狭义的功能性限定特征，并对其适用具体解释规则。

（二）我国功能性限定特征相关制度的不足

1.《专利审查指南》与相关司法解释的矛盾

从上文可以看出，我国《专利审查指南》和相关司法解释中有关功能性限定特征的规定存在明显的矛盾（对功能性限定特征概念的理解不同，适用的解释规则也不同），这可能导致同一个专利权在审批阶段和诉讼阶段显示出完全不同的评价结果与保护范围，极易引发混淆与混乱，严重影响我国专利法律体系的确定性和权威性。

有不少研究者认为《专利审查指南》与相关司法解释之间的差异是可以调和的。比如，有研究者指出，不同的解释规则在不同程序中可以起不同作用，在专利审批阶段适用宽泛解释规则可以方便审查员以缺乏新颖性等理由驳回使用了功能性限定特征的专利申请，有利于促进申请人减少对功能性限定特征的依赖和使用；而在专利侵权诉讼阶段适用具体解释规则能够限制专利权人的保护范围，防止其取得过大的保护范围而损害公共利益。① 还有研究者指出，由于我国《专利审查指南》明确规定应审查功能性限定特征是否得到说明书支持，而说明书对功能性限定特征的"支持"恰恰体现为其公开了相应的具体实施方式，故虽然《专利审查指南》表面上采取了宽泛解释规则，但其实际保护范围仍仅限于"具体实施方式以及据此可以合理推测出的实施方式"，其宣示的保护范围与适用具体解释规则是基本一致的。②

笔者认为，且不论上述两种观点的论证过程及结论是否合理，其论证的出发点就是存在问题的：未对《专利审查指南》与相关司法解释这两套制度的适用客体进行区分。《专利侵权纠纷司法解释（二）》只允许申请人使用狭义的功能性限定特征，并明确将非狭义的功能性限定特征排除在外；而《专利审查指南》则并不排斥非狭义的功能性限定特征的使用。因此，《专利审查指南》与相关司法解释之间的根本矛盾在于适用客体（即功能性限定特征的类型）的不同，上述两种观点企图对两种解释规则进行统一，是舍本逐末，真正和首先需要统一的，应当是《专利审查指南》与相关司法解释对功能性限定特征这个概念的理解与定义。除此之外，《专利审查指南》与相关司法解释的相关规定本身也有不少疏漏之处需要完善。

2.《专利审查指南》中相关规定的缺陷

（1）使用条件难以判断

《专利审查指南》虽然规定了功能性限定特征的使用条件，但实际上某一技术特征是否无法使用结构特征来限定或者是否使用功能或效果特征来限定更为恰当等问题是侧重于主观判断而非客观论证的问题，《专利审查指南》规定的使用条件难以起到法律规范应有的指引和预测作用，这种使用条件设置是不合理的。

（2）审查标准缺失

《专利审查指南》明确要求审查员对功能性限定特征是否得到说明书支持进行审查，却未规定相应的审查标准和程序，只列举了几种功能性限定特征不能得到说明书支持的情形，缺乏具体性和可操作性，容易引起申请人等利害关系人与审查部门的冲突。

---

① 谢灵尧：《功能性限定权利要求的相关问题与对策研究》，硕士学位论文，湘潭大学，2016，第17页。

② 张旭波、姜妍、肖光庭：《行政审查和司法审理中功能性限定实质内涵的解析》，载国家知识产权局条法司编《专利法研究》，知识产权出版社，2013，第67~73页。

(3) 仅针对"产品权利要求"进行规定

《专利审查指南》仅规定申请人可以在产品权利要求中使用功能性限定特征，未说明是否允许申请人在方法权利要求中使用功能性限定特征，易引发争议。

(4) 有关纯功能性权利要求的规定不够明确

《专利审查指南》以纯功能性权利要求得不到说明书支持为由禁止申请人使用，但其既未对纯功能性权利要求进行定义，亦未明确说明纯功能性权利要求不能得到说明书支持的原因，容易引起疑惑和争议。

3. 司法解释中相关规定的缺陷

(1) 保护范围过于狭隘

《专利侵权纠纷司法解释（二）》仅针对狭义的功能性限定特征进行了规定，未对非狭义的功能性限定特征是否应当保护以及如何确定保护范围等问题进行解释，可能导致部分功能性限定特征保护缺失。

(2) 未能解决"二次等同"问题

《专利侵权纠纷司法解释（一）》第4条规定的解释规则与美国《专利法》的相关规定基本一致，未能解决"二次等同"问题。

（三）我国功能性限定特征相关制度的完善

1.《专利审查指南》与相关司法解释之间矛盾的和解

要彻底解决我国《专利审查指南》与相关司法解释之间的矛盾，须从根本处着手，首先要求两者对功能性限定特征作出明确的、相同的定义和分类并适用相同的解释规则。接下来的问题是我国应允许申请人使用何种功能性限定特征。

笔者认为，适用宽泛解释规则的非狭义的功能性限定特征可以看作以功能性语言对现有技术特征作出的一种概括；而适用改良的具体解释规则的狭义的功能性限定特征则是对说明书所公开的具体实施方式的概括，其本质是若干结构特征或方法特征的集合。这两种概括方式均具有合理性和效率性，均应被允许使用。我国应对这两种功能性限定特征的定义、解释规则、审查程序等问题作出明确的规定。具体而言，笔者建议将《专利审查指南》和有关司法解释中涉及功能性限定特征的定义、使用条件以及解释规则的相关规定修改如下。

功能性限定特征，是指产品或方法权利要求中未直接披露结构、组分、步骤、条件或其之间的关系等，仅通过其在发明创造中所起的功能或者效果进行限定的技术特征。其中，本领域普通技术人员仅通过阅读权利要求即可直接、明确地确定能够实现上述功能或者效果的若干具体实施方式的，属于非狭义的功能性限定特征，其应被理解为涵盖了所有能够实现所述功能或效果的具体实施方式；而本领域普通技术人员仅通过阅读权利要求未能直接、明确地确定能够实现上述功能或者效果的具体实施方式，须通过阅读说明书才能确定能够实现上述功能或者效果的具体实施方式的，属于狭义的功能性限定特征，其应被理解为仅涵盖说明书中充分公开的能够实现所述功能或效果的具体实施方式。

2.《专利审查指南》中相关规定的完善

除了根据上文建议明确规定功能性限定特征的定义、分类和解释规则外，笔者建议对《专利审查指南》中涉及功能性限定特征的相关规定作出如下修改。

（1）强化申请人的说明义务

功能性语言具有多样性（同一功能有多种描述方法），且功能性限定特征的撰写方式无格式、无定式，导致功能性限定特征较难识别与认定。笔者认为，可以借鉴美国立法例，要求申请人对功能性限定特征作出更加详尽的说明。因此，笔者建议在《专利审查指南》中增加以下规定。

申请人应当在说明书中明确说明其权利要求中的哪一部分使用了何种功能性限定特征。若申请人没有进行此项说明或其说明不够清楚，审查员可以"说明书未对发明创造作出清楚、完整的说明"为由驳回其申请。

若申请人主张其在权利要求中使用了狭义的功能性限定特征，则申请人应当在说明书中明确指明该功能性限定特征所涵盖的具体实施方式。该功能性限定特征只能解释为涵盖申请人明确指明的具体实施方式。

（2）明确审查标准

如上文所述，我国《专利审查指南》对功能性限定特征能否得到说明书支持的审查标准并不明确，笔者建议将《专利审查指南》中的相关内容修改如下。

审查员应当审查功能性限定特征是否得到说明书的支持。对于非狭义的功能性限定特征，若所属领域的技术人员在阅读权利要求书和说明书后能够发现，存在一种或几种可以实现该功能性限定特征所述功能但不能解决该发明创造所要解决的技术问题并达到相同技术效果的具体实施方式的，则该非狭义的功能性限定特征不能得到说明书的支持。对于狭义的功能性限定特征，若申请人在说明书或附图中对具体实施方式的说明不足以使所属领域的技术人员理解并重现该技术特征和技术方案，或者申请人公开的一种或几种具体实施方式不能实现该功能性限定特征所述功能并解决相应技术问题且达到相同技术效果的，则该狭义的功能性限定特征不能得到说明书的支持。

（3）对纯功能性权利要求进行说明

纯功能性权利要求指仅由功能性限定特征组成的权利要求。由于非狭义的功能性限定特征本质上是对现有技术的概括，故仅由一个非狭义的功能性限定特征组成的纯功能性权利要求是不能被允许的，因为其必然不具有新颖性。但是，并非仅由一个非狭义的功能性限定特征组成的纯功能性权利要求仍存在满足专利权要求的可能性，只要对其中的功能性限定特征分别适用相应的解释规则，即可明确、合理地限定其保护范围。故笔者建议将我国《专利审查指南》中涉及纯功能性权利要求的部分修改如下。纯功能性权利要求是指仅由功能性限定特征组成的权利要求。申请人可以使用纯功能性权利要求，但不得使用仅由一个非狭义的功能性限定特征组成的纯功能性权利要求。纯功能性权利要求的保护范围根据功能性限定特征的一般规则进行确定。

3. 司法解释中相关规定的完善

上文已经提及，应对相关司法解释中有关功能性限定特征的定义、分类以及解释规则的规定进行修改。除此之外，由于改良后的具体解释规则已经摆脱了等同实施方式（等同物）的桎梏，故《专利侵权纠纷司法解释（二）》第8条第2款有关等同实施方式（等同物）之认定规则的规定已无存在必要，笔者建议将该款规定整体删除，以彻底解决"二次等同"问题，今后仅依照《专利侵权纠纷司法解释（一）》第7条第2款中有关全部技术特征等同原则的规定以及《最高人民法院关于审理专利纠纷案件适用法律问题的若干规定》第17条第2款[①]中有关"等同特征"判断规则的规定来判断被控侵权技术方案与使用了功能性限定特征的技术方案是否相同或等同即可。

---

① 《最高人民法院关于审理专利纠纷案件适用法律问题的若干规定》第17条第2款规定："等同特征，是指与所记载的技术特征以基本相同的手段，实现基本相同的功能，达到基本相同的效果，并且本领域普通技术人员在被诉侵权行为发生时无需经过创造性劳动就能够联想到的特征。"

结 语

功能性限定特征作为一种可以为专利申请人撰写权利要求书带来便利的新兴概念，逐渐受到越来越多专利申请人的青睐。目前我国的功能性限定特征相关制度仍有不少缺陷，导致部分在权利要求中使用了功能性限定特征的专利权的保护范围不明确或不合理，相关审批程序、诉讼规则等亦存在明显的疏漏。上述问题应当引起重视，相关部门需要对功能性限定特征的相关制度进行完善，使其能够更好地为我国的科技进步、经济发展和社会建设发挥积极作用。

Research on Functional Limitation of Patent Protection

Abstract: In general, the claims shall apply structural or methodological languages to describe the elements in a patent. However, some kinds of elements are not able or appropriate to be described in structural and methodological languages, and there goes means-plus-function claims, which are defined, or partly defined by functional languages. But means-plus-function claims always trigger academic debates, for they are so unlike the traditional ones'. Nowadays, the academic study of means-plus-function claims is weak in China. This paper attempts to make full-scale scientific research on means-plus-function claims, on the basis of corresponding theoretical results and judicial practice at home and abroad.

Keywords: Means-plus-function; Functional Attributes; Claims; Protection Range; Construction Rule

禁止反悔原则在专利侵权诉讼中的适用

吕达松[*]

摘　要：禁止反悔原则是专利侵权诉讼中的一项重要原则，因为其既利于明确专利权保护范围，也限制了等同原则的滥用。美国经过长期的司法实践，确定了禁止反悔原则相对完善的适用规范，中国也进行了司法探索，且理论界对"完全排除规则"与"弹性排除规则"进行了探讨。我国在司法实践中，明确了禁止反悔原则的适用情形，但适用情形应扩张，且该原则的适用在诸多方面存在误区。为完善该原则在专利侵权诉讼中的适用，立法者应完善法律规范，法院统一适用排除规则，专利局更有效公开专利档案。

关键词：禁止反悔原则　等同原则　可专利性　弹性排除规则

禁止反悔原则（prosecution history estoppel）的词源为古法语中的 Estoupail[①]，被英美法系借鉴，逐渐发展为英美法系中的允诺禁反言原则（the doctrine of promissory estoppel）[②]。专利法领域内广义的禁止反悔原则包含专利审查历史的禁止反悔原则、专利权转让人的禁止反悔原则、专利被许可人的禁止反悔原则。[③] 狭义的禁止反悔原则仅指审查历史的禁止反悔原则，即在侵权诉讼阶段，权利人不得出尔反尔，申请或无效阶段放弃的权利内容不允许再受到保护。因为专利权的转让、专利的许可在我国由《合同法》中的相关条文进行规制，运行情况相对良好，将其纳入专利法的禁止反悔中立法成本高而预期收益较低，所以下文中所称的禁止反悔为审查历史的禁止反悔。

1992 年，美国联邦巡回上诉法院在"奥克曼公司诉查得斯"一案

---

[*] 吕达松，浙江京衡律师事务所专职律师。
[①] 于颖：《专利侵权诉讼中的禁止反悔原则》，硕士学位论文，大连理工大学，2009，第 2 页。
[②] 李慧：《禁止反悔原则在药品专利侵权判定适用中的研究》，硕士学位论文，华东政法大学，2015，第 2 页。
[③] 郑成思：《知识产权论》，法律出版社，2001，第 79~82 页。

(以下简称"奥克曼案")① 中将禁止反悔原则定义为：专利权人通过声明、作为、不作为或者在有义务说明时保持沉默等行为使被控侵权人有理由认为，权利人的专利权保护范围不包含自己的技术方案，事后不得反悔，否则会侵害被控侵权人的利益。

日本专利法中的禁止反悔原则的适用极其严格，从属于等同原则而且一旦适用基本直接排除等同保护。日本最高法院通过"无限折动用滚珠花键轴承"一案对禁止反悔原则的定义是：专利权人在申请过程中缩小了保护范围，禁止反悔原则要求专利权人之后不得将排除的权利内容再进行专利保护，因为专利权人是自发地或者推定自发地作出权利放弃的意思表示的，不得在诉讼中提出违背前述自主意思的主张。②

我国《专利法》中没有提及该项原则，现有的主要法律渊源为最高人民法院在 2009 年发布的《最高人民法院关于审理侵犯专利权纠纷案件应用法律若干问题的解释》（以下简称为《专利侵权司法解释（一）》）的规定，不过该规定较为简略与概括。在 2010 年到 2016 年期间，最高人民法院在和知识产权有关的年报中公布了多个与禁止反悔原则有关的典型案例，河北省、四川省、上海市等地的法院以及最高人民法院在专利纠纷中运用该原则的频率增加，但是缺乏明确的操作标准，各地对该原则的理解不一，在尺度的把握上存在明显差异。其中，北京高级人民法院在其 2017 年颁布施行的《专利侵权判定指南（2017）》中对该原则的规定更为详细，适用标准更具有可操作性，但其实质上与《专利侵权司法解释（一）》中规定的适用范围存在差异。本文将从禁止反悔原则在中美两国的演进、在我国专利侵权诉讼中的实践、实践中的不足、完善路径四个方面进行阐述，试图为专利侵权诉讼中禁止反悔原则的适用提供有利的参考。

一 禁止反悔原则的发展

禁止反悔原则的界定相对清晰明了，但现有的一些具体评判标准是经过长期的实践而得出的，近 20 多年，相关操作规则逐渐成熟，且理论界对于"完全排除规则"以及"弹性排除规则"的探讨也逐渐分明。

---

① A. C. Aukerman Company v. Chides Construction, 960 F. 2d 1020（Fed. Cir. 1992）.
② 张晓都：《美国与日本专利侵权诉讼中的禁止反悔原则》，《中国专利与发明》2008 年第 4 期。

(一) 美国禁止反悔原则的历史沿革

美国的禁止反悔原则从一开始的可专利性推定规则,到 FESTO 案前期的严格排除等同适用的规则,直到最后确定了相对灵活的适用规则,这个过程经历了多个经典的诉讼。

1. 可专利性推定规则

1997 年,在"华纳杰克逊公司诉希尔顿戴维斯化工有限公司"一案[①](以下简称"Warner 案")中,被上诉人希尔顿公司是"746 专利"的权利人。被上诉人在专利申请程序中增加了"pH 值在 6~9"(pH levels between 6.0 and 9.0)的限定。地区法院认为"可专利性"的修改才符合禁止反悔原则的适用条件,而被上诉人的修改不是为了避开现有技术从而得到授权,不符合"可专利性",判决上诉人侵权并对其颁布了永久性禁令,而且联邦巡回上诉法院支持了该判决。

美国最高法院则确定了可专利性推定规则,即将禁止反悔原则置于等同原则下进行考虑;法庭需要查明申请程序中通过修改而新增的技术特征的理由是什么,如果是为了区分现有技术从而能获得授权,禁止反悔原则将阻止修改后的权利要求进行等同保护;专利权人负担修改的理由的举证责任,无法举证则推定是以区分现有技术而增加技术特征。因为原审判决没有明确修改权利要求的限定理由,美国最高法院判决发回重审。

2. FESTO 案的分析

2002 年的"德国 FESTO 公司诉日本 SMC 公司"[②] 一案(以下简称"FESTO 案"),是一场耗时 17 年的马拉松式的诉讼。2000 年 12 月 29 日,美国联邦巡回上诉法院作出了判决,确立了完全排除(Complete Bar)规则:为适应专利法要求对权利要求进行限缩的所有修改都归入适用该原则的适用范围,无论申请人是为克服专利审查员的审查意见而加入限制性技术特征或自愿作出限制性修改,都包含在禁止反悔原则的规制范围内;专利审查档案无法表明修改权利要求的原因,那么在专利侵权纠纷时就推定其为限制性修改,禁止反悔原则阻止其进行等同适用,即为"沉默导致禁止反悔"。较之于美国最高法院在 Warner 案确立的法院审查修改原因的规

---

① Warner Jerkinson, Company v. Hilton Davis Chemical, Co. 520 U. S. 17, 137 L. Ed. 2d 146 (1997).

② Festo, Corp. v. Shoketsu Kinzoku Kogyo Kabushiki, Co. 535 U. S. 722, 152 L. Ed. 2d 944 (2002).

则以及可专利性推定规则更为严格,专利权人基本无法在修改理由上进行抗辩。

联邦巡回上诉法院最终判决 SMC 公司的产品不侵权。FESTO 公司不服并上诉,美国最高法院发出调卷令进行复查。因联邦巡回上诉法院确立的严苛规则遭到了专利界、学术界以及产业界的强烈反对,美国最高法院撤销了联邦巡回上诉法院的判决并发回重审,确定了相对灵活的规则。美国最高法院认为专利权人在申请过程中所作的修改会产生一个介于原权利要求与修改后的权利要求之间的广泛的领域,该未表达出来的领域内可能包含多种技术方案,法院推定权利人放弃了该领域内的所有技术方案。但美国最高法院认为该推定是可以被推翻的,并描述了在三种情况下专利权人的限制性修改依旧可以适用等同原则:第一,专利权人能证明被控产品的技术方案在作出限制性修改时是无法预见的,简称为"不可预见性标准";第二,限制性修改依据的原理与被控侵权产品中的等同技术方案依据的原理不同,国内翻译为"切线例外标准";第三,专利权人在作出修改时,若该领域普通技术人员无法将被控等同特征描述性地包含进修改后的权利要求中,即当时无法在专利文件中描述该等同特征,国内翻译为"无合理期待标准"。但是平心而论,这三个标准十分抽象,美国最高法院至今也没有针对档案禁止反悔原则再出判例,没有具体的指导性例子,只是给了一个较为宏观的指导方向。

3. 美国禁止反悔原则的最新发展

2013 年 11 月 4 日,联邦第九巡回上诉法院对"综合技术公司、内华达综合技术公司诉鲁道夫技术股份有限公司、水手募集公司"一案[①]作出了判决,从该判决的描述中可知,联邦巡回上诉法院对美国最高法院判例指导下的禁止反悔原则的理解还是存在一定的偏差。首先,联邦法院坚持"可专利性",禁止反悔原则仅仅适用于避开现有技术的修改,最高法院则认为应该适用于权利人作出的一切修改。其次,联邦法院认为最高法院确定的三种例外情形是排除禁止反悔原则的适用,而最高法院认为三种例外情形是通过禁止反悔确定后的技术特征不排除等同原则的适用。还有,该判决认为一项修改是为了避开包含争议等同特征的现有技术时,不得用切线例外标准,若等同物不包含在现有技术之中,则等同技术特征必定与该

---

① Intecrated Technolocy Corporation and Nevada Integrated Technology, Corporation v. Rudolph Technologies, Inc. and Mariner Acquisition Company, Llc., 734 F. 3d 1352(2013).

修改相切，即修改没有排除该等同特征，而且应该关注专利权人进行限制性修改的主观外在理由，该理由需从审查历史档案的记录里识别。虽然完善了切线例外标准的司法适用条件，但只是确定了现有技术包含等同特征时不得用切线例外标准，并将举证范围限制在审查档案记录，还是过于空泛。

(二) 我国禁止反悔原则的司法探索

美国确定的禁止反悔原则适用规则虽然还有瑕疵，但已经相对完善。而我国专利制度起步较晚，对于禁止反悔原则的研究相对滞后，而且现行《专利法》中没有规定该原则，只在司法解释及地方法院的规定中有所体现。

1. 最高人民法院的司法解释及指导案例

2007年1月19日，《专利法（第三次修改草案）》第 A9 条①中增加了禁止反悔原则，是该原则离法律"正名"最近的一次，但最后没有出现在正式的法律中，令人遗憾。

2010年1月1日，《专利侵权司法解释（一）》正式施行，禁止反悔原则正式在全国的专利侵权诉讼的判定中发挥作用。最高人民法院为完善该原则的适用标准，在《最高人民法院知识产权案件年度报告 (2010)》②中，"专利民事案件审判"第5点③是关于午时公司与奥诺公司之间的发明专利纠纷④，第6点⑤是关于优他公司与万高公司之间的发明专利纠纷⑥，两个案例均适用了该原则。

在午时公司与奥诺公司之间的发明专利纠纷一案中，权利人将原独立

---

① 2007年《专利法（第三次修改草案）》第 A9 条：专利权人在专利审查或者无效宣告请求审查程序中，为使其专利申请或者专利符合本法规定的授予专利权的条件，通过书面方式作出的对专利保护范围有限制作用的修改或者意见陈述，对专利权人有约束作用，在专利侵权纠纷的审理或者处理过程中不得反悔。
② 奚晓明主编《最高人民法院知识产权审判案例指导》（第3辑），中国法制出版社，2011，第11~15页。
③ "为克服权利要求不能得到说明书的支持的缺陷而修改权利要求可导致禁止反悔原则的适用"，申请再审人湖北午时药业股份有限公司与被申请人奥诺（中国）制药有限公司，原审被告王军社侵犯发明专利权纠纷案。
④ 最高人民法院 (2009) 民申字第20号民事判决书。
⑤ "专利权人在授权确权程序中的意见陈述可导致禁止反悔原则的适用"，申请再审人江苏万高药业有限公司与被申请人成都优他制药有限责任公司，原审被告四川科伦医药贸易有限公司侵犯发明专利权纠纷案。
⑥ 最高人民法院 (2010) 民提字第158号民事判决书。

权利要求的"可溶性钙剂"改为了"活性钙"。审查意见认为权利要求书中的"可溶性钙剂"是一个包含多种可溶解钙质的上位概念，不过该专利在说明书中用以支持权利要求的配制药物配方只有"葡萄糖酸钙"和"活性钙"，导致权利要求主张的技术方案无法得到说明书的支持。为获得授权，专利申请人修改独立权利要求后保留了"活性钙"一种物质。最高人民法院的再审判决认为专利权人申请公开文本对于可溶性钙剂的说明包含了活性钙与葡萄糖酸钙，申请公开文本中活性钙与葡萄糖酸钙的实施例是并列的，且专利权人修改时的意见陈述并未说明活性钙包含了葡萄糖酸钙，所以活性钙不包含葡萄糖酸钙。除此以外，根据禁止反悔原则，申请人在授权程序中修改放弃的方案不应在诉讼中再获得不当保护。因此，本案中"葡萄糖酸钙"的技术方案已被放弃，不得再以等同特征获得保护。

该案再审判决认定了"修改权利要求使权利要求得到说明书支持"属于禁止反悔的情形。根据《专利法》26条第3、4款①的规定，说明书支持可以看作授予专利的必要条件。但该再审判决最大的遗憾是未直接说明修改或意见陈述的"可专利性"是否作为禁止反悔原则的衡量标准，即没有定性"为得到说明书支持的修改"是否属于"对授权有实质性影响的修改"，而直接判定修改时放弃了涉案技术方案。除此以外，该再审判决直接认定奥诺公司放弃了"葡萄糖酸钙"的技术方案，对修改后的权利要求是否能适用等同原则这一问题避而不谈。所以该判决虽然突出了禁止反悔原则的适用，但对两个关键问题进行了回避。

优他公司诉万高公司一案的判决从解决禁止反悔原则具体适用细节上而言更具指导意义。优他公司是一项药品发明专利②的权利人，根据审查档案，优他公司的意见陈述③认为其权利要求的技术方案具有新颖性且未被公开，与《中华人民共和国药典》中的提取物不等同。最高人民法院判决认定专利权人放弃了《中华人民共和国药典》中的提取方法，适用禁止反悔原则，判定不构成侵权，并通过比对认为被控侵权产品与引证专利权

---

① 《专利法》第26条第3、4款："说明书应当对发明或者实用新型作出清楚、完整的说明，以所属技术领域的技术人员能够实现为准；必要的时候，应当有附图。摘要应当简要说明发明或者实用新型的技术要点。""权利要求书应当以说明书为依据，清楚、简要地限定要求专利保护的范围。"
② 该专利为"藏药独一味软胶囊制剂及其制备方法"（专利号为200410031071.4）。
③ 权利人意见陈述为："说明书所述独一味提取物的四种制备方法加以限定"以及"本发明所述独一味提取物的四种制备方法为发明人进行了大量的工艺筛选和验证试验后最终确定的工艺步骤，现有技术中并没有公开，由此得到的本发明中所述的独一味提取物与现有技术如《中华人民共和国药典》（2000年版，一部）中的独一味提取物并不等同"。

利要求1中的部分特征构成等同，但产品中与《中华人民共和国药典》相同的提取工艺则不构成等同。最高院的判决中对于专利权人意见陈述的理解虽然可待商榷，但传递出的信息表明意见陈述限制过的技术特征依旧可以用等同特征解释到合理的保护范围，且最高院未论述权利人的意见陈述是否为了维持专利权有效，即"可专利性"不再是修改和意见陈述适用禁止反悔原则的衡量标准。但遗憾的是，该指导性判例依旧没有指出禁止反悔原则与等同原则的关系。

2. 现行地方法院的规定

相较于最高人民法院的指导案例，地方法院的规定更具操作性。江苏省高级人民法院在其发布的《侵犯专利权纠纷案件审理指南（2010）》（以下简称《审理指南（2010）》）中规定了禁止反悔原则①。单从该条的规定来看，江苏高院对于禁止反悔原则的内容、适用情形直接照搬了《专利侵权司法解释（一）》第6条的规定，并无创新点。不过从该条第2款的规定来看，江苏高院认为禁止反悔原则需被告提出作为抗辩的理由，并由被告提供相应的证据，在程序上对《专利侵权司法解释（一）》第6条作出了补充。从《审理指南（2010）》第三部分的内容排序来看，第3.2.2.2部分②规定了等同原则，与禁止反悔原则的规定并列，可以推断江苏高院倾向于认为该原则具有独立性。

北京为全国专利案件最为集中的区域，北京市高级人民法院在2017年4月20日施行了《专利侵权判定指南（2017）》（以下简称《判定指南

---

① 江苏省高级人民法院《侵犯专利权纠纷案件审理指南（2010）》："在专利授权或者无效宣告程序中，专利申请人、专利权人主动或者应审查员的要求对权利要求、说明书进行修改或者陈述而放弃的技术方案，权利人在专利侵权诉讼中主张专利权的保护范围包括该放弃的技术方案的，人民法院不予支持。"
"被告主张原告禁止反悔的，应当提交专利权人在专利授权或者无效宣告程序中对权利要求进行修改或者陈述的证据。"
② 江苏省高级人民法院《侵犯专利权纠纷案件审理指南（2010）》第3.2.2.2部分："权利人主张专利权保护范围包括等同的技术特征所界定的范围的，人民法院应当以该等同的技术特征确定专利权的保护范围。非因当事人主张，人民法院一般不主动适用等同原则。"
"等同的技术特征，是指与权利要求记载的技术特征相比，以基本相同的手段，实现基本相同的功能，达到基本相同的效果，并且本领域普通技术人员在侵权行为发生时无需创造性劳动即可联想到的特征。"
"等同判定是对技术特征之间是否以基本相同的手段，实现基本相同的功能，达到基本相同的效果的判定，而不是对整个技术方案的判定。"
"本领域普通技术人员，是指一种假设的'人'，假定其知晓所属领域所有的普通技术知识，其所掌握的专业知识水平不能等同于本领域技术专家的专业知识水平。"

（2017）》），详尽地规范了禁止反悔原则。《判定指南（2017）》相较于《专利侵权司法解释（一）》第6条新增了以下四点。

①根据第61条第1款①的规定，只有在技术特征进行等同侵权判定时，被诉侵权人才能以禁止反悔原则进行抗辩，而且第61条排序在《判定指南（2017）》第二大部分"发明、实用新型专利权的侵权判定"中的第（三）部分"等同侵权"中。所以，北京高院认为禁止反悔原则只能作为等同原则的抗辩事由并只能由被告提出，两者为从属关系。

②根据第62条②的规定，对于以"可专利性"为目标的修改或限制性陈述才能适用禁止反悔原则，如果专利权人无法说明修改专利文件的原因，推定是为了"可专利性"进行修改或意见陈述，可专利性是适用禁止反悔原则的前提。

③根据第63条③的规定，专利权人所作的限缩性修改或者陈述必须是明示的，记录在专利历史审查文件之中；如果专利权人能证明所作的限缩性修改或者陈述被否定，可以视为未对技术方案进行放弃。可以看出，北京高院实质上缩小了司法解释中禁止反悔原则的适用范围。

④根据第64条④的规定，北京高院认为禁止反悔原则只能由被控侵权人提出并且由被控侵权人提供相应的证据，即法院是不能主动适用与调查的。而且法院明确禁止反悔的内容后，对专利权的保护范围的确定还有较大的自由裁量权。

---

① 《专利侵权判定指南（2017）》第61条第1款："被诉侵权技术方案中的技术特征与权利要求中的技术特征是否等同进行判断时，被诉侵权人可以专利权人对该等同特征已经放弃、应当禁止其反悔为由进行抗辩。"

② 《专利侵权判定指南（2017）》第62条："专利申请人或专利权人限制或者部分放弃的保护范围，应当是基于克服缺乏新颖性或创造性、缺少必要技术特征和权利要求得不到说明书的支持以及说明书未充分公开等不能获得授权的实质性缺陷的需要。"
"权利人不能说明专利申请人或专利权人修改专利文件原因的，可以推定其修改是为克服不能获得授权的实质性缺陷。"

③ 《专利侵权判定指南（2017）》第63条："专利申请人或专利权人对权利要求保护范围所作的限缩性修改或者陈述必须是明示的，而且已经被记录在书面陈述、专利审查档案、生效的法律文书中。"
"权利人能够证明专利申请人、专利权人在专利授权确权程序中对权利要求书、说明书及附图的限缩性修改或者陈述被明确否定，应当认定该修改或者陈述未导致技术方案的放弃。"

④ 《专利侵权判定指南（2017）》第64条："禁止反悔的适用以被诉侵权人提出请求为前提，并由被诉侵权人提供专利申请人或专利权人反悔的相应证据。"
"在已经取得记载有专利申请人或专利权人反悔的证据的情况下，可以根据业已查明的事实，通过适用禁止反悔对权利要求的保护范围予以必要的限制，合理确定专利权的保护范围。"

综上，江苏高院的规定只增加了由当事人提出这一限制性条件。北京高院的《判定指南（2017）》则更为详尽，针对该原则与等同原则的关系、禁止反悔情形的衡量标准、修改与意见陈述的表现形式、法院能否主动适用等常见问题给出了自己的解决方案。虽然《判定指南（2017）》中的一些规定与本文的观点相左，但北京高院敢为人先并积累司法经验，对于全国性的禁止反悔原则的适用规则的确立是有益的。

（三）"弹性排除说"与"完全排除说"的辨析

在理论界与实务界，禁止反悔原则能在多大程度上排除等同原则一直存在争论，即"完全排除说"与"弹性排除说"之争。

"完全排除说"是指权利人在申请程序或无效程序中对某项权利要求进行了修改，修改后的技术特征由于禁止反悔原则的存在完全排除了等同原则的适用。[①]"完全排除"的典型为 FESTO 案联邦巡回上诉法院在 2000 年 12 月 29 日作出的判决，将"可专利性"作为适用禁止反悔原则的前提，适用该原则后的技术特征将不再适用等同保护。日本的专利法亦采取了完全排除的理念。在日本专利法中，等同原则被称为均等论，日本最高法院对于均等论的适用采取了极为严格的限制，需不存在从意识上进行排除的情况。[②] 由于日本专利法对等同原则的严格适用，在日本的专利侵权诉讼中不能通过等同原则随意扩大保护范围，只要存在有意识的排除（禁止反悔的情形），专利权人就不能作等同解释，否则视为对申请时意思表示的违反。日本通过禁止反悔原则限制等同原则时，并不考虑修改的原因是否满足"可专利性"、权利人缩小保护范围的主观意图以及缩小保护范围的原理等因素，只是一刀切地认为只要适用了该原则就必定排除了等同保护。相较于中国与美国，日本的禁止反悔原则对于权利人而言更为严苛。"完全排除"规则的特点在于确定性以及可预测性，公众可以自由地采取修改前后保护范围空隙中的技术方案，较为宽松地改进专利而不用担心落入专利的保护范围，但同时也极大地缩小了专利权人的保护范围。

"弹性排除"的含义为修改后的权利要求适用禁止反悔原则后并不必然排除等同原则的适用，需要根据修改的原因、修改的原理等不同个案情况考虑是否对修改后的技术特征适用等同原则扩大保护范围。从我国最高

[①] 丁锦希、姚雪芳：《"完全排除"还是"弹性排除"——从一则药品专利侵权案谈禁止反悔原则的法律适用》，《电子知识产权》2009 年第 4 期，第 70~73 页。

[②] 李龙：《日本知识产权法律制度》，知识产权出版社，2012，第 96~98 页。

人民法院的《专利侵权司法解释（一）》中无法看出其是否偏向于"弹性排除"，但在"沈其衡诉盛懋公司专利侵权案"① 中曾出现适用禁止反悔原则后依旧可以适用等同原则的情况。北京高院一向坚持"弹性排除"规则，即适用禁止反悔原则后，依旧可以将修改后的权利特征解释到合理的保护范围。相较于"完全排除"规则，"弹性排除"无疑对专利权人的保护范围更宽一些，更有利于保护权利人的利益，使其修改后的权利要求的保护范围不局限于字面，但对于社会公众而言更难判断改进的技术方案是否落入专利，也对司法机关准确界定专利权的保护范围提出了更高要求。

二 禁止反悔原则在专利侵权诉讼中的实践

在我国专利侵权诉讼的实践中，禁止反悔原则的适用情形、禁止反悔原则与等同原则的关系、"可专利性"的适用现状以及法官主动适用禁止反悔原则的现状等都是常见情况，在司法审判中也未完全统一标准。

（一）禁止反悔原则的适用情形

在我国，最高人民法院在司法解释中明确规定该原则的适用情形是专利申请或无效程序中专利申请人对权利要求或说明书主动作出的修改以及意见陈述。

公告授予专利权之前，针对专利的修改与意见陈述主要是审查员与专利权人的互动。促进发明创造是专利法的基本目的之一，专利审查员经过检索比较发现申请文件中有权利要求保护范围过宽、保护对象不明确、发明创造内容不清楚等问题之后，会给予申请人修改的机会。为了获取专利权，专利申请人如果认为审查员的意见合理，一般情况下会参照审查员的意见对专利文件进行修改。或者当审查员对专利申请文件的缺陷提出针对性意见时，申请人通常会通过意见陈述进行解释，可能会引起对专利申请文件的修改，但也可能只有意见陈述。只要是专利权人的真实意思表示，对专利文件都有解释的作用，当然适用禁止反悔原则。

专利被确定进入授权公告期，表明专利审查员已经认可该专利，但社会公众若认为该专利无新颖性或者无创造性，就可以提起无效宣告程序，

---

① 最高人民法院（2009）民申字第239号民事判决书。该判决认为："人民法院可以根据业已查明的事实，通过禁止反悔原则对等同范围予以必要的限制，合理确定专利权的保护范围。"

例如我国《专利法》第 45 条①规定任何单位或者个人都可以请求专利复审委员会宣告特定专利无效。为了使专利有效，权利人会以意见陈述的方式解释权利要求中的技术方案以及区别不同组合的对比文件，该类意见陈述本质上是为了突出自身专利的新颖性和创造性，可能会对专利申请文件产生解释以及限制作用。无效程序中权利人为了避免专利无效，也会进行修改，可以放弃或者限缩权利要求的保护范围，例如我国《专利审查指南（2017）》第 4 部分第 3 章②的当事人处置原则规定专利权人可以主动缩小修改范围且专利复审委员会接受，视为承认无效宣告请求人的请求。除此以外，美国的"奥克曼案"中提到，声明、作为、不作为或者在有义务说明时保持沉默等行为都可以适用禁止反悔原则，即禁止反悔原则的适用情形不只明面记载的修改与意见陈述。

因为无效宣告程序可以在公告授权之后任何时候提出，例如我国《专利法》第 45 条关于无效宣告的规定，所以会出现侵权诉讼在前而无效宣告中的意见陈述在后的情形。该类情形依旧可以适用禁止反悔原则，是因为专利的保护范围不只影响单个相对人或者个别专利侵权诉讼，还影响到专利权人与社会公众的利益平衡。由于专利权的无效是自始无效，所以专利权人无论以什么原因在授权后的无效程序内放弃的权利也是自始无效。因此，禁止反悔原则的适用情形包括权利人作出意见陈述与修改的时间在被控侵权人作出相应行为之后的情形。

不过，国家知识产权局在专利授权程序与无效宣告程序中发出的审查意见通知书、无效宣告请求审查通知书、无效宣告审查决定书等可以作为解释权利要求内容的依据，但因为这些文件或者意见不是专利权人自发的意思表示，不存在"反悔"的前提，所以不适用禁止反悔原则。最为典型的例子为中誉公司与九鹰公司一案③，中誉公司是名称为"一种舵机"的实用新型专利的独占许可人，九鹰公司是被控侵权人。专利侵权诉讼启动

---

① 《中华人民共和国专利法》第 45 条："自国务院专利行政部门公告授予专利权之日起，任何单位或者个人认为该专利权的授予不符合本法有关规定的，可以请求专利复审委员会宣告该专利权无效。"

② 《专利审查指南（2017）》第 4 部分第 3 章无效宣告请求的审查第 2 项审查原则第 3 款："在无效宣告程序中，专利权人针对请求人提出的无效宣告请求主动缩小专利权保护范围且相应的修改文本已被专利复审委员会接受的，视为专利权人承认大于该保护范围的权利要求自始不符合专利法及其实施细则的有关规定，并且承认请求人对该权利要求的无效宣告请求，从而免去请求人对宣告该权利要求无效这一主张的举证责任。"

③ 中誉电子（上海）有限公司与上海九鹰电子科技有限公司侵犯实用新型专利权纠纷一案，最高人民法院民事判决书，（2011）民提字第 306 号。

后，九鹰公司提出专利无效宣告申请，专利复审委员会在审查决定中认为独立权利要求 1 与从属权利要求 2、4、5、6 无效，只剩从属权利要求 3 有效。上海市高级人民法院二审认为权利要求 3 中的技术特征属于为了维持专利权有效而增加的技术特征，适用禁止反悔原则。但最高人民法院认为中誉公司没有通过修改或意见陈述主动放弃权利保护范围，不得适用禁止反悔原则。

（二）禁止反悔原则与等同原则的关系

等同原则（Doctrine of Equivalents）是专利法的基本原则，针对的是侵权人通过替代或改劣的方式使产品避免构成字面侵权[1]，相较于全面覆盖原则，法官的自由裁量空间更大。在司法实践中，禁止反悔原则适用频率最高的情景往往是：专利权人提出被控侵权产品构成等同侵权，而被控侵权人提出禁止反悔原则的抗辩，力求将保护范围限定在权利要求的字面含义上。以此而论，禁止反悔原则的重要功能就是限制等同原则的适用并且可以限制法官在等同原则判定上的自由裁量权。因此许多人认为禁止反悔原则从属于等同原则，主要理由是：相同侵权成立的情况下无须使用禁止反悔原则，只有等同侵权的情况下才需使用禁止反悔原则。

（三）"可专利性"的适用现状

从北京高院《判定指南（2017）》第 61 条可以看出，司法实践中部分法院参考了美国"Warner 案"中的"可专利性标准"，认为满足"可专利性"的修改才能适用禁止反悔原则，而且适用禁止反悔原则后就不能适用等同原则，即专利权人作出的修改和陈述需要先判断是不是为了获得专利授权而限缩了自己的保护范围，若是才能适用禁止反悔原则。而优他公司诉万高公司一案的判决中，最高人民法院又没有将"可专利性"作为适用该原则的前提条件，且不同层级的法院对"可专利性"规则的理解存在差异。

（四）法院主动适用禁止反悔原则的现状

我国对法院是否能够主动适用的规定比较混乱，没有一个统一的标准。2009 年 8 月 18 日，最高人民法院在"沈其衡诉盛懋公司专利侵权

---

[1] 姜一春：《知识产权法学》，科学出版社，2008，第 179 页。

案"① 的判决书中认为法院可以主动适用禁止反悔原则。而北京高院《判定指南（2017）》第64条的规定却认为禁止反悔原则的适用需以被诉侵权人提出请求为前提，将其作为一种抗辩权，即反对法院主动适用禁止反悔原则。在美国专利法中，禁止反悔原则与专利权无效、不正当行为、专利权滥用、懈怠与禁止反悔、附带禁止反悔、科学实验与先用权都属于未侵犯专利权的抗辩理由。也就是说在美国如果受到专利侵权控告，专利权人可以用禁止反悔作出辩解，不支持法院主动适用。

三 禁止反悔原则在实践中适用的不足

（一）禁止反悔原则应独立于等同原则

我国司法实践中认为禁止反悔原则从属于等同原则，不过笔者认为两者虽有紧密联系但互相独立。

第一，在判断是否专利侵权时，两个原则的适用阶段不同。因为在专利侵权判断的逻辑上应该是先借助禁止反悔原则确定专利权的保护范围，即结合专利审查历史文件与权利要求、说明书、附图确定专利权的保护范围，将专利权人已经承诺放弃或者限缩的权利剔除出权利要求的保护范围。在涉嫌侵权产品与专利文件进行对比之后，在一个或多个技术特征无法构成完全等同却极其近似的情况下，才会适用等同原则。

第二，两个原则对于现有技术、一般技术人员、创造性联想等概念的认知存在时间差。禁止反悔原则针对的技术方案多发生在专利申请阶段，而在专利侵权诉讼中适用等同原则的时间与禁止反悔情形产生的时间可能存在最多长达20年的时间差，不同领域的"一般技术人员""创造性联想"的内涵会发生较大的变化，甚至等同原则的法律概念也会产生变化。例如申请人在专利申请阶段的意见陈述中增加了限制性的权利特征A，当时的技术背景下还未出现技术方案B，但到侵权诉讼发生时，增加权利特征A后的权利要求已经与技术方案B构成等同。虽然从结果上看限制了

---

① 最高人民法院民事判决书，（2009）民申字第239号。相关判决原文为："对禁止反悔原则的引入和运用是对我们在专利侵权案件的认定中的适用等同侵权的限制，其目的是寻求一种利益的平衡，是为了更好的保护专利的使用和管理，即专利权人与社会公众之间的利益平衡，因此，在处理专利侵权案件时不应对人民法院对禁止反悔原则的主动适用予以限制，通过适用禁止反悔原则已达到对等同范围的必要的限制，最终得以以合理的方式确定专利权的保护范围，维护专利权人和其他相关权利人的合法权益。"

等同原则，但申请人限缩保护范围时无法预见后续技术的发展，两个原则之间很难说存在必然的逻辑关系。

（二）可专利性规则的适用误区分析

我国司法实践中，部分法院将"可专利性"用于判断是否适用禁止反悔原则，即为了专利授权的修改或意见陈述才能适用该原则，这其实陷入了误区。

从适用时间顺序上，禁止反悔原则中的"可专利性"判断不应是在确定专利权保护范围阶段适用。从上文所述可知，明确专利权保护范围是其重要作用，所以无论专利申请人在审查阶段或者无效阶段作了何种修改与陈述，根据保护公众的目的以及禁反言的规则都应该作用于权利要求的保护范围。满足"可专利性"的修改只是其中一种类型，"可专利性"在判定禁止反悔原则是否完全排除等同原则适用时发挥参考作用。在此阶段适用"可专利性"是不符合基本的法律逻辑的，也违背了禁止反悔原则设立的初衷。

从适用功能上，"可专利性"主要是判断修改后的权利特征是否能适用等同原则。因为如果修改或意见陈述被证明不是由于"可专利性"而作出，在排除了字面上且明显放弃的技术方案后，修改后的权利特征往往是可以适用等同原则的。若修改或意见陈述是由于"可专利性"而作出，那么从美国最高法院的判决以及国内司法实践的判决中可以看出，修改后的权利特征适用禁止反悔原则后往往被推定或者认定不能通过等同扩大保护范围。

"可专利性"不宜作为禁止反悔原则适用阶段的判断标准，那么美国最高法院在FESTO案确立的所有类型的修改（无论是主动还是被动作出，只要是自主意思表示）都要适用禁止反悔原则是否可以作为参考呢？

所有类型的修改与意见陈述都适用禁止反悔原则的最明显好处就是具有极强的司法操作性。无论作出修改的原因如何以及修改的内容是否为了避开现有技术，只要前后文本不一致或者专利申请人的自主陈述对权利要求存在解释就一律适用禁止反悔原则，通过文本对比将字面上放弃的技术方案排除到权利要求保护范围之外，操作性强且节约司法资源。严格禁止反悔适用标准的不足之处在于：一刀切的方法虽然简单易操作，但是也会出现由于非可归责于专利权人的原因作出了修改，或者在修改或意见陈述中出现了明显的书写或者其他错误的情况，由于这些原因适用禁止反悔原则导致权利要求保护范围变小，对于权利人而言是不公平的。

但严格适用禁止反悔原则不必然排除等同原则的适用。实践中也存在由于非可归责于权利人的原因作出了修改或者明显的文意错误等问题，所以，严格的适用标准可推定所有的修改与意见陈述均出于权利人的真实意思表示，除非权利人能举出相反的证据推翻这一假设。而且，因为权利人可以证明"可专利性"不是其作出修改的原因，即使是基于"可专利性"进行修改，也可以通过证明被控侵权产品的技术方案属于FESTO案中确立的三种例外，使其专利依旧获得等同保护。

（三）禁止反悔原则应扩张适用

严格的禁止反悔原则除了推定适用一切修改内容以外，还有一层意思在于适用一切修改形式。美国最高法院在1992年"奥克曼案"中确认了专利权人通过声明、作为、不作为或者在有义务说明时保持沉默等形式均可以适用禁止反悔原则，而我国最高人民法院颁布的《专利侵权司法解释（一）》则只规定了修改与意见陈述两种形式，虽然北京高院《判定指南（2017）》中追求的明示且书面记录的规则更注重权利人和社会公众的利益平衡以及书面审查历史的稳定效力，但是在侵权诉讼与无效宣告程序同时进行时，与作为社会公众的被控侵权人的利益直接相关且更为急切，权利人在无效口审中的陈述亦是其真实意思表示，而且在口审中为了突出专利的创新性会对权利要求作出更详细的描述，若权利人在口审程序中为了占据上风或者避免权利无效主动缩小权利要求的保护范围，为何不能适用该口头陈述呢？

虽然该类"口头陈述"是在被控侵权人在制造、销售、许诺销售、使用涉嫌侵权产品之后，不是专利权人在先作出的承诺，但是专利权的特点在于放弃的权利可以追溯至专利权授予时发生效力。就如专利权被宣告无效是因为其不符合授予专利权的实质性条件，无效宣告可以追溯至专利权授予时发生效力，视为专利权自始不应当被授予[①]。同理，专利权人通过口头陈述放弃的权利内容或者对权利要求内容的限缩性解释也能够追溯至专利权授予之日。具体理由如下。

第一，更符合设立禁止反悔原则的初衷。在实践中，专利权人可能会在无效口审中表达书面意见陈述以外的观点。这些观点也许不是无效程序中的争议焦点，但能起到对权利内容进行解释的功能，而且专利无效口审

---

① 尹新天：《中国专利法详解》，知识产权出版社，2012，第374页。

中的书面记录较为简练，不像诉讼庭审那样事无巨细均记载在案。因此一味坚持书面规则可能会遗漏一些具有解释、限制或者其他功能的口头陈述。虽然口头陈述不像书面意见陈述明确记录在案，但无效口审有同步录音录像，可以进行核对。除此以外，权利人的口头陈述与其提交的书面意见陈述都是用以说明其专利具有独创性与新颖性，都是为了说服专利审查员维持其专利有效。况且，无效宣告程序是辨明专利权是否具有新颖性和创造性的专业行政程序，专利权人在无效口审程序中作出的口头陈述对专利权起到相应的解释与限定作用，应视为对社会公众作出了承诺，根据诚实信用原则不得反悔。

第二，更为及时。若口头陈述必须通过专利无效决定书固定为书面形式才能生效的话，会增加大量等待时间。且不论口头陈述被遗漏的可能性，即使所有与权利要求保护范围有关的口头陈述均被记载在案，从口审到作出无效审查决定还需3～5个月甚至更久的时间。若将口头陈述作为禁止反悔的情形，可以及时确定权利要求的保护范围。

第三，我国现行司法解释已经明确无效程序中的口头陈述具有解释功能。《最高人民法院关于审理侵犯专利权纠纷案件应用法律若干问题的解释（二）》第6条①明确规定专利审查档案可以用以解释涉案专利的权利要求，而且其中的"口头审理记录"属于审查档案。虽然该司法解释没有明确表明无效程序中的口头陈述属于禁止反悔的情形，但也从侧面给予了其解释权利要求的功能。既然口头陈述能够解释权利要求，其作为禁止反悔原则的适用情形亦无不可。

（四）法院应主动适用禁止反悔原则

法院能否主动适用该原则在理论界与实务界也未达成一致观点。例如，因为无效口审决定未作出以前，除利害关系人以外，社会公众是不能申请调取相关资料的，那么法院能否主动去调取相关专利审查历史档案用以解释涉案专利权利要求呢？

首先，从禁止反悔本身的功能来看，其主要作用之一在于确定专利权

---

① 《最高人民法院关于审理侵犯专利权纠纷案件应用法律若干问题的解释（二）》第6条："人民法院可以运用与涉案专利存在分案申请关系的其他专利及其专利审查档案、生效的专利授权确权裁判文书解释涉案专利的权利要求。专利审查档案，包括专利审查、复审、无效程序中专利申请人或者专利权人提交的书面材料，国务院专利行政部门及其专利复审委员会制作的审查意见通知书、会晤记录、口头审理记录、生效的专利复审请求审查决定书和专利权无效宣告请求审查决定书等。"

的保护范围。专利权的保护范围的确定是攸关公众利益的,不仅仅是案件被诉侵权人的抗辩权而已。

其次,禁止反悔原则独立于等同原则,其不仅仅可针对等同保护用以抗辩,也可用于确定权利要求的保护范围①,并且如何解释权利要求的保护范围是法院在审判之初就需要确认的问题。而且,法院与专利局之间公对公调取专利档案更为便捷,且法院运用审查档案解释专利权更为公正。因为被控侵权人总是倾向于将专利权的保护范围限定在字面上,而专利权人总是偏向于通过等同原则将专利权的保护范围扩大化解释,而法庭在中立的位置上更容易公平、公正地判断。

最后,若禁止反悔原则只能作为抗辩权适用,则被诉侵权人必须在一审中提出适用禁止反悔原则,否则在二审中就无法适用该原则。而且大量专利侵权诉讼会引发相应的专利无效程序,且在无效程序中专利权人可能会作出不利于侵权诉讼的意见陈述,若民事侵权一审未中止而进行了判决并禁止被诉侵权人在二审中提出禁止反悔抗辩是不合理的。除此以外,在一审中同时进行的无效宣告程序尚未审结的话,只有无效宣告当事人可以请求复制和查阅②,若专利侵权诉讼的被控侵权人不是无效宣告当事人的话,法院进行公对公的调取更为便利。③

四 完善禁止反悔原则的建议

由于我国禁止反悔原则在侵权诉讼中的应用还存在诸多问题,应从完善法律规范、确定统一的排除规则、更有效地公开专利审查档案以及增加该原则适用情形等方面进行完善。

(一) 制定和完善禁止反悔原则适用的法律规范

禁止反悔原则作为解释权利要求保护范围、限制等同原则适用以及解

---

① 张耕:《知识产权民事诉讼研究》,法律出版社,2004,第522页。
② 《专利审查指南(2017)》第五部分第四章:"专利局、专利复审委员会对尚未审结的复审和无效案卷负有保密责任。对于复审和无效宣告程序中的文件,查阅和复制请求人仅限于该案当事人。"
③ 《专利审查指南(2017)》第五部分第四章:"对于处在复审程序、无效宣告程序之中尚未结案的专利申请案卷,因特殊情况需要查阅和复制的,经有关方面同意后,参照上述第(1)和(2)项的有关规定查阅和复制专利申请案卷中进入当前审查程序以前的内容。"

决专利纠纷的重要规则，却没有在《专利法》中得到明确的规定。虽然《专利侵权司法解释（一）》第6条提到了禁止反悔原则，但未明确说明其确定权利要求保护范围的作用，也没有说明其与等同原则之间的关系。而且从北京高院、四川高院、上海高院等地方法院的规定与判决来看，各地法官对禁止反悔原则的理解不同，适用标准不同，例如上海高院在中誉公司诉九鹰公司一案中认为专利无效决定认定无效的部分适用禁止反悔原则，北京高院在《判定指南（2017）》中认为满足可专利性的修改或意见陈述才能适用该原则。禁止反悔原则没有在立法上明确规定，各地经济发展水平以及法官素养不一，对禁止反悔原则与等同原则的关系理解存在差别。因此，我国应在《专利法》中增加禁止反悔原则的规定。

立法者可以选择在现行《专利法》第59条第1款①中增加禁止反悔原则方面的规定，表明禁止反悔原则在确定专利权保护范围方面的作用。法律对禁止反悔原则的规定应该相对简略，规定对权利人在申请过程或无效程序中通过修改、意见陈述等方式放弃的技术方案或对权利要求作出的解释，在专利侵权诉讼中不得反悔。禁止反悔原则更为详细的适用规范应在司法解释中体现。

该原则在立法中明确以后，专利审查历史中及无效程序中形成的录音录像、书面文件都成了确定权利要求保护范围的重要依据。因为无论是修改、意见陈述等形式都会记载在审查历史档案中，虽然字面上的作用是用于解释与限制权利要求与说明书，但实际功能与权利要求一致，这就突破了我国《专利法》第59条的规定，即解释权利要求的方式不仅仅局限于说明书与附图，专利审查档案也成为解释与限制权利要求的权威性文件。虽然这一突破在最高人民法院《专利侵权司法解释（一）》第3条②中已经有所体现，但为了法律总体的协调，专利历史审查档案对权利要求的解释作用也应与禁止反悔原则一并规定在《专利法》中。

当立法上有了概括性的规定后，作为相对灵活能动的司法解释就应根据国家创新能力以及专利制度的发展情况制定详细的禁止反悔原则的应用规则。通过分析各国关于该原则的发展历史与成熟经验，并结合我国现

---

① 《中华人民共和国专利法》第59条第1款："发明或者实用新型专利权的保护范围以其权利要求的内容为准，说明书及附图可以用于解释权利要求的内容。"
② 《最高人民法院关于审理侵犯专利权纠纷案件应用法律若干问题的解释》第3条："人民法院对于权利要求，可以运用说明书及附图、权利要求书中的相关权利要求、专利审查档案进行解释。说明书对权利要求用语有特别界定的，从其特别界定。"

状，最高人民法院的司法解释中应明确以下几个适用标准。

第一，应明确规定专利权人在申请过程或无效程序中作出的修改、任何形式的陈述等均可适用禁止反悔原则，不得在专利侵权诉讼中作出相反的陈述。这也能够反向激励专利申请人在申请前尽最大努力保证原始的权利要求保护范围适当，尽量减少与专利审查员之间的讨价还价，节约专利审查机构的人力、物力资源。

第二，"可专利性"不作为适用禁止反悔原则的条件，而是作为适用该原则后推定排除等同原则适用的判断标准。若专利权人能证明他的修改或陈述不属于授予专利权和维持专利有效的必要条件，例如文字错误、审查员失误等，则法院可判定适用禁止反悔原则后的权利要求可以适用等同原则。

第三，法院虽然推定适用禁止反悔原则的技术特征不能用等同原则扩大保护范围，但借鉴美国最高法院的做法可以规定一些例外情形，即"不可预见性标准""切线例外标准""无合理期待标准"。在具体制定司法解释时可结合我国现状进行增减，可用"等"字作为兜底。

第四，法院有义务提醒被控侵权人专利审查档案可以解释权利要求的保护范围，提醒后不作相应抗辩视为被控侵权人放弃用审查历史档案解释权利要求的保护范围。因为要求法院主动适用禁止反悔原则对于法官而言过于严苛，并且增加了他们的工作量。在我国现行司法环境下，可以采取折中的办法：举证期间内，法院在被告提交的答辩证据中未发现专利审查档案且被告未提出适用禁止反悔原则的答辩，应提示被告可以进行专利审查档案比对从而明确权利人已经放弃的技术方案。若被告依旧不提出，则视为被告放弃适用禁止反悔原则。虽然从法理逻辑上看，这一项措施在专利权保护范围的确定上依旧存在问题，但这是现行司法环境下较为可行的方案。

（二）知识产权案例指导制度下适用统一的排除规则

弹性排除规则与完全排除规则的抉择是司法实践中必须面对的问题，也与专利权保护力度和社会公众利益的平衡密切相关。禁止反悔的限制性修改往往发生在申请阶段，等同原则的适用发生在侵权阶段，会出现申请阶段"无法预见的"等同技术方案，这也是FESTO案确定的三种例外情形之一。国内的实务界也支持建立预见性禁止反悔原则，通过禁止反悔不允许将作出修改时可预见性的技术方案纳入保护范围内，言下之意允许将不可预见的技术方案通过等同原则保护。美国最高法院确定的弹性排除规则最大限度地平衡了公众和专利权人之间的利益，而且具备了一定的实务操作性，对维持权利稳定以及促进经济发展具有积极的作用。我国应该借鉴他国的有益经验，在大方向上采取弹性排除规则，但是在具体的例外情形上却要考虑更多的因素。

因为专利制度本质上属于政策性法律制度，除了利益平衡与可操作性外还需考虑各个产业的发展状况。过弱的专利保护力度会导致与国际保护水平脱轨且国内专利侵权泛滥，影响企业创新从而影响生产力；过强的专利保护力度虽然使技术受到更有力的保护，但若国内技术发展水平不高并且国内企业使用国外技术更为频繁，则会导致付给国外企业的必要专利费用上升，直接造成国内供给曲线的上移和市场均衡价格的上升。①

弹性排除规则要实现根据行业"对症下药"，需要依仗我国最高人民法院正在推行建立的知识产权案例指导制度。② 应该在各个行业的相关案件中，明确三种基本例外情形的具体适用规则，并且根据一些行业的特殊发展情况，灵活调整保护力度，依据案例指导制度形成相对稳定的效力。

（三）专利审查档案更有效地公开

正如前文所述，在《专利法》中增加禁止反悔原则必定要提升专利审查档案的法律地位，需重新订立明确权利要求保护范围的新方法。而且从司法实践的发展趋势来看，自从2009年《专利侵权司法解释（一）》第6条规定了禁止反悔原则，专利审查档案实质上与说明书、附图一样可以解释权利要求，甚至能够限制权利要求的保护范围。而且专利制度的本质在于披露，以披露换取一段时间的排他性权利是专利制度设立的目的之一。因此，专利审查档案的公开方式应该与权利要求、说明书与附图相同。

《专利审查指南（2017）》第五部分第四章规定任何人都可查阅和复

---

① 贺京同、万志华：《知识产权保护力度与经济发展关系研究》，《经济与管理》2007年第11期。
② 《中国知识产权司法保护纲要（2016－2020）》，相关内容为："最高人民法院发布的知识产权指导性案例、公报案例、最高人民法院知识产权审判庭发布的典型案例、'最高人民法院知识产权案例指导研究（北京）基地'发布的案例以及最高人民法院司法案例研究院发布的知识产权典型案例要形成科学合理的案例群，明确各自案例的遴选机制、效力层级、发布主体和发布方式。构建指导性案例和参考性案例并存的案例体系，实现各种案例严格规范生成和不断编纂更新替代的互动机制。"

制申请案卷，原则上可以查阅已经审结的复审和无效宣告的案件。① 但是现在网上可便捷查询的专利文件只有摘要、权利要求、说明书以及附图，专利审查档案中只有审查意见通知书以及无效决定能在网上查询。权利人的意见陈述书与无效宣告程序中的其他材料只能向知识产权局申请，不能向专利协作中心、专利代办处申请，并且耗时较久，即使是网上可查询的部分也没有知识产权局的证明效力，若要以证明方式出具专利复制文件还是需要向知识产权局申请，严重制约了专利审查档案与禁止反悔原则在实践中的适用。主动公开能为禁止反悔原则的适用提供制度上的便利条件，而且上网公开所有审查档案在技术上已不是障碍，例如最高人民法院在2014年就提出裁判文书上网②，3年内已经基本实现，将意见陈述书以及非保密的无效宣告程序上网是完全可行的。对于正在进行的无效宣告程序，由于专利审查员对未审结的复审和无效案卷负有保密责任③，可以设置专门的身份验证程序，法院对审查档案的调取可以采用电子文档与电子签章，节省邮寄时间。

等同原则在专利侵权诉讼中能够更好地保护专利权人的权利，但也在一定程度上破坏了专利权保护范围的稳定性，对专利的披露功能存在一定的影响。公众对于专利权保护范围的合理预期不精确，对社会公众规避专利技术以及对新技术的研发都存在一定的威胁。专利审查档案的公开，可以使社会公众较为准确地知悉权利人已经放弃或不能等同的技术方案，最大限度地减少公众利用专利制度时面临的侵权威胁，最大效率地配置社会资源。

（四）增加禁止反悔原则适用的情形

如前文所述，因为对"可专利性"适用阶段的误解，早期的美国最高法院以及现在的北京高院，都认为适用禁止反悔原则后就无法适用等同原则，随意适用会导致权利人的利益得不到有效保护，因此严格限制禁止反

---

① 《专利审查指南（2017）》第五部分第四章："（2）任何人均可向专利局请求查阅和复制公布后的发明专利申请案卷和授权后的实用新型和外观设计专利申请案卷。""（3）对于已经审结的复审案件和无效宣告案件的案卷，原则上可以查阅和复制。"

② 周凯、宗魏、徐砼：《让司法"阳光"更灿烂》，《人民法院报》2014年3月12日，第2版。

③ 《专利审查指南（2017）》第五部分第四章："专利局、专利复审委员会对尚未审结的复审和无效案卷负有保密责任。对于复审和无效宣告程序中的文件，查阅和复制仅限于该案当事人。"

悔原则的适用情形。这种限制既体现在形式上，例如需书面记载且明示的修改以及意见陈述，也体现在实质条件上，即满足对授予或维持专利权有实质性影响的修改与陈述才能适用禁止反悔原则。但是如前文所述，"可专利性"的适用阶段在适用禁止反悔原则之后适用等同原则之前，所以这种对禁止反悔原则在形式与实质上的限定就没有合理性了。而且根据诚实信用原则，专利权人在申请阶段以及无效阶段作出的一切表述，无论该表述是什么形式，也无论是否会产生限缩权利要求保护范围的作用，在专利侵权诉讼中均禁止权利人作出与在先表述相反的意思表示。

因此，禁止反悔原则在适用上除了现有的修改与意见陈述，可以增加专利无效口审中权利人的口头陈述与专利审查过程中审查员明确定性且权利人默认等情形。权利人的口头陈述在前文中已经有详细论证，可以直接增加至司法解释中作为禁止反悔的明确情形之一。但权利人默认的情形要在现行司法实践中得到承认，跨步较大且存在一定难度。因为口头陈述虽然未记载在书面档案中，但能在同步录音录像或者后续的专利无效决定书中得到印证，且属于明示的表示方式。默认属于默示情形，即使专利权人通过沉默变相承认审查员的观点从而获取专利权，可是因为缺乏明确的外在意思表示形式，难以将专利权人的默示行为纳入禁止反悔原则中。

Research on the Principle of Prosecution History Estoppel in Patent Infringement Litigation

Abstract: The principle of prosecution of estoppel is an important judging rule in a patent infringement, because it not only defines the scope of patent rights protection, but also restrict the abuse of doctrine of equivalents. The United States has established a relatively applicable specification for the estoppel after long-term judicial practice. China has also conducted judicial exploration, and 'the Complete Bar' and 'the Flexible Bar' have been discussed in the theoretical study. In the judicial practice of China, the estoppel had been clarified the applicable situation, but it is necessary to add the applicable situation. What's more, the application of the estoppel has many misunderstandings in many aspects. For improving the application of the estoppel in patent infringement litigation, legislators should improve the legal norms, and the courts uniformly apply the exclusion rules, as well as the patent offices more effectively disclose patent files.

Keywords: Prosecution History of Estoppel; Doctrine of Equivalents; Patentability; Flexible Bar Rule

制度探微：自贸区知识产权制度创新

自由贸易区临时过境货物知识产权行政保护研究*

张 耕 陈 瑜**

摘 要：自贸区便利的地理条件和贸易政策使其成为国际货物运输的中转地。对自贸区临时过境货物的知识产权行政执法涉及出口国、过境国、目的国以及相关各方的利益，我国理论界就是否应对自贸区临时过境货物进行知识产权行政执法有两种不同的观点。相关国际公约并未对过境货物知识产权执法进行强制性规定，欧盟将有足够的证据表明过境货物将会进入欧盟市场流通作为其采取边境措施的前提条件。我国自贸区应在维护国家利益的前提下，坚持过境货物的知识产权保护和促进贸易自由兼顾以及行政有限介入原则，根据过境货物在出口国、过境国、目的国的不同知识产权权利状态进行灵活处理。

关键词：自由贸易区 临时过境 知识产权 行政保护

一 自贸区临时过境货物概况

一般而言，自贸区通常设立在交通便利的港口或者水陆空基础设施发达、运输转换便捷的城市，其目的在于利用优越的地理条件，为国际贸易提供便利，服务于促进贸易自由之目标。例如，重庆自由贸易试验区就涵盖两江片区（含重庆两路寸滩保税港区）、西永片区（含重庆西永综合保税区、重庆铁路保税物流中心）和果园港片区，这些区域都位于航运、铁路运输的核心地带，体现了重庆自由贸易区打造国际物流枢纽和口岸高地，服务于"一带一路"建设和促进长江经济带发展的重要战略目标。[①]

---

* 本文系重庆市知识产权局委托项目"自由贸易区知识产权行政保护研究"的阶段性成果。

** 张耕，法学博士，西南政法大学民商法学院教授、博士生导师；陈瑜，法学博士，西南政法大学人工智能法学院讲师。

① 2018年初，长江经济带与"丝绸之路经济带"的最后一公里被彻底打通，在重庆果园港上岸的货物无须中转，只要装上中欧（重庆）班列，就可以直达德国杜伊斯堡。

就此而言，自贸区很可能成为国际货物运输的中转地，从而产生货物临时过境问题。

货物临时过境的含义，不同的国际公约、不同的国家法律规定有所不同。① 总体而言，过境货物有广义和狭义之分。《自由过境公约和规约》②采取了最广义的界定方式，第1条将"过境运输"定义为：人员、行李和货物及船舶、客货车辆和其他运输工具，如经过一缔约方的主权或权威下领土的一段路程，无论有无转船、仓储、卸货或改变运输方式，仅为起点和终点均不在运输所经过的缔约方领土的全部路程的一部分，则应被视为经过缔约方领土过境。《关税及贸易总协定》（GATT）第5条第1款"过境运输"的定义与其保持了一致。《关于简化和协调海关制度的国际公约（修正案议定书）》（《京都公约》）规定：过境是指货物在海关控制下从一国/区海关运输到另一国/区海关的过程，其运营指海关过境下从货物发出海关到目的地海关的货物运输，即一国提供运输通道便利而货物不进入该国境内市场流通的现象。这一定义强调了"过境运输"的实质是不进入过境国市场流通。我国《海关法》第100条规定：过境、转运和通运货物，是指由境外启运、通过中国境内继续运往境外的货物。其中，通过境内陆路运输的，称过境货物；在境内设立海关的地点换装运输工具，而不通过境内陆路运输的，称转运货物；由船舶、航空器载运进境并由原装运输工具载运出境的，称通运货物。因此，其所指的过境货物仅仅指狭义上的由境外启运，换装或不换装运输工具后继续通过我国境内陆路运输的货物。

虽然我国《海关法》将过境限制在陆路过境的情况，但由于自贸区便利的运输条件和完善的物流体系，他国启运的货物并非仅仅限于从陆路出境，海运、空运出境货物涉及的知识产权依然面临海关监管与执法的问题，其与陆路运输过境的货物并无本质不同。此外，过境可分为直接过境和间接过境两种。前者指外国/区货物只是经过一国/区关境，在海关监督下，从一个港口运输到另一个港口再输往他国/区的行为，或在同一港口内从这艘船装到另一艘船后离开关境的行为，其性质是纯粹的转运。后者

---

① 涉及货物临时过境的国际公约有《自由过境公约和规约》《内陆国家过境贸易公约》《协调统一货物边境管制国际公约》《关于货物实行国际转运或过境运输的海关公约》《联合国国际货物多式联运公约》《关税及贸易总协定》《关于简化和协调海关制度的国际公约》等。

② 《自由过境公约和规约》又称《巴塞罗那公约》，由国际联盟（第一次世界大战后成立的国际组织）于1921年制定，主旨在于加强国际社会的交往和经贸合作，保障交通和自由过境权利。

指关外货物运到关境内后,先存放在海关保税仓库或法律允许的其他仓储地,无任何加工等活动,然后又从这些仓储地提出,再运出关境的行为,涉及自贸区内的运输、仓储等。① 纯粹转运的货物过境时间短,而涉及仓储、加工的货物过境时间长,为知识产权侵权行为提供了时间和空间,事实上,很多侵权人正是利用了过境货物仓储、加工的机会,从事知识产权侵权活动。假冒产品一旦进入自贸区,就会进行一系列的经济运营,如装配、制造、加工、仓储、再包装、重贴标签以及进一步转运等。这些行为一旦完成,货物就可以直接进口到自贸区东道国境内或者再出口到他国一个自贸区重复进行上述类似活动。② 这也是诸如国际商会、经济合作与发展组织等国际组织深感忧虑并着重规制的,尤其应该成为过境运输中知识产权执法的重点监管对象。因此,本文所称的临时过境货物,采纳《自由过境公约和规约》与《关税及贸易总协定》中最广义的界定方法,将起点和终点在我国境外,途经我国自贸区,无论是否转换交通工具、无论经由何种运输方式、无论中途是否仓储加工的情况均纳入临时过境货物的范畴。

二 自贸区临时过境货物知识产权保护的价值冲突与立场选择

知识产权保护同自由贸易在一定条件下存在着对立统一的关系。③ 贸易自由与知识产权保护之间的冲突并非不可调和。兼顾贸易自由与知识产权保护需要对二者的关系进行综合权衡。

(一) 过境货物知识产权执法的价值冲突与利益博弈

1. 自贸区贸易自由与知识产权保护的冲突

自由贸易区的产生发展有着深刻的政治、经济和历史的原因。各国基于保护民族产业的需要会对国外的竞争性产业设置一定的贸易壁垒,但国与国之间贸易的相互往来也有助于促进本国经济的发展,这又迫使各国不得不削减过于苛刻的贸易保护措施,国家间或国内的自由贸易区则应运而

---

① 马忠法:《论中国(上海)自由贸易试验区制度下的知识产权问题》,《电子知识产权》2014年第2期。
② 张伟君:《在促进贸易自由与加强知识产权保护间取得平衡》,《中国工商报》2014年4月10日,第7版。
③ 杨建锋、张磊:《中国自由贸易试验区知识产权制度创新》,格致出版社、上海人民出版社,2016,第19页。

生。贸易自由应该包括两个方面，一是应当确保具备开展自由贸易的外部环境，包括确保各国之间贸易通道的畅通，即交通自由和过境自由；二是政府不采用关税、配额或其他政策来干预国际贸易，即贸易自由化。[①] 自由贸易区正是通过优越的地理位置、运输环境和优惠的贸易政策来保障和促进自由贸易的。过境自由是贸易自由的题中应有之义，是实现贸易自由的基本前提。除了降低关税以外，自贸区实现过境便利的政策措施主要是减少复杂的通关手续和不必要的海关检验程序，为过境货物争取最为高效快捷的通关时间，减少其物流和运输成本。因此，在这一价值导向下，自贸区对于过境货物的海关查验手续应遵循的原则是尽量从快从简，不要因不必要的查验程序而造成对货物过境的阻碍。

知识产权是权利人就智力创作成果或识别性标记享有的排他性民事权利，知识产权的权利客体是无形的，其必须附着于有形载体方能为他人所知悉，当知识产权所附着的有形载体进入国际市场流通时，知识产权便和国际贸易紧密地联系在一起。着力于解决知识产权地域性与国际保护之间冲突的《保护工业产权巴黎公约》《保护文学和艺术作品伯尔尼公约》等国际公约无不与国际贸易密切相关。而世贸组织框架下的《与贸易有关的知识产权协定》（以下简称 TRIPS 协定）更是协调国际贸易中知识产权保护问题的最为典型且影响深远的国际条约，这也从一个侧面说明了国际贸易中的知识产权保护是一个不容回避的问题。基于对权利的尊重，各国应当在国际贸易中对知识产权进行保护，这也是相关成员应当履行的公约义务，同时良好的知识产权保护环境也是一个国家对外贸易环境的重要组成部分，有助于展示该国良好的对外形象。

对于过境国而言，要保护本国知识产权人的权利，就必须对过境货物进行查验，这必然会延长货物过境的时间。海关在判断过境货物是否构成侵权时，要对知识产权客体进行比对，尤其是对于一些发明专利，认定客体之间的相同或等同是有难度的，需要对事实、技术等进行综合判断，甚至需要专业技术人员的帮助，不仅涉及行政程序，还可能进入司法程序，这将进一步导致货物过境的拖延，也给海关的错误判断或以知识产权为名滥用边境措施留下很大空间，增加了进出口中不必要的贸易阻碍风险与流程的不确定性。这些发展显然超过世贸组织成员一致认可的必要程度，可

---

① 孙益武：《过境货物相关知识产权执法研究》，博士学位论文，复旦大学，2013，第37页。

能给其致力维护的自由贸易带来不必要的阻碍。① 此外，对于域外知识产权，受知识产权地域性的限制，海关也面临着管辖权和执法依据等问题。

2. 各利益主体之间的博弈

在与过境相关的国际贸易中，涉及不同国家、不同的利益主体。其中包括货物的进口国、出口国、过境国，货物的进口商、出口商、承运人、货物所承载的知识产权权利人以及消费者等，这些主体之间存在不同甚至相互冲突的利益诉求，对过境货物进行知识产权执法在很大程度上是这些主体之间利益相互博弈的结果。

出口作为与投资、消费并列的三驾马车之一，对于一国的经济发展、国民收入、就业具有举足轻重的影响。因此，鼓励出口，为出口货物提供各种便利措施是国际贸易中出口国所不遗余力的，便利的过境程序可以在单位时间内增加出口量，是受到出口国欢迎的。另一方面，虽然各国乐于保持贸易顺差，但进口在促进技术创新、产业升级、经济结构的改善和优化等方面的积极作用促使各国在国际贸易中尽量保持适度的进出口比例，进口货物能够高效、快速过境也符合进口国的利益。从这个意义上看，进出口国与进出口贸易商的利益是一致的，便利的过境程序有助于节约运输时间，降低物流成本，从而为贸易商争取更大的盈利空间。有所不同的是，进出口国在过境国际贸易中并非完全不考虑知识产权保护问题。出口国销售高品质、货真价实的商品可以为其赢得口碑，有助于进一步扩大出口。反之，如果其销售的货物中充斥假冒伪劣，则可能遭到淘汰。对进口国而言，其当然希望进口的货物是品质优良、技术先进的真品，从而实现消费者福利、推动技术进步。因此，进出口国也存在知识产权保护的需求，但各国在进行政策选择时通常会在不同的诉求之间进行权衡。

就过境国而言，其正是利用了得天独厚的地理条件和发达的基础设施为来往的过境货物提供中转服务，从而使过境国成为商贾云集之地，并从中获得可观的利益，包括仓储、运输、装卸、税收等收入，同时也能推动当地金融、交通、电信等行业的快速发展。除了良好的硬件设施，高效便捷的过程手续也是国际贸易商选择过境国的理由之一。在这样的利益诉求下，过境国需要尽可能消除货物过境障碍，通常会采取相对宽松的边境检验措施。但这也恰恰为不法分子制假售假提供了可乘之机，假借过境之名

---

① 杨鸿：《贸易区域化中知识产权执法措施的新问题与我国的应对》，《环球法律评论》2016年第1期。

行侵权之实，使过境国沦为假冒伪劣的藏身处，使有知识产权保护需求的权利人望而却步，贬损过境国的国际形象，这是过境国不愿意看到的。因此，过境国也必须在过境自由和知识产权保护之间进行适度平衡。

（二）关于过境货物知识产权执法的两种主张及我国的立场选择

虽然诸多国际公约对过境自由附加了一定程度的限制，但相关知识产权国际公约对于各国知识产权过境执法并没有强制性的规定，过境国各方基于不同的利益考量对于是否执法、执法的宽严程度也有不同的立场。因此，针对自贸区过境货物知识产权执法存在反对与赞成两种不同的主张。反对者所持理由如下。

一是过境货物只是在过境国中转，并不会进入其国内市场流通，因此不会对过境国或者权利人利益造成影响。[①]

二是过境货物可能并不会侵犯过境国权利人的知识产权，而只是侵犯了来源国或目的港权利人的权利，在这种情况下执法，不但对国家利益、权利人利益并无助益，反而会影响过境效率，导致过境货物放弃从本国过境，而改采其他更便捷的途径，从而对经济利益和对外贸易发展造成负面影响。[②]

三是相关知识产权国际公约并未将过境货物知识产权执法规定为成员的强制性义务，而是留待各国选择性执行，这说明各国可以根据自身情况和利益判断进行决策。[③]

四是我国目前知识产权持有数量和质量在国际范围来看并不占据明显优势，因此履行基本必要的保护义务即可，不必追随发达国家的标准将知识产权保护水平提得过高。[④]

赞成自贸区过境知识产权执法的理由主要有两个。

一是如果不对自贸区过境货物进行知识产权执法，将给不法人员提供侵权的可乘之机，其会利用这一漏洞，借过境货物的掩护，大肆进行知识

[①] 张伟君：《上海自贸试验区知识产权执法：自由贸易与打击侵权的平衡》，《外国经济与管理》2014年第2期。

[②] 苏喆、张磊：《上海自贸区知识产权过境保护问题研究》，《天津法学》2016年第1期。

[③] 杨鸿：《贸易区域化中知识产权执法措施的新问题与我国的应对》，《环球法律评论》2016年第1期。

[④] 吴雪燕：《从欧盟国家扣留过境仿制药品看过境货物的知识产权保护》，《学术论坛》2010年第6期。

产权侵权活动，而这也为实践当中已经出现的事例所证明。①

二是较强的知识产权保护水平有助于展示一个国家良好的贸易环境，有利于招商引资，促进对外贸易和整体经济发展。②

两种主张孰优孰劣，尚需综合各种因素，全面、审慎地予以考量和论证。

我们认为，选择是否对过境货物进行知识产权执法在本质上取决于对我国国家利益的判断。这一利益既包括宏观上的经济发展、良好知识产权保护氛围的营造，也包括微观层面上国内知识产权权利人的利益维护。既然国际公约并未就是否对过境货物进行知识产权执法作出强制性规定，我国根据具体情况进行灵活执法就没有违反国际义务。是否进行知识产权执法不能一概而论，而应留待执法机构在具体个案中进行判断。执法机构应当在实现顺畅通关的前提下，在有必要的情况下进行知识产权执法。具体而言，执法机构可以有重点地选择性执法，如针对有高度侵权可能的货物，极有可能流入国内市场的货物，进入自贸区仓储、加工的货物等进行重点监控。一方面保证过境自由，另一方面也维护我国自贸区知识产权保护的良好国际形象，防止出现因过度宽松监管而导致知识产权侵权猖獗的现象。

三 国际公约的相关规定和各国（地区）立法实践

国际公约关于过境货物知识产权执法的相关规定和各国（地区）立法实践可以为我国执法选择提供参考，尤其是各国（地区）在不违反国际公约规定的前提下，在执法中所考量的因素和立场态度为我国采取应对之策提供了借鉴。

（一）国际公约的相关规定

对过境货物进行知识产权执法是为了在国际贸易中杜绝假冒和盗版商品，这也是保护知识产权各大公约的目的，并主要体现在各个公约关于边境执法的规定中。目前，对知识产权边境执法进行规定的国际公约主要有《保护工业产权巴黎公约》（以下简称《巴黎公约》）、TRIPS协定、《反假

---

① 马忠法：《论中国（上海）自由贸易试验区制度下的知识产权问题》，《电子知识产权》2014年第2期。

② 薛亚君：《上海自贸区过境货物知识产权执法问题》，《中国流通经济》2014年第9期。

冒贸易协定》（以下简称 ACTA）。此外，国际海关组织制定的《知识产权边境保护示范法》以及一些区域和双边国际条约关于知识产权边境执法的规定也有一定的国际影响和参考价值。

为了防止假冒贸易，《巴黎公约》第 9 条、第 10 条对商标、厂商名称、原产地的知识产权边境执法作出了规定。要求成员国对非法标有商标或厂商名称的商品以及对标有虚伪的原产地或生产者标记的商品在进口时予以扣押，或者禁止进口或在国内扣押。但其仅就边境贸易中进口环节的知识产权执法进行了强制规定，且执法对象也仅限于商标等识别性标识，而不包括专利。同时第 9 条第 4 款明确：各成员国对于过境商品没有执行扣押的义务。因此，是否对过境货物进行知识产权执法留待各国自行决定。之所以作此规定，与《巴黎公约》的主要立法意图及当时的国际贸易知识产权状况相关，二者均导致了公约并未就过境知识产权执法问题予以重点关注。此外，《巴黎公约》第 5 条就交通工具临时过境时，装备或附件中使用专利发明作出了侵权豁免规定，但这并非本文所探讨的过境货物的知识产权执法问题。《保护文学和艺术作品伯尔尼公约》第 16 条规定，对作品的侵权复制品，在作品受法律保护的本同盟成员国应予扣押。但对于仅经由成员国过境，而未进入其国内的作品盗版复制品却语焉不详，对其是否执法取决于各国对该条文的理解。

TRIPS 协定沿袭了将国际贸易与知识产权执法密切联系的做法，将反对国际贸易中的假冒货物贸易作为规制重点。TRIPS 协定第 51 条规定，成员应当在权利人提出申请的前提下，对进口的假冒商标的商品或盗版商品采取终止放行的措施。这是成员必须履行的最低标准义务，至于对其他类型的知识产权，或者出口假冒或盗版货物，则由成员自行决定是否予以保护。同时针对该条的脚注明确：如果成员参加的海关同盟取消了一切边境控制，则不适用本条规定，并且成员也无义务对知识产权相关权利人投放另一国家市场的商品的进口或商品的运输适用这一程序。因此，将对过境货物的知识产权执法排除在 TRIPS 协定强制性义务之外。但是，TRIPS 协定毕竟是在对知识产权拥有比较优势的国家（地区）的推动下制定的，因此其基调在于给予知识产权充分的保护，只要这种保护不会对正常的国际贸易造成阻碍。因此 TRIPS 协定并不反对成员给予知识产权更高的保护标准，并且 TRIPS 协定并未禁止各国（地区）对过境货物进行知识产权执法，从这个意义上说，TRIPS 协定将是否对过境货物进行知识产权执法的选择权交给了各成员，由其自行决定。

ACTA是近年来由美国、日本和欧盟主导订立的一项新的知识产权国际保护协定，保护水平较之现行的TRIPS协定有明显提升，其目标在于进一步强化知识产权执法，构建后TRIPS时期知识产权国际保护新秩序。[①] 国际贸易中假冒商品贸易的日渐猖獗催生了ACTA。由于以往的国际公约将国际贸易中货物知识产权执法限制在进口环节，其对假冒贸易的控制并未达到理想效果，因此，应运而生的ACTA进一步强化了知识产权边境执法措施。ACTA第5条将判断侵权依据的法律从进口国法律扩大到"程序实施国"的法律，这就为过境国对过境货物进行知识产权执法留出了空间。ACTA第16条第1款第（b）项明确了缔约方可以将过境货物纳入边境措施的执法范围，在协定的基本概念一节中将过境货物分为海关过境和转运两种。该款规定主管机关对于处于进口、出口或转运环节中的疑似侵权的货物都可以采取边境措施。

由于欧洲议会对ACTA的否决，ACTA的正式生效变得前途渺茫。因此，主导国美国将强化知识产权保护的努力投诸《跨太平洋伙伴关系协定》（以下简称TPP协定），TPP协定草案沿用美国自由贸易协定的规定，将知识产权边境保护措施的适用扩大至出口和过境环节。[②] 虽然美国特朗普政府宣布退出该协定，但协定在日本的主导下生效。与ACTA一样，TPP协定的谈判是将中国排斥在外的，因此对我国并不产生效力，却是我国未来在处理国际贸易知识产权执法时必须正视的问题。在发达国家的推动下，加强知识产权保护成为未来双边、多边或国际公约的一个发展趋势，强化知识产权保护的表现之一就是将过境货物纳入知识产权执法对象，尽管我国不一定要追随发达国家的高标准，但对过境货物进行知识产权执法也并非完全不符合我国的国家利益。对国家利益的考量决定着我国是否适用、如何适用相关公约条款的规定。

（二）各国（地区）的立法实践

加强知识产权执法和促进贸易自由均服务于一国经济发展、国家利益的需要。体现在对过境货物进行知识产权执法这一具体问题上，美、日、欧等知识产权优势国（地区）力促对过境货物进行知识产权执法，而一些经济严重依赖国际贸易的国家或地区则更倾向于对过境货物知识产权采取

---

① 詹映：《〈反假冒贸易协定〉（ACTA）的最新进展与未来走向》，《国际经贸探索》2014年第4期。

② 卢崇：《过境货物知识产权边境保护措施研究》，硕士学位论文，海南大学，2015，第11页。

相对宽松的边境执法措施。由于 TRIPS 协定等国际公约未对自贸区知识产权执法进行明确规定，各国（地区）对于自贸区内货物或过境货物所采取的知识产权执法政策差异较大，大致可以分为以下四类：第一类是对自贸区内流通的货物原则上不采取知识产权执法措施，比如埃及、越南等；第二类是明确宣布对过境货物不采取知识产权执法措施，比如中国香港、南非等；第三类是明确宣布对过境货物可以采取知识产权执法措施，比如美国、巴拿马、海湾合作理事会、马来西亚等；第四类是有条件地对过境货物实施海关知识产权执法措施，比如欧盟。①

在美国，《优化知识产权资源与组织法》将假冒货物的出口和过境视为刑事违法行为。《创新法案》将出口和转运中的侵权货物作为边境执法的打击对象。此外，海关还可以根据民事诉讼中法院的判决或国际贸易委员会的禁令对自由贸易区过境货物进行执法。

日本《关税法》第 75 条规定，日本海关可以中止放行涉嫌侵权的过境货物，即货物运往日本，进岛后又运往第三国免于进口通关，但要受到海关监管。

欧盟知识产权海关保护是建立在《欧共体海关法典》的基础上的，而《欧共体海关法典》第 84 条第（1）款第（a）项所规定的特定海关程序下查获的货物，具体包括：外部转运、海关仓储、入境加工、海关控制下的加工、暂准进口的货物。2012 年 2 月 1 日，欧盟委员会发布《对于过境欧盟的货物特别是药品的知识产权海关执法指南》。过境欧盟的货物如被欧盟海关当局认定为有进入欧盟市场的风险，而且该类货物在欧盟成员国境内又有权利人可主张知识产权保护的，将被欧盟海关暂时扣留。②

香港是重要的国际贸易中转港口，过境贸易在香港经济中占据重要地位，故香港法律对"过境货物"③进行知识产权执法的豁免。这种规则既是遵守过境自由规则的表现，同时也考虑到"过境货物"对过境中转地造成的安全风险较小，很好地平衡了过境自由与贸易便利和安全之间的微妙关系。

新加坡 2001 年修订的《商标边境执法措施条例》将假冒商标货物的

---

① 张伟君：《上海自贸试验区知识产权执法：自由贸易与打击侵权的平衡》，《外国经济与管理》2014 年第 2 期。
② 朱秋沅：《海关法视角下对转运货物进行知识产权边境执法的正当性分析》，载陈晶莹、冯军主编《国际贸易法论丛》第 5 卷，中国政法大学出版社，2014，第 314 页。
③ 仅指不转变运输工具的过境方式。

知识产权边境执法扩展到过境货物,但收货人必须在新加坡有商业存在或物理存在。2006年修订的《著作权法》也将著作权的边境保护对象覆盖到过境货物,其扣押涉嫌侵权货物只能针对进出口货物或收货人在新加坡有商业存在或物理存在的情况,因此,其执法的前提是商业或物理存在。

由于欧洲统一共同市场的建立,欧盟成员国之间以及成员国与其他国家的贸易往来众多,实践中出现了大量涉及过境知识产权货物执法的案例,这些案例推动了欧盟关于过境货物知识产权执法规则的完善,也为我们研究过境货物知识产权执法提供了参考样本。其中比较典型的是比利时法院审理的"PHILLIPS案"和英国法院审理的"NOKIA案",以及印度和巴西相继就荷兰等国对过境仿制药品采取的边境保护措施向WTO争端解决机构提起的磋商请求案。

2002年11月,一批来自中国的剃须刀因被疑与飞利浦公司的外观设计相似而被荷兰海关暂扣。飞利浦公司向安特卫普初等法院起诉该批货物的制造者、货主和运输商侵犯其外观设计和版权。飞利浦公司的理由是根据《欧盟海关条例》第6条第2款第b项,法院在审判时可以不考虑货物的临时存储或者转运状态,应该假设该货物在欧盟成员国内制造,即"生产假设"理论。而货主则辩称在没有证据证明货物将投放欧盟市场销售的情况下,不能被认定为侵权。2008年7月,英国海关扣押了一批从我国香港运至哥伦比亚的标有"NOKIA"商标的货物,该批货物经检测被认定为假冒产品。NOKIA公司要求英国海关查获这批货物,而英国海关则认为没有证据证明该批货物将投放至欧盟市场,随后NOKIA公司起诉至初审法院并继而上诉至英国上诉法院。2011年欧洲法院对两个案件作出了裁决,认为纯粹的过境货物不能依据欧盟法或欧盟成员国知识产权法来认定是否侵权,因此,欧盟法院不能认定两案中的货物是否侵犯飞利浦公司和诺基亚公司的知识产权。①

荷兰等国法院屡次针对印度出口至南美的仿制药采取边境措施的依据也是"生产假设"理论,而双方则围绕对过境货物知识产权执法是否违反TRIPS协定展开争论,主张强知识产权保护的一方认为TRIPS协定只是设定了知识产权保护的最低义务,并未反对对过境货物进行执法。而印度和巴西则认为,荷兰的执法行为违背了TRIPS协定"促进对知识产权充分、

---

① 张怀印、孔瑶、孙大龙:《欧盟过境货物知识产权保护最新态势——兼评欧洲法院"NOKIA"案和"PHILLIPS"案》,《知识产权》2012年第4期。

有效保护的同时确保知识产权的执法程序与措施本身不至于对合法贸易构成障碍"的立法初衷。最终,印度与欧盟达成谅解,明确欧盟成员国海关当局对某货物采取边境措施的前提条件是,有足够的证据表明过境货物将会进入欧盟市场流通。[1] 这一立场也最终被纳入 2012 年《对于过境欧盟的货物特别是药品的知识产权海关执法指南》中。

四 我国自贸区过境货物知识产权行政执法应对

我国自贸区过境货物知识产权行政执法应兼顾贸易自由与知识产权保护,修改相应行政规章,完善执法依据,拓展执法对象和范围,以行政有限介入的方式灵活处理各类问题。

(一) 我国自贸区过境货物知识产权行政执法应对原则

1. 促进贸易自由与知识产权保护兼顾原则

促进贸易自由是自贸区最根本的价值追求,应成为自贸区过境货物知识产权执法时着重考虑的因素,对过境货物的知识产权执法不应成为自由贸易的障碍。但另一方面,自贸区又不能全然放松对过境货物的知识产权执法,为侵权行为提供可乘之机。因此,促进贸易自由与知识产权保护应当兼顾。促进贸易自由与保护知识产权虽然存在一定的冲突,但二者并非不可调和。从宏观上看,良好的知识产权保护环境可以促进国际贸易的发展。从微观上看,如何在保证过境货物顺畅、快速通关的前提下给予知识产权充分保护,涉及行政执法的尺度、技巧、方法和时机的选择,需要行政执法机关在应对具体问题时灵活处理。

2. 行政有限介入原则

行政机关在进行过境货物知识产权执法时,应当遵循世界海关组织倡导的行政有限介入原则。总体上,行政机关应对过境货物的知识产权执法持克制态度,不必针对所有的过境货物一一查验,而是根据不同情况分类处理、区别对待。例如应区别过境货物的报关程序,对于纯粹过境的经停货物,只需办理通关手续而不需要查验货物具体情况的,则不宜进行知识产权执法。对于需要转装,转换交通工具的货物,还有进入自贸区加工后出境的货物,其停留时间较长,也容易出现侵权问题,这种情况应当适度

---

[1] 卢崇:《过境货物知识产权边境保护措施研究》,硕士学位论文,海南大学,2015,第 1 页。

进行知识产权执法。同时，借鉴欧盟的做法，对于判断可能进入国内市场的过境货物，则应当进行知识产权执法。此外，对于那些借过境之名而行侵权之实的行为，则应坚决查处。

(二) 自贸区过境货物知识产权行政执法依据和执法对象

目前，中国调整知识产权边境执法的法律渊源是《对外贸易法》和《海关法》，特别是《海关法》赋予了海关对进出境货物进行知识产权执法的权力。[1]《海关法》第44条规定：海关依照法律、行政法规的规定，对与进出境货物有关的知识产权实施保护。《知识产权海关保护条例》第2条规定："本条例所称知识产权海关保护，是指海关对与进出口货物有关并受中华人民共和国法律、行政法规保护的商标专用权、著作权和与著作权有关的权利、专利权（以下统称知识产权）实施的保护。"有观点认为，《知识产权海关保护条例》第2条仅涉及进出口货物而不涉及进出境货物，因此，与《海关法》覆盖进出境货物知识产权执法相矛盾。我们认为：这并不影响海关对过境货物的知识产权执法。在《海关法》已有明文规定的情况下，作为下位的《知识产权海关保护条例》应遵循上位法的规定，并且《海关法》第36条第2款规定：海关认为必要时，可以查验过境、转运和通运货物。因此，在海关认为必要的情况下，对过境货物进行知识产权执法是完全于法有据的。虽然自贸区是海关特殊监管区，实行特殊的关税政策和通关程序，但仍然属于我国法律管辖地域，上述法律法规对于自贸区过境知识产权执法仍应适用。

但为了保持法律和规章的一致性，应该对我国现行的《知识产权海关保护条例》第2条规定予以修改，增加对转运货物的边境执法，这样海关对转运货物进行边境执法的权限便更为清晰。在《知识产权海关保护条例》中应该对转运货物知识产权边境执法的程序和规则予以细化与明确。我国《知识产权海关保护条例》关于进出口货物边境执法的备案、主体、范围、处罚等一般规则都可适用于转运货物，因此无须变动，但前文所述的针对转运货物边境执法的特殊执法规则应该在我国的立法中予以单独规定，同时可借鉴欧盟的做法，对权利人的举证责任和海关行使职权的条件分别进行概括性列举。[2]

---

[1] 孙益武：《过境货物相关知识产权执法研究》，博士学位论文，复旦大学，2013，第190页。
[2] 王迁：《上海自贸区转运货物的知识产权边境执法问题研究》，《东方法学》2015年第4期。

至于接受海关执法的知识产权的权利类型，虽然《知识产权海关保护条例》只明确提及了商标权、著作权及相关权利（邻接权）和专利权，但是，根据《海关法》"知识产权"这一表述，我们认为执法的权利类型应该包括但不限于商标权、著作权及相关权利（邻接权）和专利权。虽然由于发明专利判定侵权的难度大、时间长、权利不稳定等，难以进行侵权认定，阻碍货物的快速通关，而且实践中对涉及货物专利权执法的案例也不多见，对过境货物相关的专利权进行执法具有相当的难度，并且 TRIPS 协定也未强制要求对涉及专利权的货物进行边境执法，但是我国立法将专利权纳入执法范畴并不违背 TRIPS 协定的规定。其他类型知识产权同样具有保护价值和意义。因此，海关执法的知识产权类型应当及于所有知识产权。而且，立法层面的规定与执法层面的操作并不相同，立法对此进行规定相当于确保了对其执法的合法性和可能性。至于如何在执法的同时保证通关效率，则是执法机构通过建立相应的执法机制，采取措施予以解决的问题。

TRIPS 协定仅将假冒和盗版两种侵权行为纳入知识产权边境执法对象中，而根据我国知识产权国内法，涉及侵犯知识产权的行为并非仅限于假冒和盗版。那么，我们在对过境货物进行知识产权执法时是否应将其他知识产权侵权行为也纳入其中呢？根据《中华人民共和国涉外民事关系法律适用法》第 50 条，知识产权的侵权责任，适用被请求保护地法律，当事人也可以在侵权行为发生后协议选择适用法院地法律。因此，过境货物知识产权执法的法律，应适用我国国内知识产权实体法，据此来判断与过境货物相关的平行进口、仿冒等行为是否构成侵权。

（三）自贸区过境货物知识产权执法的具体应对

自贸区过境货物涉及三个国境：出口国、过境国、目的国。因知识产权的地域性，权利人并非在所有国家都拥有知识产权，因此，有必要对货物在不同国家的权利状况分别进行分析。比较有探讨价值的是货物在出口国、目的国不侵权，在过境国侵权，货物在出口国或目的国侵权，在过境国不侵权以及在过境国进行加工后再出境这几种情形。同时还有必要对纯粹假冒、盗版和仿冒以及有合法来源的平行进口行为予以分别讨论。

就第一种情况而言，即货物在出口国、目的国不侵权，在过境国侵权，可就其他权利人、货物销售者在各国的权利状况，以及涉及的侵犯知识产权行为类型分别进行讨论，具体见表1。

表 1 临时过境货物知识产权权利状况

货物侵犯知识产权状况	其他权利人/货物销售者在出口国和进口国的权利状况	其他权利人/货物销售者在过境国的权利状况
假冒或仿冒	其他权利人无权利，货物销售者无权利	其他权利人有权利，货物销售者无权利
有合法来源的货物过境	其他权利人无权利，货物销售者有权利	其他权利人有权利，货物销售者无权利
贴牌加工行为	其他权利人无权利，货物销售者有权利	其他权利人有权利，货物销售者无权利

就有合法来源的货物过境的情况而言，货物知识产权在进口国有合法授权，尽管依据过境国国内法不一定采取知识产权国际穷竭的观点，但此种情况，对于过境国国内权利人的利益是不会造成损害的，因此一般不宜进行执法。就贴牌加工行为而言，尽管我国理论界和实务界并无定论，但大多数法院在认定是否侵权时，会判断贴牌加工行为是不是商标法上的使用行为，是否足以造成国内市场消费者的混淆，在货物不流入国内市场的情况下，商标性使用和混淆均难以成立，因此不构成侵权。如最高人民法院2017年在"东风"贴牌加工案的判决中就认为：商标的本质属性是其识别性或指示性，基本功能是区分商品或服务的来源，一般来讲，不用于识别或区分来源的商标使用行为，不会对商品或服务的来源产生误导或引发混淆，不构成商标法意义上的侵权行为。在假冒和仿冒的情况下，美国和欧盟均以"是否进入国内市场"作为判断标准，且只需海关对进入国内市场产生合理怀疑即可进行执法，所不同的只是对于"可能进入市场"的判断标准的宽严度。这也体现了美、欧在知识产权保护上的高标准。这与过境货物在三国均侵犯知识产权的情况有所不同，此种情况过境国应当基于维护本国权利人利益以及维护良好的国际贸易秩序、打击假冒的义务而主动进行执法。因为在本土的边境上保护知识产权，打击假冒和盗版等侵权行为，只是一种被动防御，并非主动出击。知识产权边境执法的国际协调应当从侵权行为的源头来堵截侵权货物。[①] 过境国对假冒、仿冒货物进行知识产权执法，势必加大打击假冒、仿冒商品的力度。

就第二种情形而言，即货物在出口国或目的国侵权，在过境国不侵权，有讨论必要的仅为过境国无权利人而在货物出口国或目的国其他权利

---

① 孙益武：《过境货物相关知识产权执法研究》，博士学位论文，复旦大学，2013，第128页。

人有权利而货物销售者无权利,且货物为假冒或仿冒时,过境国有无必要对该货物进行知识产权执法。如果依据《中华人民共和国涉外民事关系法律适用法》第50条,知识产权的侵权责任,适用被请求保护地法律,那么该批货物是不会被认定为侵权的。但是,侵权最终会由过境国的司法机构进行认定,而海关依然保留有对过境货物进行知识产权执法的权力。一般情况下,海关不应依职权主动执法,但如果出口国或目的国权利人提出扣押请求,且我国与相关国家的双边条约或共同加入的国际公约对于保护知识产权国际协作有所规定,则应当应相关国要求对过境货物进行知识产权执法。例如欧盟就设立了海关与第三国的联动机制,即欧盟及成员国的海关可以与第三国共享信息和数据,对于途经欧盟境内存在知识产权侵权风险的过境货物采取提前预防措施。①

Research on Administrative Protection of Intellectual Property Rights of Temporary Transit Goods in Free Trade Zone

Abstract:Due to the Convenient geographic traffic environment and the preferential policy Free Trade Area is inclined to be the freight station of the Goods-in-transit. The IPR enforcement of the Goods-in-transit in Free Trade Area is related to interests of all parties involved in the exporter, importer and in-transit country. There are two different points in China. The full evidence that Goods-in-transit will enter the EU market is the prerequisite of the IPR enforcement in EU. The related international covenants don't make a clear regulation about the IPR enforcement of the Goods-in-transit. On the prerequisite of Safeguarding national interests we should consider the trade free and the protection of IPR and enforce neatly according to the different situations.

Keywords:Free Trade Area; Goods-in-transit; IPR; Administrative Protection

---

① 郑国辉:《上海自贸区知识产权的行政监管体制》,《上海政法学院学报》2016年第7期。

域外学术译介

现代商标法的诞生：商标法律概念的建构（1860~1880）[*]

〔英〕莱昂内尔·本特利 著

张惠彬 刘诗蕾 译[**]

摘 要：尽管一些商标法的历史记述将商标保护的起源追溯到希腊或罗马时期，其他的一些历史记载则认为英国商标法起源于中世纪行会或是16世纪的JG v. Samford案，直到19世纪中叶英国商标法才初具现代形式。1860年至1910年这一时期见证了现代商标法诸多典型特征的发展：在法律上将商标解释为指示商业来源的标志；1876年建立中央注册局；将商标作为财产客体的概念化；承认双重保护系统——一种基于注册，另一种（未注册的）基于市场使用；为了在外国领土保护商标而作出的国际性安排。虽然1860年之前和1910年之后商标法有重大发展，但现行商标制度的大多数最显著特征都是在这一立法、司法、外交和学术活动涌现的时期发展起来的（如果不是"发展"，就是"制度化"）。虽然这些发展是相互交织的，但时间和篇幅只允许本文描述这些发展的一部分：在这一时期的第一阶段出现的商标法律概念的起源。

关键词：商标 现代商标法 商标法律概念

尽管一些商标法的历史记述将商标保护的起源追溯到希腊或罗马时期[①]，

---

[*] 感谢罗伯特·伯勒尔（Robert Burrell）、德夫·甘杰（Dev Gangjee）、简·金斯伯格（Jane Ginsburg），以及大卫·希金斯（David Higgins）就初稿给出的建议；感谢研究助理道格·麦克马洪（Doug McMahon）。原文发表于L. Bently, Jane C. Ginsburg and Jennifer Davis (eds.), *Trade Marks and Brands: An Interdisciplinary Critique*, Cambridge: Cambridge University Press (2008)。

[**] 莱昂内尔·本特利（Lionel Bently），教授，剑桥大学知识产权与信息法研究中心主任。张惠彬，西南政法大学副教授，剑桥大学访问学者；刘诗蕾，香港大学法学院博士研究生。

[①] 例如 W. Robertson, "On Trade Marks" (1869) 14 Jo Soc Arts 414 – 17; E. S. Rogers, "Some Historical Matter Concerning Trade-Marks," *Michigan Law Review* 29 (1910): 9。

其他的一些历史记载则认为英国商标法起源于中世纪行会①或是16世纪的 JG v. Samford 案②，直到19世纪中叶英国商标法才初具现代形式③。1860年至1910年这一时期见证了现代商标法诸多典型特征的发展：在法律上将商标解释为指示商业来源的标志④；1876年建立中央注册局；将商标作为财产客体的概念化⑤；承认双重保护系统——一种基于注册，另一种（未注册的）基于市场使用⑥；为了在外国领土保护商标而作出的国际性安排⑦。虽然1860年之前和1910年之后商标法有重大发展，但现行商标制度的大多数最显著特征都是在这一立法、司法、外交和学术活动涌现的时期发展起来的（如果不是"发展"，就是"制度化"）。虽然这些发展是相互交织的，但时间和篇幅只允许本文描述这些发展的一部分：在这一时期的第一阶段出现的"商标"法律概念的起源。

---

① 其中最著名的是：F. Schechter, *The Historical Foundations of the Law Relating to Trade-Marks*, New York: Columbia University Press (1925)。

② J. H. Baker and S. F. C. Milsom, *Sources of English Legal History: Private Law to 1750*, London: Butterworths (1986): 615 – 18; J. H. Baker, *An Introduction to English Legal History*, 4th edn, London: Butterworths (2004): 459. Southern v. How 案援引了 Samford 案，(1656) Pop R. 144, 在 Southern v. How 中，多德瑞吉（Doderidge）法官裁定案件成立，且正是这一援引导致了 Southern v. How 随后的重要地位。Schechter, *Historical Foundations*, 123, 认为 Southern v. How 对现代仿冒法而言是个不确定的法律渊源："该案的唯一贡献充其量就是一名怀旧法官在不相干的判决附带意见中，回忆起一宗由服装制造商提起的指控另一制造商滥用其商标的案子。"

③ 见 F. M. Adams, *A Treatise on the Law of Trade Marks*, London: George Bell and Sons (1874): 3（商标法较之专利法要"年轻"得多，"基本上完全是过去七十或八十年内发展起来的"）；E. M. Daniel, *The Trade Mark Registration Act*, London: Stevens & Haynes (1876): 1; D. M. Kerly, *The Law of Trade-Marks and Trade Name, and Merchandise Marks*, London: Sweet and Maxwell (1894): 2; H. Ludlow & H. Jenkins, *A Treatise on the Law of Trade-Marks and Trade Names*, London: W. Maxwell and Son (1873): 10; Wadlow, *The Law of Passing Off: Unfair Competition by Misrepresentation*, 3rd edn, London: Sweet and Maxwell (2004): 29。

④ 见 Kerly, *The Law of Trade Marks* 5（"原告专门采纳的，用于区分其商品，并将该商品与原告自身联系起来的标志"）。

⑤ 见 L. Bently, "From Communication to Thing: Historical Aspects of the Conceptualisation of Trade Marks as Property," in G. Dinwoodie and M. Janis (eds.), *Trademark Law and Theory: A Handbook of Contemporary Research*, Cheltenham: Edward Elgar (2008)（描述约从1860年起将商标作为财产概念化的趋势）。

⑥ 1875年商标法规定了注册制度，并于1876年1月1日开设注册局，首套注册规则，见 (1875 – 6) Sol Jo 178 (1 January 1876)。

⑦ 随后一段时间，对英国海外利益的认可极大地促进了双边条约，1883年通过了一项多边协定，《保护工业产权巴黎公约》。英国不是最初的签署国（它们是比利时、巴西、西班牙、法国、危地马拉、意大利、荷兰、葡萄牙、萨尔瓦多、塞尔维亚和瑞士），而是在1884年3月17日加入的。

一 十九世纪中叶的情形

19世纪中叶在外观设计、专利及著作权法逐渐成型时[1]，还没有（体系的）商标法。1862年，事务律师约瑟夫·特拉弗斯·史密斯（Joseph Travers Smith）向特别委员会作证时，抱怨现行法律存在"相当大"的弊端。[2]"它们产生于这样一个事实，即商标不被承认具有任何法律效力；没有关于商标的成文法律，因此，我们也就没有可以用来检验商标是什么的定义，也不确定什么样的特定符号可以构成商标。"事实上，在这个阶段我们看到了关于著作权、外观设计和专利的教科书[3]，却没有关于"商标"的教科书。虽然在一些案件中出现了"商标"一词[4]，但对于商标是什么，以及"商标法"应该是什么样子，并没有达成共识。事实上，我们可以说，截至1850年，在英国谈论"商标法"是毫无意义的。

说没有商标法，并不是说没有规制商业中虚假陈述的法律。然而，对那些发现自己是假冒受害者的商家的保护是碎片化的，利用了各种司法来源，有些是法定的，有些是基于司法先例的，缺乏抽象的逻辑。[5]成文法体系往往限于特定行业：在这一类目下，通过在谢菲尔德刀匠公会注册，海兰姆夏克的镰刀、人字起重架、剪刀以及其他刀具的制造商

---

[1] B. Sherman & L. Bently, *The Making of Modern Intellectual Property Law*, Cambridge: Cambridge University Press (1999): Chs. 5 - 7.

[2] *Select Committee on Trade Marks Bill and Merchandize Marks Bill, Report, Proceedings and Minutes of Evidence* (1862) 12 *Parliamentary Papers* 431, Q. 2619 (Travers Smith).

[3] 这些领域的教科书从19世纪20年代开始出现。其中一些涵盖了著作权和专利，例如 R. Godson, *A Practical Treatise on the Law of Patents for Inventions and of Copyright*, London: Butterworth (1823)；其他单独讨论一个"领域"，例如，讨论专利的，W. M. Hindmarch, *A Treatise on the Law Relating to Patent Privileges*, London: Stevens (1846)；但同时还有其他现在会被认为是法律"子类别"的著作，例如 E. M. Underdown, *The Law of Artistic Copyright*, London: John Crockford (1863)。

[4] Collins Co. v. Brown (1857) 3 K&J 423, 426 (Page-Wood V-C); Dixon v. Fawcus (1861) 3 El & El 537, 546 (Crompton J.); Dent v. Turpin (1861) 2 J & H 139.

[5] 在这方面英国并不是唯一。比利时法律就五金工具和刀具（1803年）、布料（1820年）和管道（1838年）有专门的制度，*Reports Relative to legislation in Foreign Countries on the subject of Trade Marks* C-596 (1872): 54 *Parliamentary Papers* 585, 594 - 610；且1857年以前的法国法律被描述为包含"参差不齐、不协调以及有时相互矛盾"的规定：ibid., 615。

标志受到保护①;刀具贸易法对被过度使用的"LONDON"标志的保护②;对织在或是固定在亚麻布上的标志的保护③;对发明人名字的保护④;对啤酒花贸易中标志的保护⑤;对枪管上商标的保护⑥;对金银制品的官方纯度印记的保护⑦。此外,根据纹章和武器法,还有关于使用家族纹章和徽章的规定。在某些情况下,还可能以伪造⑧、欺骗⑨、串谋欺诈⑩或是以

---

① Act for the Good Order and Government of the Makers of Knives, Sickles, Sheers, Scissors and Other Cutlery Wares, 21 Jac. 1 c. 31 (1623); An Act for the Better Regulation of the Company of Cutlers within the Liberty of Hallamshire, 31 Geo 3 c. 58 (1791); An Act for Amending and Rendering more Effectual an Act Passed in the Thirty-First Year of the Reign of His Present Majesty, for the Better Regulation and Government of the Company of Cutlers, 41 Geo 3 c. 97 (1801) (local) (修改了关于遗嘱处分和遗孀权利的规定); An Act to Repeal certain Parts of An Act Passed in the Thirty-first year of his Present Majesty, for the Better Regulation and Government of the Company of Cutlers, (local) (放宽在谢菲尔德的商业限制,赋予商人注册商标的权利,以及限制可被授予的标志); An Act for Amending the Acts Passed with Respect to the Masters, Wardens, Searchers, Assistants, and Commonalty of the Company of Cutlers in Hallamshire in the County of York, 23 & 24 Vict. c. 43 (1860) (local) (将该法扩展至适用于所有"使用或运用下列技术或手艺的制造商:钢铁制造、锯子和刀具制造以及其他钢制品、带刃钢铁制品的制造",并赋予成为行会会员及被授予商标的法定权利)。

② Act to Regulate the Cutlery Trade in England (1819) 59 Geo. 3 c. 7, s. 3 (限制合法使用锤子符号的手工刀具;禁止伦敦城20英里以外制造的刀具使用"伦敦"这个词)。

③ An Act for Better Regulation of Linen and Hemper Manufactures in Scotland (1726) 13 Geo. 1 c. 26 s. 30 (授权亚麻制品的织工将名字编织在商品中,并在亚麻制品上固定"已知的标记",并处罚伪造该姓名或标记的行为)。

④ Patent Law (Amendment) Act (1835) 5 & 6 Wm. 4 c. 83, s. 7 (禁止在商品上标注专利权人的名称、印章、标志或者其他标志,禁止使用专利字样)。

⑤ Hops (Prevention of Frauds) Act 1866, 29 & 30 Vict. c. 37 (repealing and replacing (1814) 54 Geo. 3 c. 123). 1866年的法令使用了"商标"一词。指控见 R v. Edward Swonnell, *The Times*, 27 June 1868, p. 11e。

⑥ An Act to Insure Proper and Careful Manufacture of Fire Arms in England (1813) 53 Geo. 3 c. 115, s. 9 (关于未经授权在鸟枪、短枪、手枪或其他通常被称为小型武器上伪造"标记"或"印记")。

⑦ Act to Amend Laws in Force for Preventing Fraud and Abuses in the Making of Gold and Solver Wares in England 7 & 8 Vict. c. 22, (1844) (repealing and replacing (1798) 38 Geo. 3 c. 69, s. 7)。

⑧ R v. Closs (1857) Dearsley & B 460, 27 LJMC 54; R v. Smith (1858) Dearsley & B 566, 27 LJMC 225 (不构成伪造,因为烘焙粉包装纸不是文件或工具),伪造被放在1861年法律汇编的法定脚注中:24 & 25 Vict. c. 98。

⑨ R v. Closs (1857) Dearsley & B 460, 27 LJMC 54 (per Cockburn CJ). 一幅约翰·林内尔 (John Linnell) 的油画复制件,附有伪造的签名,可能构成欺诈,"欺诈"的范围被描述为包括"在物品上使用错误标志或符号,以将事实上的假货冒充为真货,且该物品已被售出,并通过该错误标志或符号获得了收益"。基于本案事实,公诉方未能证明买家是基于该签名购买该幅画。

⑩ Select Committee (1862), Q. 2273 (J. Dillon)。

虚假陈述获利①等罪名提起刑事诉讼。另一种可能性是，有些人试图将商标注册为外观设计，或是在1862年后，向伦敦出版业公会申请注册，以要求获得版权保护。② 最重要的是，有普通法和衡平法中的一般诉讼：至少从1824年Sykes v. Sykes案以来，普通法上的欺诈之诉已适用于意图通过在货物上使用商标进行欺诈的案件。③ 根据衡平法上补充普通法欺诈之诉的诉讼，衡平法院将在确立原告的法律权利前颁发禁令救济。④ 在1839年的Millington v. Fox⑤一案中，衡平法院的诉讼似乎向独立地位迈出了试探性的一步，在没有证据表明欺骗意图的情况下，原告仍获得了救济。

到了19世纪50年代，复杂的法律状况增加了希冀在英国获得保护的商人的不便和成本。⑥ 此外，法律的复杂性也被视为英国商人在海外努力争取保护的阻碍。而且，情有可原的是，英国商人需要在海外得到保护，因为他们的商品在英国、英国殖民地和其他地方的市场都受到了来自英国以外的假冒商品的侵袭。如果英国商人要在其他欧洲国家、美国和俄罗斯得到保护——这些国家是假冒商品的原产地或销售地——那么某种形式的国际安排几乎肯定是必要的。英国商人预见到，在英国法律本身如此难以理解、适用成本如此高昂的情况下，建立互惠原则的任何安排都将是困难的。⑦

---

① An Act for Consolidating and Amending the Law in England Relative to Larceny and other offences Connected therewith (1827) 7 & 8 Geo. 4 c. 29, s. 53（以虚假陈述获利）; Larceny Act (1861) 24 & 25 Vict. c. 96, ss. 88 – 90. R v. Smith (1858) Dearsley & B 566, 27 LJMC 225（根据Pollock C. B., Willes J. 和 Chanell B. 的说法：D将其商品标记为BORWICK'S BAKING POWDERS不构成伪造，但构成以虚假陈述获利）; R v. Dundas (1853) 6 Cox Crim Cas 30（Erle J, Northern Circuit）（D模仿Everett的标签，在其销售的72瓶黑鞋油上使用"EVERETT'S PREMIER"的标签，因以虚假陈述获利被判入狱2年）; R v. Suter & Coulson (1867) 10 Cox Crim Cas 577（典当使用Goldsmith's公司虚假标志的手表，构成以虚假陈述获利）; Cf. R v. Bryan (1857) 7 Cox Crim Cas 312（说勺子"相当于ELKINGTON'S A"构成夸大质量，但不构成虚假陈述）。也见 Select Committee (1862), Qs. 2747 – 8 (Travers Smith)。

② Copyright of Designs Act 1842 (5 & 6 Vict. c. 100); Fine Art Copyright Act 1862 (25 & 26 Vict. c. 68); Select Committee (1862), Q. 2465 (Browning)。

③ 例如 Morison v. Salmon (1841) 2 Man & G 385（"Morison's Universal Medicine"）; Crawshay v. Thompson (1842) 4 Man & G 357（熨斗上椭圆状的"WC"）; Rodgers v. Nowill (1847) 5 CB 109, 136 ER 816（折叠小刀上的"J. Rodgers & Sons"）。

④ Motley v. Downman (1837) 3 My & Cr 1, 14 per Lord Cottenham LC.

⑤ (1838) 3 Myl & Cr 338.

⑥ 关于诉讼费用，见 Select Committee (1862) Qs. 1681 – 3 (D. Sinclair); Qs. 1970, 1987 (Polson); Qs. 2450 – 3 (Morley); Qs. 2503, 2511 (Coxon); Q. 2613 (Joseph Travers Smith)。

⑦ 见 L. Levi, "On Trade Marks" (1859) Jo Soc Arts 262, 265（解释1857年的法国法律将只保护与法国签订了互惠条约因此保护法国商家的其他国家的商人）; Select Committee (1862), Q. 2619 (Travers Smith)（"由于英格兰没有充分的互惠措施，英格兰法律的不良状态导致外国政府不给予任何救济"）。

二 1860~1875年商标法的发展

1860年至1880年是与商标法相关的活动特别活跃的时期之一。尽管一直有人抱怨盛行的商标误导性使用现象[1],但对制定这一法律所作的努力甚少[2]。这种情况在19世纪50年代末发生了改变,当时英国各地的商会开始参与争取立法[3],有人提出在诸如皇家艺术协会[4]、国家社会科学促进协会[5]、地方法律协会[6]等范围内修改法律。商会确定有必要进行某种改革,于是聘请了律师起草法律草案[7],并将草案提交给了政府。1861年,首份应对这一问题的法案由坎贝尔勋爵(Lord Campbell)提交

---

[1] "不幸的是,商人们企图利用他人的名义和声誉为自己谋取利益的事例,最近变得太普遍了。"上诉法院民庭庭长兰代尔(Lord Langdale)在 Franks v. Weaver (1847) 10 Beav 297, 302(药品案件);也见 "Proposed Alterations in the Law of Trade Marks" (1861) Sol Jo & Rep 2; Select Committee, Q. 2754 – 5 (Hindmarch); H. B. Poland, *The Merchandise Marks Act 1862*, London: J. Crockford (1862): 5。

[2] 1861年2月6日,波诺特·克罗斯利(Butnote F. Crossley)在商会联盟的会议上称"来自谢菲尔德的一个又一个代表团向政府提及商标这一主题,但都没有效果"。见 "Association of Chambers of Commerce," *The Times* (1861): 12f; "Proposed Alterations" ("就这一问题已经有许多团体向贸易部主席……")。

[3] "Trade Marks" (1858) Jo Soc Arts 595 (20 August, 1858)(伯明翰商会报告会议一致通过动议,认为不正当使用商标是错误的,应在各方面予以制止)。关于商会的影响,见 A. R. Ilersic and P. F. B Liddke, *Parliament of Commerce: The Story of the Association of British Chambers of Commerce*, 1860 – 1960, London: Association of British Chambers of Commerce and Newman Neame (1960): Ch. 9 (解释专利和商标领域的活动); G. R. Searle, "The Development of Commercial Politics, 1850 – 70," Ch 5 in *Entrepreneurial Politics in Mid-Victorian Britain*, New York: Oxford University Press (1993)(分析商会联盟的政治活动)。

[4] 里昂·李维斯教授(Professor Leone Levi),一位活跃在英国商会联盟的学者和律师,于1859年3月16日,在英国皇家艺术协会第十五次普通会议上,发表了一篇重要的论文:见(1859) Jo Soc Arts 262。

[5] A. Ryland, "The Fraudulent Imitation of Trade Marks," *Transactions of the National Association for the Promotion of Social Science* 229 (1859), 回应见269页。国家社会科学促进协会的活动背景,见 L. Goldman, "The Social Science Association, 1857 – 1886: A Context For Mid-Victorian Liberalism," *English Historical Review* 101 (1986): 95 – 134, 以及 L. Goldman, *Science, Reform and Politics in Victorian Britain: The Social Science Association*, 1857 – 1886, Cambridge: Cambridge University Press (2002)。

[6] 见 "On Fraudulent Trade Marks" (1861) Sol Jo & Rep 820, 约翰·莫里斯(John Morris)向伍斯特市和省法律协会提交的报告文件;"The Registration of Trade Marks" (1861) Sol Jo & Rep 839, 阿瑟·瑞兰(Arthur Ryland)向相同协会提交的论文。

[7] "State of Trade," *The Times* (1860): 4f. 谢菲尔德、伍尔弗汉普顿以及伯明翰商会代表的报告会议达成的解决办法是:谢菲尔德协会应该准备一项规定国内商标注册的法案,以及授权皇室就互惠保护与外国签订条约。

到上议院①,但最终止步于下议院的委员会阶段。此时,政府已经决定召集众议院的一个特别委员会来仔细考虑这个问题。② 因此,1862年2月,在提出一项关于"商业标志"的政府法案③,以及一项关于"商标"的私人法案[由代表谢菲尔德商会的事务律师威廉·史密斯(William Smith)起草,谢菲尔德议员约翰·阿瑟·罗巴克(John Arthur Roeburk)提出]④后,成立了一个特别委员会⑤。

特别委员会由"律师以及经验丰富并代表不同利益的商人"组成⑥,会见来自广泛领域的商人(电影制作人、锋利工具制造商、刀具制造商、枪支制造商、棉线制造商、缝衣针制造商、纽扣制造商、蕾丝制造商、淀粉和糖果制造商、啤酒酿造商、纸张制造商)、批发商⑦、官僚⑧和律师⑨,并听取他们的意见。经过商议,特别委员会决定——似乎没有达成一致——继续推动政府法案的通过⑩,并最终得以实现。因此1862年

---

① Bill 1861. (根据特拉弗斯·史密斯代表商会拟定的法案)Parl. Deb., vol. 161, col. 327, 12 February 1861; col. 1272, 4 March 1861; col. 1940, 14 March 1861; col. 2153, 18 March 1861; Parl. Deb., vol. 162, col. 543, 15 April 1861; 164 Parl. Deb., vol. 164, col. 1089, 18 July 1861.

② Parl. Deb., vol. 164, col. 1089, 18 July 1861; Parl. Deb., vol. 165, col. 274, 14 February 1862.

③ Parl. Deb., vol. 165, col. 988, 3 March 1862.

④ Parl. Deb., vol. 165, col. 442, 18 February 1862; col. 770, 26 February 1862.

⑤ Parl. Deb., vol. 165, col. 1231, 7 March 1862; col. 1280, 10 March 1862; col. 1489, 13 March 1862. 罗巴克(Roebuck)明确反对莫法特(Moffatt)的版本。

⑥ Poland, *Merchandise Marks Act* 7. 由罗巴克担任主席,该委员会包括三名律师[塞尔温(Selwyn),休·凯恩斯(Hugh Cairns),弗朗西斯·格斯麦(Francis Goldsmid)],两名政府成员[贸易部主席米尔纳·吉布森(Milner Gibson)和司法部长威廉·阿瑟顿(William Atherton)],制造商[地毯制造商弗朗西斯·克劳斯利(Francis Crossley);陶艺制造商、斯托克市议员阿德曼·威廉·科普兰(Alderman William Copeland);印花布印刷商、卡莱尔市议员埃德蒙·波特(Edmund Potter)];茶商、南安普敦市议员乔治·莫法特(George Moffatt);以及克朗·伊文·塞尔温(Crum Ewing Selwyn),通常作为上诉法院民庭庭长出现,曾是下列案件的律师:Hall v. Barrows (1863) 4 De G J & S 150, (1863) 32 LJ Ch 548; Bury v. Bedford (1863) 32 LJ Ch 741; In re Uzielli; Ponsardin v. Peto (1863) 33 LJ Ch 371.

⑦ 史密斯和戴尔(J. Dale),以及狄龙(J. Dillon), Dillon and Co.; 啤酒花商人布朗宁·特隆(Browning Teulon)以及阿道夫·贝克(Adolphus Baker)。事实上,有些商人并不认同商标具有公共利益的主流假设。例如,狄龙担心,越来越多的商标会给商业造成"阻碍":Select Committee, Q. 2268 (狄龙,回应莫法特的一个问题)。

⑧ 乔治·威克森(George Wilkinson),刀具公司师傅;本尼·伍克夫(Bennet Woodcroft),专利局技术规格负责人;以及李维斯·爱德蒙(Lewis Edmunds),专利局职员。

⑨ 威廉·史密斯,阿瑟·瑞兰,约瑟夫·特拉弗斯·史密斯,以及皇室法律顾问威廉·欣德马奇(William Hindmarch)。

⑩ Parl. Deb., vol. 167, col. 1418, 4 July 1862.

的时候，英国通过了《商品标记法》。本法规定以欺诈意图在商业中使用错误描述，将构成刑事犯罪，且专门提到了盗用商标问题，并广泛定义为包括"任何名称、签名、单词、字母、图案、徽章、数字、符号、印章、印戳、简图、标签、票券或是其他任何描述性的、被任何人合法用于指示由其制造、加工、生产或销售的任何动产的其他标志"。

尽管1862年法令在很多方面有巨大进步，受到欢迎①，但该法被认为价值有限，尤其是因为赔偿责任取决于欺诈意图的证明②。此外，该法仅将商标的欺诈性使用视为欺诈性商业行为的一种，未能将商标确立为财产，甚至没有确认其具体特征。因此，预料之中的，商会和英国皇家艺术协会坚持游说政府建立一项注册制度③。这带来1869年④、1873年⑤向议会提交法案，并最终在1875年取得成功。1875年通过的法令⑥成功地建立了商标注册制度，并使得这种注册的存在等同于公开使用。当时预计，这将为商家节省每次采取法律诉讼时商标确权的费用，并使所有商家了解哪些商标已经受到保护。

---

① 副大法官佩杰·伍德（Page Wood）曾说过，"在拒绝该法案的通过上，没人超过他所做的……在法庭这一分支上，他在所有场合都最为急切地纠正该法令造成的危害"：Farina v. Meyerstein, *The Times* (1864) 10f. 即使是商会联盟主席也将其作为"对法令的有用补充"，表示欢迎。见 Ilersic and Liddle, *Parliament of Commerce*, 94；也见 Poland, *Merchandise Marks Act*；Robertson, "On Trade Marks" 414, 415；E. Johnson, "Trade Marks" (1881) 29 Jo Soc Arts 493, 505。

② J. S. Salaman, *A Manual of the Practice of Trade Mark Registration*, London: Shaw and Son (1876): 3（将该法律描述为"没有预期的那么有用"）；*Special Report from the Select Committee on Merchandise Marks Act* (1862), *Amendment Bill* 203 (1887) 10 *Parliamentary Papers* 357, 376, Qs. 17 – 18；Kerly, *The Law of Trade-Marks* 7. 该法令限制的例子，见 R v. Scotcher, *The Times* (1864): 11e. 能与根据1994年商标法规定判决的案子作比较的案例，见 (1865 – 6) 41 *Law Times* 126 (6 Jan. 1866)（因在钢琴上标记 BROADWOOD & CO，被告被判处两个月劳役）；(1866 – 7) 42 *Law Times* (22 Dec. 1866)（因在啤酒上使用 BASS & CO，被告被判处六个月无劳役监禁）。

③ "Association in Birmingham" (1866) 14 Jo Soc Arts 131；"Birmingham Chamber of Commerce" *The Times* (1872): 12e；"Associated Chambers of Commerce," *The Times* (1873): 12c.

④ (1868 – 9) Bill No. 126 (13 May 1869; withdrawn, July). *The Times* (1869): 12e. 两年后，据说代表贸易部观点的早期法案"在众议院受到了冷遇"：Parl. Deb., vol. 204, col. 1387, 6 March 1871。

⑤ (1873) Bill No. 133. 它在1873年4月21日被首次审阅，于1873年7月7日被撤回。桑普森·劳埃德（Sampson Lloyd）评论说"众议院一名议员的反对就足以阻止此事继续进行"：*The Times* (1873): 12c。

⑥ 该法案于6月22日由凯恩斯勋爵提出，并于8月13日获得皇室的批准。见 Parl. Deb., vol. 225, col. 155, 15 July 1875；Parl. Deb., vol. 226, col. 703, 7 August 1875；*The Times* (1875): 8a。

这两项法律和特别委员会构成了这一时期的关键发展，商标保护在其他方面也得到了迅速发展。① 19世纪60年代，关于商标的判例法激增，约有59件公开案例，50年代是25件，40年代是15件，30年代是10件。② 在某种程度上，这些判例法的增加是由于商标使用的增加以及广告的快速增长③，紧接着，报纸广告印花税在1833年降低以及1855年取消④，1851年大博览会取得巨大成功。⑤ 立法要求也可能得益于司法制度的进步改革（特别是衡平法院适用的程序规则）。⑥ 这一连串的案件不仅催生了对适用原则和规则的详细阐述，此前由于不同法院、不同法官的零

---

① "兰代尔勋爵、克兰沃斯勋爵（Lord Cranworth）和上诉法院法官梅利什（Lord Justice Mellish）对……商标法给予了肯定，韦斯特伯里勋爵（Lord Westbury）和威廉·佩杰·伍德爵士，即后来的哈瑟利勋爵（Lord Hatherley），最终确立了商标所有者的权利。确立其财产属性后，下一步是给予成文法上的认可，并提供保护工具，凯恩斯勋爵在1875年的商标法中处理了这一问题，按照国外的做法，首次建立了商标注册体系，从英国制造商的声誉来看，在国外也许英国商标是比英国领土更重要的财产。" J. Lowry Whittle, "The Late Earl Cairns" (1885-6) 11 Law Mag & L Rev (5th ser.) 133, 150. 惠特尔（Whittle）自1876年起曾是商标与设计注册局的助理注册员。
② 数据来自对 Lewis B. Sebastian, *A Digest of Cases of Trade Mark, Trade Name, Trade Secret ... Decided in the Courts of the United Kingdom, India, the Colonies and the United States of America*, London: Stevens and Sons (1879) 中案件摘要的分析。
③ 例如，Holloway v. Holloway (1853) 13 Beav 209 案中的原告，每年花费30000英镑做广告，"等于许多德国候国的全部税收"，见"Advertisements," *Quarterly Review* 97 (1855): 183, 212. 内瓦（Nevett）告诉我们广告支出在1864年增长到40000英镑，1883年［托马斯·赫罗威（Thomas Holloway）去世那一年］增长到50000英镑，T. R. Nevett, *Advertising in Britain: A History*, London: Heinemann / History of Advertising Trust (1982): 71。
④ 一段少见的以英国为关注点的广告历史将1855年至1914年这一时期描述为广告的"大扩张时期"：Nevett, *Advertising in Britain* Ch. 5。
⑤ T. Richards, *The Commodity Culture of Victorian England: Advertising and Spectacle*, 1851-1914, London: Verso (1991). 罗伊·丘奇（Roy Church）在下文中批判了里查德（Richards）的观点："Advertising Consumer Goods in Nineteenth-Century Britain: Reinterpretations," *Economic History Review* 53, 4 (2000): 621, 629-630。丘奇在该文633页认为，19世纪50年代制造商试图远离过度夸张的广告，采用简约的方式介绍产品以及供应商的名称，有时一条信息不超过两个或三个词，旨在将名称与产品联系起来，例如"Glenfield's Starch""Colman's Mustard""Pear's Soap"。许多商标案件涉及的正是这些简洁的设计。
⑥ The Chancery Regulation Act 1862，通常被称为约翰·罗特爵士（Sir John Rolt）法令，要求衡平法院决定法律和事实问题，而不是像以前的做法那样，中止请求衡平救济的诉讼，并要求当事人在普通法法庭上请求决定这些问题。这显然是商标事项上的一个重大发展，以前衡平法院的做法是在任何存疑的情况下拒绝救济。关于之前做法的例子，见下列案件的一系列诉讼：Farina v. Silverlock (1855) 1 K&J 509, 517, 69 ER 560; (1856) 6 De G M & G 214, 43 ER 1214; 4 K & J 650, (1858) 70 ER 270, 或 Rodgers v. Nowill (1857) 6 Hare 325, 67 ER 1191; (1847) 5 CB 109, 136 ER 816; (1853) 3 De G M & G 614, 43 ER 241。

星判决而难以确立的一致性和连贯性也得以产生。在19世纪50~60年代,一位极为重要的人物是副大法官佩杰·伍德,他判决了至少45件案子①,尽管韦斯特伯里大法官在他相对较短的任期(1861~1865年)也有重要影响②。律师也保持惊人的稳定,由约翰·罗特爵士,休·凯恩斯,以及朗德尔·帕默(Roundell Palmer)包揽大多数的商标业务。③ 在19世纪70年代,司法系统中的重要人物有上诉法院法官梅利斯(Mellish),上诉法院民庭庭长罗莫(Romer)以及凯恩斯勋爵。在1862年至1882年期

---

① 在1853~1868年,佩杰·伍德是三位副大法官之一,之后短暂担任过哈瑟利(Hatherley)大法官。他参与的案子有:Flavel v. Harrison (1853) 10 Hare 467; Edelsten v. Vick (1853) 11 Hare 78; Farina v. Gebhardt (1853) Seb. Dig (118) 64; Hoffman v. Duncan (1853) Seb. Dig (122) 66; Taylor v. Taylor (1854) 23 LJ Ch 255; Farina v. Silverlock (1855) 1 K & J 509; Welch v. Knott (1857) 4 K & J 747; Collins Co. v. Brown (1857) 3 K&J 423; Collins Co. v. Cohen (1857) 3 K&J 428; Ansell v. Gaubert (1858) Seb. Dig (163) 91; Churton v. Douglas (1859) Seb. Dig (172) 96; Mappin Bros. v. Mappin & Webb, *The Times*, 31 May 1860, p. 11a; Henderson v. Jorss, *The Times*, 22 June 1861, p. 11b; Dent v. Turpin (1861) 2 J & H 139; Cartier v. Westhead, *The Times*, 12 July 1861, p. 11a; Cartier v. May, *The Times*, 13 July 1861, p. 11a; Young v. Macrae (1862) 9 Jur NS 322; Woolam v. Ratcliff (1863) 1 H & M 259; Batty v. Hill (1863) 1 H & M 264; Braham v. Bustard (1863) 1 H & M 447; Leather Cloth Co. v. Hirschfield (1863) Seb. Dig (214) 120; Leather Cloth Co. Ltd v. American Leather Cloth Co. (1863) Seb. Dig (223) 127; Leather Cloth Co. Ltd. v. Hirschfield (No. 2) (1863) Seb. Dig (224) 130; Browne v. Freeman (1864) 12 WR 305; M'Andrew v. Basset (1864) 33 LJ Ch 561; Farina v. Cathery (No. 1), *The Times*, 30 April 1864, p. 13c; Montague v. Moore (1865) Seb. Dig (242) 141; The Correspondent Newspaper Co. Ltd v. Saunders (1865) Seb. Dig (246) 143; Williams v. Osborne (1865) 13 LT 498; *Leather Cloth Co. Ltd v. Hirschfield* (No. 3) (1865) Seb. Dig (252) 148; Harrison v. Taylor (1865) 11 Jur NS 408; Southorn v. Reynolds (1865) 12 LTNS 75; Beard v. Turner (1865) 13 LT 746; Ainsworth v. Walmsley (1866) LR 1 Eq Cas 518; Standish v. Whitwell (1866) 14 WR 512; Morgan v. M'adam (1866) 36 LJ Ch 228; Scott v. Scott (1866) 16 LT 143; Liebig's Extract v. Hanbury (1867) 17 LTNS 298; Blackwell v. Crabb (1867) 36 LJ Ch 504; Graveley v. Winchester (1867) Seb. Dig (272) 162; Field v. Lewis (1867) Seb. Dig (280) 167; Stephens v. Peel (1867) 16 LT 145; Farina v. Cathery (No. 2), *The Times*, 27 April 1867, p. 10d; Lamplough v. Balmer (1867) WN 293。佩杰·伍德副大法官在1868年被任命为大法官,并因此主审Wotherspoon v. Currie (1871 -2) LR 5 HL 508。佩杰·伍德的生平背景,包括一篇不完整的自传短文,见W. R. Stephens, *A Memoir of Lord Hatherley*, London: R. Bentley and Sons (1883)。
② 韦斯特伯里审理了Edelsten v. Edelsten (1863) 1 De G J & S. 185, Hall v. Barrows (1863) 4 De G J & S 150, M'Andrew v. Basset (1864) 4 De G J & S 380,在上议院时审理了Leather Cloth v. American Leather Cloth Co. (1865) 11 HLC 523,以及Wotherspoon v. Currie (1871 - 2) LR 5 HL 508。
③ 凯恩斯,保守党成员,朗德尔·帕默,自由党成员,随后都担任了大法官(凯恩斯是1868年以及1874~1880年;帕默是1872~1874年,以及1880~1885年)。在这一职位上,凯恩斯向议会提交了1875年注册法案,并在上议院审理了Singer v. Wilson (1877) LR 3 HL 376;朗德尔·帕默,在上议院主审了两件案子:Johnston v. Orr-Ewing (1882) 7 HL 219,以及The Singer Manufacturing Company v. Loog (1882) 8 HL 15。

间，英国上议院听取了五例商标案件：Leather Cloth①，Wotherspoon v. Currie②，Singer Machine Manufacturers v. Wilson③，Johnston v. Orr-Ewing④，以及 The Singer Manufacturing Company v. Loog⑤。在后一案件发生时，大法官赛尔本勋爵（Lord Selborne）能够援引"适用于商标及商业名称的常见原则"，且布莱克本勋爵（Lord Blackburn）同意相关法律是"很稳定"的。⑥

伴随司法活动的展开，注释法学家们开始收集、整理和编纂判决和法规。从爱德华·劳埃德在19世纪60年代早期的论文开始⑦，到哈里·勃肯·珀兰（Harry Bodkin Poland）对1862年法律的评论，里昂·李维斯的《国际商法》⑧，随后是由路德洛（Ludlow）、詹金斯（Jenkins）和弗兰克·曼特尔·亚当斯（Frank Mantel Adams）在19世纪70年代早期发表的更有分量的著作。⑨ 在1875年法令颁布之后，出现了一些评述注册制度的文章：詹姆斯·布莱斯（James Bryce）对路德洛、詹金斯的著作作了补充⑩，亚当斯重新发表了他的文章，并附上了该法令⑪；商标保护协会事务律师J. 西摩·萨拉蒙（J. Seymour Salaman）（此前曾为该立法游说）发行了《商标注册实践手册》⑫；同时，约翰·比格兰·伍德⑬（John Bigland Wood）、查尔斯·德鲁里⑭（Charles Drewry）、莱昂内尔·B. 莫斯

---

① Leather Cloth v. American Leather Cloth Co. (1865) 11 HLC 523.
② (1872) LR 5 HL 518.
③ (1877) LR 3 HL 376.
④ (1882) LR 7 HL 219.
⑤ (1882) LR 8 HL 15.
⑥ (1882) LR 8 HL 15, 17, 29.
⑦ *The Law of Trade Marks* (1862). 也请注意伦敦国王学院教授里昂·李维斯的论文"On Trade Marks"；还有 E. M. Underdown, "On the Piracy of Trade Marks" (1866) 14 Jo Soc Arts 370；以及 Robertson, "On Trade Marks"。
⑧ L. Levi, *International Commercial Law*, London: V & R Stevens (1863): Ch 20.
⑨ Ludlow & Jenkins, *A Treatise*; F. M. Adams, *A Treatise* (1874).
⑩ J. Bryce, *The Trade Marks Registration Acts 1875 and 1876*, London: William Maxwell & Sons (1877).
⑪ F. M. Adams, *A Treatise on the Law of Trade-Marks: With the Trade-Marks Registration Act of 1875 and Rules*, London: Butterworths (1876).
⑫ Salaman, *A Manual of the Practice*, W. B. Saunders Company (1916).
⑬ J. B. Wood, *The Law of Trade Marks*, London: Stevens (1876).
⑭ C. Drewry, *The Law of Trade Marks*, London: Knight (1878).

雷（Lionel B. Mozley）[1]、爱德华·莫顿·丹尼尔（Edward Morton Daniel）[2]，以及刘易斯·博伊德·塞巴斯蒂安（Lewis Boyd Sebastian）发表了更多文章，后者更是确立了市场领先者的地位，共发行了五个版本[3]。

商标法受到密切关注的另一个场合是在外交部——它开始对外国法律产生浓厚兴趣。[4] 最早从1858年起，英国商人就开始向政府寻求对其权利的某种国际性认可。主要目的是阻止英国商标在国外尤其是德国的使用。在谢菲尔德钢制品行业的多位代表提交给外交部大臣的一份文件中，马姆斯伯里伯爵（Earl of Malmesbury），以及请愿者表示希望为他们自己及其后继者争取光荣的声誉和对他们努力的公正奖励。[5] 作为回应，外交部通过领事和大使馆网络对外国法律进行了详细的调查。调查结果缺乏规律，大多数法律似乎都是建立在伪造、假冒和欺诈的基础上的。提供保护的条件并不清楚，外交部决定尝试按照现有版权双边协定的模式[6]，就保护英

---

[1] L. B. Mozley, *Trade Marks Registration: A Concise View of the Law and Practice*, London (1877).

[2] Daniel, *The Trade Mark Registration Act*.

[3] L. B. Sebastian, *The Law of Trade Marks and their Registration*, London (1878). 塞巴斯蒂安共推出了五个版本：1878年、1884年、1890年、1899年（与Harry Baird Hemming）、1911年（与Harry Baird Hemming及Skinner Raymond Sebastian）。同时注意L. B. Sebastian, *A Digest of Cases of Trade Mark, Trade Name, Trade Secret, Goodwill etc*, London: Stevens & Sons (1879) 以及塞巴斯蒂安的 *Digest*，以及 *The Law of Trade Mark Registration*, London: Stevens (1906)，第二版由F. E. 布瑞（F. E. Bray）和J. Q. 恩里克（J. Q. Henriques）在1922年发行。如今领先的实务工作者书籍，科里（Kerly）的著作，在1894年首次进入这一领域：D. M. Kerly, *The Law of Trade-Marks and Trade Name, and Merchandise Marks*, London: Sweet & Maxwell (1894)（在1901年、1908年、1913年、1923年以及1927年发布了其他后续版本）。

[4] 正如里昂·李维斯随后所写的那样，在讨论国际商事法典的语境下，"我们一直从别处借鉴"：L. Levi, "An International Commercial Code," *The Times* 27 (1878): 6f. 殖民地及印度办事处对此明显也很感兴趣。同时请注意对印度刑法典的援引，（1861）Sol Jo & Rep 3 以及 "Trade Marks and Property Marks"（1861）Sol Jo & Rep 14，重复了相关规定。

[5] Robert Jackson, Hobson Smith, William Matthews to Earl of Malmesbury, 13 May 1858, NA: FO 83/211.

[6] Emerson Tennant, Board of Trade, to Malmesbury, 13 July 1858, NA: FO 83/211.（认可外交部为互认商标而谈判双边协定的计划，但驳回了"在签约方境内建立互相注册和公告的常设系统"的建议）这类条约的例子有：Convention Between Her Majesty and the French Republic (Signed at Paris, 3 November 1851)(1852) 54 *British Parliamentary Papers* 103; Convention Between Her Majesty and the King of Prussia (Signed at London, 14 June 1855)(1856) 61 *British Parliamentary Papers* 263, Art. 3; Convention Between Her Majesty and the Queen of Spain, (Signed at Madrid, 7 July 1857)(1857-8) 60 *British Parliamentary Papers* 261. 见 C. Seville, *The Internationalisation of Copyright: Books, Buccaneers and the Black Flag*, Cambridge: Cambridge University Press (2006): 49-56。

国商人进行双边条约谈判。第一个这样的条约是在 1859 年与俄罗斯签订的，随后是与法国、比利时、意大利、德意志关税同盟和奥地利。[1] 在外国对商标进行法律保护的兴趣在持续，调查结果开始在《国会文件》（也即所谓的"蓝皮书"）中发表：1872 年，政府发表了一份《关于外国商标立法的报告》[2]，第二份报告则是《英国和外国势力关于商标的条约规定》[3]。在相对较短的时间内，这些活动得到进一步加强[4]，开始考虑制定多边条约，并最终带来了 1883 年的《保护工业产权巴黎公约》。[5]

正是在上述场域上，英国的法律体系似乎开始发展其商标法的概念（并质疑许多概念）。当然，各个领域的关注重点大不相同，但重要的是，所有这些环节都不是孤立运作的：对外国法律的赞赏带来了对立法改革的呼吁[6]，立法改革为评论提供素材，评论则有助于判例法的发展（反之亦然）；而司法意见又影响立法改革。平行发展、相互影响的例子，可以从两个关键人物身上看出：韦斯特伯里勋爵和凯恩斯。当时是大律师兼国会议员的理查德·贝瑟尔（Richard Bethell）主持了英国皇家艺术协会的一次早期会议，里昂·李维斯在会上发表了一篇论文，强调了商标保护方面的缺陷。[7] 随后，理查德·贝瑟尔作为大法官在一系列开拓性的判决中扩

---

[1] Treaty of Commerce and Navigation with Russia (St Petersburg, January 12, 1859); Treaty of Commerce with France (Paris, January 23, 1860); Treaty of Commerce and Navigation with Belgium (London, July 23, 1862); Treaty of Commerce and Navigation with Italy (Turin, August 6, 1863); Treaty of Commerce with the Zollverein (Berlin, June 30, 1865); Treaty of Commerce with Austria (Vienna, December 16, 1865); Treaty of Friendship, Commerce and Navigation with Columbia (London, February 16, 1866).

[2] 阐述了奥地利、比利时、丹麦、法国、德国、荷兰、葡萄牙、俄罗斯、西班牙、瑞典、瑞士、土耳其以及美国的法律。

[3] 阐述了与奥地利、比利时、哥伦比亚、法国、意大利、俄罗斯和德意志关税同盟之间的条约。

[4] 对外国法的进一步调查带来了另一部蓝皮书：Reports Relative to Legislation in Foreign Countries on the Subject of Trade Marks Part I. European Countries, C. 2284 (1879): 73, Parliamentary Papers 469。请注意 Extracts from Treaties and Declarations Now in Force Between Great Britain and Foreign Powers Relating to Trade Marks, Designs and Industrial Property (C. -5554) (1888): 98, Parliamentary Papers 745。

[5] 英国一开始并不是其成员，在 1884 年加入。

[6] Parl. Deb., vol. 161, col. 327, 12 February 1861 (大法官称"在大多数其他国家伪造这样的标志是犯罪"); Underdown, "On the Piracy of Trade Marks"; E. Lloyd, "On the Law of Trade Marks No. V" (1861) Sol Jo & Rep 614。

[7] "Fifteenth Ordinary Meeting" (1859) Jo Soc Arts 262. 贝瑟尔在李维斯演讲结束时发表了一系列评论，强调造假"实际上是盗窃……小偷马上就得到了很可能是通过一生劳动得来的成果、发明和产业……"

张并加强了商标保护。① 凯恩斯勋爵作为大法官向议会提出了1875年《商标注册法》，他本人也经常参加商标诉讼，先是作为一名大律师，然后是一名法官，他还是1862年特别委员会的成员之一。②

三 关于商标性质的辩论

与现今对"品牌"概念的讨论一样，1860年没有商标的"法律"概念。从这个词具有某种意义的程度上来说，它是对特定商业人工制品或商业标记的描述：现阶段的法律制度围绕更广泛的概念构建其类别和诉讼，如诈骗、欺诈、虚假陈述或欺骗③，或特定行业或产品。这意味着，在19世纪中叶，识别什么是"商标"几乎没有什么意义④；或正如大律师威廉·欣德马奇向特别委员会解释的那样，"除了在哈兰郡（即谢菲尔德半径6英里的范围内），'商标'一词是一个不恰当的术语"。⑤

在接下来的30年里，随着法律体系把"商标"作为一个具有法律后果的专门术语来对待，这个术语引起了激烈的争论。商标法律定义的过程始于1861年和1862年法案的制定以及随后的特别委员会。几乎所有人都同意，必须加强防止欺诈性使用"商标"的法律，普遍的假设似乎是，某些法律——无论是基于犯罪、注册还是财产——应该适用于所有行业中的商标。针对特定贸易的立法缺乏基本原则且不合理，并带来了不必要、不受欢迎的区别：现代法律应该普适于所有贸易。⑥ 在起草规范"商标"使用的法律时，有必要确定这一术语到底是什么意思，正如贸易部主席米尔纳·吉布森在下议院所说："在这种情况下，问题显而易见：**商标是什

---

① 1864年《律师杂志》赞扬了韦斯特伯里勋爵对商标法理论的贡献，声称"在他的权威下，衡平法院在签发禁令方面得以一种开放而哲学的方式界定其管辖范围"："Trade Names and Marks"（1864）Sol Jo & Rep 175, 177。另一位商标司法发展的关键人物是副大法官佩杰·伍德，他在1859年担任社会科学协会法学部的主席，此时正是该部进行商标改革运动的时候。见Goldman, "The Social Science Association, 1857–1886," 95, 127 n. 3。
② 尽管他似乎没有参加任何委员会行动中的任何一场会议。
③ 一些人反对从"欺诈"到"商标"的转变。见Crauford,（1862）Parl. Deb., vol. 165, col. 770, 26 February 1862。
④ 一项例外是当商家试图转让其业务及商标时。
⑤ Select Committee（1862）, Q. 2757（W. Hindmarch）。
⑥ 一位评论员用夸张的口吻问道："别针、针、粉末、子弹、染发剂或古龙水的制造商，在使用相同方式时，是否没有资格获得与刀叉制造商或船锚制造商完全相同的保护？""Proposed Alterations in the Law of Trade Marks"。因此，有人认为法律必须在盖章和标记之外，再增加在标签和包装上做标记。

么?"（黑体为作者增加，以示强调——译者注）①

对于那些提出只保护注册商标的，似乎需要更加精确②，因为对注册的性质、作用和效果作了某些假设。③ 假定注册将划定一个专有权领域，人们意识到通过某种形式的表示，清晰、明确地确定这一领域很重要。这一表示必然涉及去情境化：受保护的标识必须从其通常的环境中被提取出来（无论是包装，还是印在刀刃上，或者印在一块布的末端），并重新呈现在注册簿中。反过来，注册要求标记的内涵和意义必须是其本身固有的，而不是来自它与其他符号、图像、形状或装饰的关系。因此，商标（或至少，可注册商标）的定义必须限于符合以下需求的对象：商家可以事先确定其值得保护，并且能够以有意义的方式表示出来。

即便如此，立法领域也不是唯一一个商标定义过程开始变得重要的情境。在国际谈判中，什么能构成商标或是获得保护的问题至关重要——不同政府需要了解各自体系所保护的对象，并找到一个词去指代任意条约所涵盖的对象。1858年，外交部试图了解英国商人在普鲁士是否受到保护，但马上陷入了困惑。普鲁士刑法典规定：任何人在商品或包装上伪造本地制造者、生产者或商家的名称或商号，以及住址或生产地，或在明知的情况下将带此欺诈标记的商品投入流通的，应被处以50~1000马克的罚款。再犯的还应判处不超过六个月的监禁。④

普鲁士似乎把其保护范围限制在名称和地点的组合上，它询问英国外交部对"商标"一词的定义，且专门询问这个词是否包括或排除"没有文字或字母表达的任意标志"。⑤

具体的条约规定试图以各种不同的方式克服定义问题。例如，1865年

---

① Parl. Deb., vol. 165, col. 446.
② 对可注册商标的宽泛定义可能存在官僚主义问题，并产生不良的法律后果。注册的支持者，如瑞兰，似乎认为如果注册局"规模如此之大"，它将无法良好运转：Select Committee (1862), Q. 737 (Ryland)。也见 Alfred Marten (for Mr Hermon), Parl. Deb., vol. 226, cols. 703 – 4, 7 August 1875. （称"他希望大家注意对'商标'一词作出适当定义的困难。人们提出了各种各样的定义，但没有一种对商标的法定注册来说是有效和全面的。他认为，为注册目的，最好只是使用而不是定义'商标'一词，把定义交由普通法院"）
③ 对比威廉·欣德马奇的观点，他反对注册制度。欣德马奇指出，如果权利是基于"使用"而注册是基于某种"表示"行为，那么"表示"与"现实"之间的必然差距将意味着第三方不能依赖于这种表示。或者，如果在注册之后，商人的权利将基于该表示，那么该商标的表示行为将改变受保护标的物的本质：Select Committee (1862), Qs. 1881, 2997 (Hindmarch)。
④ Prussian Penal Code 1851, Art. 269.
⑤ Baron Manteuffel to Augustus Paget, 1858, Berlin, in NA: FO 83/211.

12月16日的奥地利条约适用于"商业标志和其他显著的标志"①，1875年关税同盟条约适用于"商品标记或标签及其包装"②，而1877年美国条约规定美国公民和国民就"与商业标识和商业标签上的财产相关的一切"享有与英国公民相同的权利③，1882年与法兰西共和国的协定，适用于保护"商标、商号和其他表示商品来源或品质的显著性符号的财产权"，其他一系列与罗马尼亚（1880年）、塞尔维亚（1882年）和黑山共和国（1882年）的协定则适用于"商标和商业标签或票据"中的财产。④ 到19世纪70年代末，伦敦商标委员会秘书埃德蒙·强森（Edmund Johnson）把商标的定义问题确定为任何可能达成的商标保护多边协议的第一个关键步骤。⑤ "任何建立国际商标法的尝试都会遇到的首要困难"，约翰逊宣称，"是发现每个国家已根据该国的主流意见定义商标，而不是为了寻求将适用于所有国家的定义"。尽早统一商标的定义具有"迫切的重要性"。

打击商业虚假陈述、给予衡平保护的案例法中也同样讨论了什么是商标的问题。在一个案例中，大法官韦斯特伯里勋爵区别了"准确含义上的商标"和其他标志。⑥ 韦斯特伯里勋爵应该是第一个区分"商标"和商业中其他虚假陈述的人，这也许不是巧合，因为正是他主张将商标视为"财产"。同注册一样，将某些标志视为"财产"的建议似乎要求有一个可识别的、显著的、独立的对象，韦斯特伯里勋爵逐渐开始澄清他所理解的商标的决定性特征。

---

① Treaty of Commerce between Her Majesty and the Emperor of Austria, Vienna, 4 January 1866, Art. 11 in *Treaty Stipulations between Great Britain and Foreign Powers on the Subject of Trade Marks* (1872) (C. 633) 54 *Parliamentary Papers* 673, 675.

② *Declaration for Extending to German Empire Stipulations in Commercial Treaty Between Great Britain and Zollverein*, May 1865, *for Protection of Trade Marks*, London, April 1875 (C. 1207) (1875) 82 *Parliamentary Papers* 585.

③ *Declaration between Great Britain and United States for Protection of Trade Marks* (C. 1901) (1878) 80 *Parliamentary Papers* 439. 也见 *Declaration between Great Britain and Denmark for the Protection of Trade Marks*, Copenhagen, November 28, 1879 (C. 2463) (1880) 78 *Parliamentary Papers* 295.

④ *Extracts from Treaties and Declarations Now in Force* 745, 749 – 52.

⑤ Johnson, "Trade Marks," 493, 497 – 8.

⑥ Hall v. Barrows (1863) 4 De G J & S 150, 157. 也请注意 Leather Cloth v. American Leather Cloth Co. (1865) 11 HLC 523，在此，韦斯特伯里勋爵将原告的标志描述为"实际上是关于他们产品的品质和质量的广告"，而不是"迄今为止"商标术语所恰当指代的东西（546页）。在538页，金斯敦勋爵（Lord Kingsdown）表示，"商标通常的含义"是指一种"符号或徽记"，通过使用"在贸易中被认定为特定个人的商品的标记"。

然而，司法定义和符号分类不一定与对（我们现在称之为）假冒的专有理解联系在一起。定义的过程也是受案件影响的一个可预测回应：司法系统从在特定的案件判决中阐述规则开始，在发展这些规则的过程中，虚假陈述的类型或形式也被认为是相关要素。在寻找名称的过程中，司法部门提到了"真正的商标"，甚至开始对具有不同法律效力的商标进行分类。[1] 这些标记的定义过程反过来又得到了评论员和教科书作者的帮助。许多评论员认为，至少有必要定义它们的客体，并解释为什么它值得区别对待。正如昂德当（Underdown）所写的那样，"准确定义正确含义上的商标（a trade mark properly so called），对正确理解其客体及难点至关重要"。[2] 同样地，塞巴斯蒂安的文章反问道："这项法律与哪一类客体有关？"并试图将"真正的商标与其他标志"区分开来。[3]

四　商标的含义

在接下来的几十年里，人们对"商标"的性质和功能提出了一些可能的概念。争议的问题包括商标的形式：商标是否限于姓名或可视图像，以及设计或与文字结合。还有"商标"与商品的结合方式的问题——标志只有印在商品上才能算作商标，或者与商品有关的材料，例如标签、包装纸和瓶子，是否可以构成商标。最后，还有一些问题是关于商品上的哪些标记构成"商标"，而哪些则不是；以及商标是否具有指示商业来源、地理来源或质量（或其他东西）的功能。正如我们将看到的，1875 年的商标法没有解决这些问题，对商标（或可注册商标）定义的讨论持续到 20 世纪——1883 年、1888 年及 1905 年立法都对可注册商标的定义进行了修改。的确，尽管围绕商标定义的辩论在许多方面与今天的辩论有所不同，但许多担忧仍是相同的。在这里，我想把我的讨论限制在两个问题上，一是什么客体可以作为标志，二是标志所传达的意义。

---

[1] Singer Manufacturing v. Wilson (1876) LR 2 Ch Div 434, 441–3 Jessel MR. （将虚假陈述的案件分为两类：真正的商标，也即表明商品由特定制造者制造的标记，以及第二类，没有使用原告的标记，通过其他陈述表明商品属于原告）在该案的上诉中，上诉法院法官詹姆斯认可了这一分析。

[2] Underdown, "On the Piracy of Trade Marks".

[3] Sebastian, *The Law of Trade Marks* (1878), at 14, 16.

(一) 姓名

第一个感兴趣的领域与姓名有关。很明显，至少从1862年提交给特别委员会的文件中就可以看出，许多人认为商人的姓名是典型的商标。[1] 这也许并不令人惊讶：现有的商业成文法框架，涵盖亚麻制品、啤酒花和专利权所有人（如上所述），规制在商品上使用假冒姓名，有时甚至强迫在商品上标明制造商的姓名；（尤其是）在打击对 BORWICK'S、VELNO'S[2]、EVERETT'S、SYKES'、RODGERS'、MORISON'S 和 HOLLOWAYS 的盗用时，规制伪造的刑法以及规制商业虚假陈述的民法都得到了引用。正如萨拉曼在他1876年的论文中所指出的，"一个人的姓名仍然比任何可以被设计出来的商标都要强大"。[3]

更有趣的是，将姓名视为典型商标的视角指出了一个很少有人注意到的以人格为基础的商标保护观念。虽然英国法律拒绝承认人格权（现在还依然是这样）[4]，这一时期正在通过的法律似乎已经受到个人姓名中包含固有权利这一观念的影响（即使它们并未表达出来）。实际上，特别委员会的成员之一——波特，询问了证人是否愿意"授予一个没有名字的标记商标权"[5]，且他本人主张，保护范围应限于名字和与名字结合的字母组合。[6] 其他人则愿意接受更宽泛的受保护客体的概念，包括标记或图案，但主要是基于这些是姓名、签名或地址的替代或代表。正如注册制度的主要倡导者阿瑟·瑞兰所指出的那样："商标对于制造商而言，就像纹章或徽章对于绅士一样。"

如果姓名是典型的商标，那么保护它们将立即面临两个清晰的难题。第一是如何协调两个同名（或类似姓名）商家在商品上使用其姓名的固有

---

[1] 这可以从事事律师约翰·莫里斯的解释中看出，"商标不仅限于制造商或所有者的名称，而是扩展到……对各种可能的符号和记号的使用……"见"On Fraudulent Trade Marks"，约翰·莫里斯向伍斯特市和省法律协会提交的报告文件。

[2] Canham v. Jones (1813) 2 V&B 218（VELNO 的植物糖浆）。

[3] Salaman，*A Manual of the Practice* 11.

[4] Clark v. Freeman (1848) 11 Beav 112. 皇家外科医生詹姆斯·卡拉克爵士（Sir James Clark）败诉的案件，未能阻止被告出售标有"Sir J. Clarke's Consumption Pills"的商品；Belisle Du Boulay v. Jules Rene Hermenegilde du Boulay (1869) LR 2 PC 430.（判决无权阻止一名前奴隶在圣卢西亚使用 Du Boulay 这一姓名）

[5] Select Committee (1862) Q 2684. 特拉弗斯·史密斯（Travers Smith）回答称："虽然有名字的商标更好，因为这可以指示来源……许多有价值的现存商标是没有姓名的。"

[6] Ibid. Q. 2181（Potter）.

权利。法院在适用欺诈的扩张法（现在我们称之为"假冒"）时，已遇到过这样的问题，并决定如果该使用是善意的，法院不会干预①，如果有证据证明欺诈意图，法院将阻止对该姓名的进一步使用。② 然而，对于那些希望商标被视为财产的人来说，承认其他商家可能合法使用现有商家已经使用的姓名是一个问题，因为确定商标使用的合法性必然取决于其语境。③ 1875 年成功采用的商标定义④只允许个人或商标姓名在下列情形中注册："以某种特定且独特的方式印刷、压印或编织"；或是"个人或公司手书签名的手写或复印版本"。⑤

认为姓名是人格延伸的观点导致了第二个问题，那就是为什么这种权利应该以注册为基础。的确，似乎已经有相当广泛的意见认为，姓名是如此特殊，以至其中存在着一种固有权利，无须正式手续就可以得到保护，而其他的标志，如标记或图案，只有在商业中使用或经注册才应受到保护。⑥ 因

---

① Burgess v. Burgess（1850）3 De G M & G 896. ［父亲使用名称 John Burgess and Son 销售鱼露，起诉其子威廉·哈丁·博格斯（William Harding Burgess），因其子使用名称 W. H. Burgess，并标示为 Burgess's Essence of Anchovies（Burgess 鱼露），父亲败诉，尽管上诉法院法官布鲁斯爵士承认，如果存在"任何欺诈情形"，本案将大为不同］；Mappin Bros. v. Mappin & Webb, The Times, 31 May 1860, p. 11a; Dence v. Mason（1880）41 LTNS 573.（阻止被告使用原告的名字"BRAND"，但允许其使用"MASON AND BRAND"）；Dunnachie v. Young（1883）10 Sess. Cas.（4th Ser.）874, 885。（克莱基勋爵（Lord Craighill）认为，"一个人的姓名可能是商标"，但指出同名的同类商品制造商可以使用该姓名，只要他已尽善意努力区分二者的商品并避免欺诈）
② Croft v. Day（1843）7 Beav 84. 德伊（Day），鞋油制造商 Day and Martin 的在世合伙人，成功起诉其侄子德伊（也叫 Day），其侄子和一位叫马丁（Martin）的朋友也制造鞋油；Holloway v. Holloway（1853）13 Beav 209。保护在斯特兰德街 244 号的 HOLLOWAY'S PILLS AND OINTMENTS 制造商，禁止亨利霍洛威（Henry Holloway）在斯特兰德街 210 号开设"H. Holloway pills and ointments"店铺，并使用与原告相似的盒子、瓶罐、标签和包装纸。尽管承认被告有权利销售 Holloway's pills and ointments，上诉法院民庭庭长兰代尔认为这里有明显的欺诈意图。
③ 1862 年的《商品标记法》规定只在有欺诈意图的情况下才承担刑事责任，将姓名纳入该法对商标的定义几乎没有问题。
④ Alfred Marten（for Mr Hermon），226 Parl. Deb., vol. 226, col. 703 - 4, 7 August 1875.
⑤ 相当惊人地，塞巴斯蒂安在他 1878 年的著作 Law of Trade Marks 中称"一个名字在其本质上是通用的，并被恰当地用于指示世上的不止一个人，而可能对成千上万的人都同样合适"：18 - 19。
⑥ Select Committee（1862）Q. 725（Ryland）（"我会只注册商标"；我们认为没有必要注册那些没有使用商标的制造商的姓名）；732（"没有人可以在未经授权的情况下，无罪地使用他人的姓名"）；"The Registration of Trade Marks"，阿瑟·瑞兰的报告文章（就商标而言，我不了解制造商的姓名，也不了解其描述产品质量的标签，我只知道它是用来指示制造或销售该产品的人或场所的图案。商标之于制造商，就像徽章或纹章之于绅士。瑞兰认为，禁止欺诈性地使用姓名或标签是可取的，"但错误之处在于，把它们纳入了商标这一术语"）。

此，如果要使用商标注册制度，它应只涵盖标记和符号，而不包括应自动得到法律保护的姓名。① 我们刚才已经指出，1875年的法令只允许在有限的情况下保护姓名。然而，为了避免对现有利益的损害②，该法还允许注册"在本法通过前作为商标使用的、任何特别的、具有显著性的单词、词组、数字或字母的组合"。不幸的是，该法案没有明确注册、不可注册和其他形式的保护之间的关系。在一段时间内，至少有一些评论员认为普通法的保护被废除了，只有根据该法律才能受到保护。如果法院采纳了这一观点，使用自身姓名（且没有与其他具有显著性的图案结合）的商家将几乎没有民法的保护。

（二）其他标记

几乎所有参与定义"商标"概念的人都认为，商标必须包括"标记"、"符号"、"标志"和其他可视"图案"。这些标识正是在谢菲尔德刀匠公会③运行的制度下受保护的内容，希望通过注册将商标认定为财产的人在许多方面都依赖于这种模式。这些"标记"也受到质量标记、枪管标记、亚麻制品标记和保护专利权人的相关法规的保护。确实，这一时期许多讨论商标问题的人都认为这是最主要的标记。例如，《律师杂志》的一位评论员认为"通常意义上的商标"是指"在每个物品上标记的、代表现实或虚构世界中的已知动物的特定图案"——尽管同时代的人很少会将商标概念限定到动物的代表。④

尽管毫无疑问，这些标志应该包含在商标的定义中，但同时代的人对该定义还能够——或应该——包括哪些对象存在争议。法院表示，法律对欺诈性虚假陈述的打击可以延伸到对任何或所有标记的虚假陈述⑤，起诉欺诈性使用特定姓名、巴士车身色彩或是在布料特定位置上的棉带，原则

---

① 但其他人认为姓名和标志都同样值得保护，如果要采用注册体系的话，应该允许其注册。Select Committee (1862), Q 1111 (J Smith) ("在许多例子中，姓名自身就可以作为商标，或者是与姓名首字母的设计结合作为商标")。
② Alfred Marten (for Mr Hermon), Parl. Deb., vol. 226, cols. 703-4, 7 August 1875.
③ 希金斯（Higgins）和特威代尔（Tweedale）描述了这一时期最著名的两个此类标记，一个是罗杰斯（Rodgers）标记，由一颗星星和马耳他十字组成（最初于1682年被授予威廉·伯克斯），另一种是乔治·沃尔斯滕霍尔姆父子公司（George Wolstenholm & Sons）使用的I*XL标记，最初于1787年被授予威廉·史密斯。"Asset or Liability? Trade Marks in the Sheffield Cutlery and Tool Trades," Business History 37 (1995): 1, 6.
④ "Proposed Alterations in the Law of Trade Marks" 3.
⑤ Perry v. Truefitt (1842) 6 Beav 66, 73.

上也能获得救济。① 淀粉生产商布朗及珀森（Brown and Polson）中的约翰·珀森在向特别委员会提供证据时表示，他想要一种"在商标、包装整体特征、装饰风格或物品名称中主张财产的"方式。② 且亚当斯在他的商标文章③中将商标定义为"任何符号、标志、名称或其他指示"，包括"货物的捆扎方式，或是能与原告的制造或经营建立唯一联系的特殊形状的瓶子或箱子"。然而，就注册而言，对保护形状、装饰或者我们现在称为"奇异标记"的关注很少。也许寻求这类保护的人很少，而且使用此类标记的问题是如此明显，以至利益相关的商家满足于普通法和刑法在事实欺诈案件中提供的保护。

然而，关于文字作为商标能够或应该受到多大程度的保护，确实存在争议。当然，根据普通法，文字商标是受保护的。在 Perry v. Truefit 一案中，兰代尔勋爵认为"MEDICATED MEXICAN BALM"这一文字原则上可以受到保护，其他案件则承认以下文字可以受到保护：SOLID-HEADED PINS④，THE EXCELSIOR WHITE SOFT SOAP⑤，COCOATINA⑥，PES-SENDEDE，以及一些地理名称例如 GLENFIELD 和 ANATOLIA⑦。一些法官开始区分可保护和不可保护的文字，构建对商标的分类。例如，约翰·罗米利爵士（Sir John Romilly）认为"COLONIAL LIFE ASSURANCE"并非第一个使用该词的商人的专有财产，他试图将标识分为"具有显著性的标志"、"符号性例子"以及不受保护的"描述性文字"。⑧ 在 Leather Cloth Co v. American Leather Cloth（1865）一案⑨中，原告要求法院保护一个包括"CROCKETT INTERNATIONAL LEATHER CLOTH Co. EXCELSIORJR & CP CROCKETT & Co MANUFACTURERS, NEWARK HJ USA WEST HAM ENGLAND"字样的圆圈标记（被告的"标志"是一个半圆形，包括

---

① Knott v. Morgan (1836) 2 Keen 21. （模仿原告公交车业务的整体商业外观，包括工作人员的制服，导致了禁令，尽管这仅限于其公共汽车上构成对原告模仿的"名称、文字或图案"）Woollam v. Ratcliff (1863) 1 H & M 259（丝绸的捆系）。

② Select Committee (1862) Q. 1971 (Polson).

③ F. M. Adams, *A Treatise* (1874) at 8.

④ Edelsten v. Vick 11 Hare 78.

⑤ Braham v. Bustard (1863).

⑥ Schweitzer v. Atkins (1868) 37 LJ Ch 847 Malins VC (Schweitzer's cocoatina 或 anti-diseptic cocoa).

⑦ M'Andrew v. Basset (1864) 33 LJ Ch 561 (ANATOLIA 用于甘草糖).

⑧ Colonial Life Assurance Co. v. Home and Colonial Life Assurance Co. (1864) 33 Beav 548.

⑨ Leather Cloth v. American Leather Cloth Co. (1865) 11 HLC 523, 538 per Lord Kingsdown.

"AMERICAN LEATHER CLOTH COMPANY. SUPERIOR, LEATHER CLOTH MANUFACTURED BY THEIR MANAGER LATE WITH JR & CP CROCKETT 12 YDS OLD KENT ROAD, LONDON"字样)。金斯顿勋爵（Lord Kingsdown）认为，"商标通常"是指"符号或标记"（而不是文字），在商业中，被认定为特定对象的商品的标志。韦斯特伯里勋爵断言："我应该把原告商品的这个附着标记，这里被称为一个商标，视为根据在先使用和商标申请，与迄今为止任何被该名称恰当指示的事物的描述绝不相同或重合的东西……各位大人，上诉人在这里所说的商标，实际上是关于他们商品性质和质量的广告。"

  法官们可能在区分不同文字所受的保护方面取得了进展，这取决于在特定（和已知的）语境中使用的文字所表达的含义①，商标财产的支持者面临着一项困难得多的任务。如果允许某个文字被注册，且注册的结果是注册人拥有在特定商品上使用该文字的排他性权利，这将需要生成一个事先确定所有寻求注册的文字含义（且没有语境）的机制。此外，即使有分类制度表明哪些标记应予以注册，这种制度的运作也必然涉及聘请一些低层级的管理者，并授予他们决定允许或拒绝注册的权力。另一个担忧是，如此广泛的体系将导致权利或财产的激增。一名向特别委员会提供证据的商人认为，保护应限于图案。② 这反映出人们确实担心可能使商人承担法律责任的受保护标志会激增，因此希望批发商和零售商只需要对使用特定种类的标志保持谨慎。③ 他反对"范围太宽"和"最荒谬的东西泛滥成灾"。④

  比较法分析向当代人证实：文字可能是个问题。例如，奥地利1858年注册法，涵盖"用于区分旨在投入商业市场的、某个商人的产品和商品与其他商人的产品和商品的特殊标记"，具体指"图案、花押、插画等"，但不包括"在商业中常用于特定种类商品上的标志，以及仅由字母、文字、数字或州和国家标志构成的标志"。⑤ 1874年11月30日的《德意志

---

① 包括本身含义是描述性的文字的第二含义：韦斯特伯里勋爵在 Wotherspoon v. Currie 案中。
② Select Committee, S Morley – 商标应限于图案（2372页），担忧"范围太宽"（2397页）、"最荒谬的东西泛滥成灾"（2394页），"商标"这一表达应该包括任何人合法用于指示任何动产的图案（2396页）。
③ 也见 ibid., Q. 2362 (Dillon)。
④ 在这方面，令人感兴趣的是，1869年法案预备禁止就同一类商品注册多个商标：Trade Marks Registration Bill, (1868 – 9) Parliamentary Papers, 5 Bills, clause 12。继1869年法案之后，不成功的1873年法案在很多方面废除了这一限制。
⑤ Imperial Patent of 7 December 1858, Issuing a Law for the Protection of Trade Marks and Other Denotations, in Reports Relative to Legislation in Foreign Countries 585, 588 – 90.

帝国商标保护法》和1880年的荷兰法令也作出了类似的限制。①

甚至连阿瑟·瑞兰等注册制度的支持者，似乎也认识到了其中一些担忧的合理性。他建议将注册限制在图案上，这样一来，在早些时候的判例法中受到保护的"药膏"和"实心大头针"等词语就不会出现在注册系统中。他断言："把这些名字都排除在外是公正和明智的。在我看来，任何人对形容词享有专有权都是不公平的，而且违反了公共政策。"②

瑞兰的方法最终被采纳于1875年的《商标注册法》。该法第10条允许注册"具有显著性的图案、标志、标题、标签或票券"，可包括"任何字母、文字、数字，或字母、文字、数字的组合"，但没有对文字提供保护，无论它们是否为创造的、想象的或是非描述性的。似乎是为了强调这一点，对既得权利的保留允许注册"在本法通过之前作为商标使用的任何独特和具有显著性的单词、词组或是数字或字母的组合"。因此，许多事实上具有显著性的标记（例如在1875年后被采用并变得具有显著性的文字）无法注册。③ 有限的定义成为诉讼④和批评⑤的主题。仅仅六年后，人们就普遍认为一个由花哨名字组成的商标比任何一种图案都要值钱得多。⑥

五　商标与商品上其他标记的区别

在这一时期针对争议不断的"商标"定义，也许最有趣的方面是如

---

① 第4条（"如果商标仅包含数字、字母、公有字词、徽章或令人反感的设计"）：*Reports Relative to Legislation in Foreign Countries* 469，513 - 23。也见 Dutch Bill Laying Down Regulations Respecting Trade and Factory Marks (1879), in ibid. at 541。根据 Explanatory Statement to the Dutch Bill，排除文字商标的规定是明确借鉴自德国和奥地利的法律，其基础是避免对公共财产的侵占："必须考虑公共利益，这些标记从本质上来说是公共财产，不应该被个人为其独占利益所占用"，ibid. at 551。该荷兰法案通过并成为 Law of 25 May 1880，持续实施至1893年9月30日。
② "The Registration of Trade Marks,"阿瑟·瑞兰的一篇报告文章，他注意到普鲁士的法律也是如此。
③ J. E. Evans-Jackson, "The Law of Trade Marks," (1899) 47 Jo Soc Arts 563, 565.（"1875年的法案有一个很大的缺陷，它没有规定文字标记的注册或保护……招致了最大的不满……"）
④ *Ex parte Stephens* (1876) 3 Ch. D 659（AEILYTON case）；Rose v. Evans, *The Times*, 12 May 1879, p. 6b.（L I METTA, 酸橙树的植物学名，不可注册）关于在该法令通过前使用的文字是否具有显著性，见 Reinhardt v. Spalding, *The Times*, 11 December 1879, p. 4a.（经过18年的使用，FAMILY SALVE 在药品上具有显著性）
⑤ Johnson, "Trade Marks," 493.
⑥ Ibid. 501.

何将商标和与产品相关的其他标志、符号和宣传资料区分开来。就像"姜饼上的印记"①一样,并不是产品上的所有标记都可以被理解为"商标"。但是在姜饼上偶然留下的印痕、装饰性的印痕和作为"商标"的印痕之间有什么区别呢?在反对一份早期版本的商品标记法案时,曼彻斯特商人提出:"在大多数情况下,完全不能确定商标或是所谓的商标是否受到了妨碍,甚至不能确定是否有意将这一标记作为商标。"②在1862年的特别委员会中至少有一名成员(他本人决定作证)——印花布印刷工——埃德蒙·波特认为,商标包括"所有本身具有一定设计的东西"。③当罗巴克(Roebuck)就商标和设计(已经受到注册制度的保护)之间的区别提出怀疑时,他回应称:"都一样……我无法区分它们。"④

那些试图区分可以装饰商品的各种标记,以确定哪些是商标的人,倾向于关注每个标记的功能:商标的形式(文字、颜色等)与其他符号可能是相同的(本体论上),然而,让一个符号成为商标的是其发挥功能的方式或是人们理解它的方式。例如,特别委员会主席约翰·阿瑟·罗巴克向证人——刀具公司的刀具师傅乔治·威克森提出,商标是"被印在一件产品上,以表明该产品是由某个人生产的徽章"。⑤四年后,律师昂德当表达了类似观点,提出"商标的准确定义"为"指示任何商品、产品或批发品是由在商品上使用该商标的人制造、加工、生产或销售的任何标志、名称、数字、字母或图案"。⑥虽然在细节上略有不同,但这两种功能性定义对今天的商标律师来说都是很熟悉的,他们对商标的经典理解是:商标是用于(或意图用于)指示商业来源的符号。

虽然这一时期对商标功能的定义在许多方面与今天对这类标志的描述并无不同,但有两个方面特别值得注意。第一个方面关系到商业来源指示的具体内容:因为对商标到底是(或应限于)指示工艺或制造的标志,还是指示生产该商品的实体,或者只是说这些货物得到了正好为商标所有者

---

① Select Committee (1862), Q. 1209 (J. Smith). 司法系统面对商品上不具有商标经典特征的材料时,也存在困难。见 Leather Cloth v. American Leather Cloth Co. (1865) 11 HLC 523, at 546。
② 见 "On Fraudulent Trade Marks," 820, 821, 引用自曼彻斯特批发商反对该法案的请愿书。
③ Select Committee (1862), Q. 2183 (Potter).
④ Ibid. Q. 2211, 2215 (Potter).
⑤ Ibid. Qs. 1726 – 8 (G. Wilkinson).
⑥ Underdown, "On the Piracy of Trade Marks," 370.

的某人认可,仍存在争议。

伦敦商人狄龙认为,商标是"贴在商品上的一种标记,用来指示这些商品是由特定的人制造的"。① 他说商标不应该由制造商以外的人使用,因为"商标是暗示特定事实的标志,即它是由某个人或公司在某一地点制造的。如果你改变了……主体,这将破坏这一标志。我听说有人想出售他们的商标,马上就会想到一个士兵在卖他的奖章"。

根据他的分析推理得出的结论,他甚至会反对合伙企业的继承人使用同样的商标。② 其他人对来源持更开放的看法。在向1862年的特别委员会作证时,律师及谢菲尔德商会秘书威廉·史密斯,以及铸铁工及谢菲尔德商会主席约翰·史密斯,提出了符合现代观念的观点:商标"表明货物是由特定人制造的,或是由其他经其授权的人为他制造的"。③ 另一个律师,昂德当热衷于强调商标对商人或批发商的价值,能够表明"他们选择中包含的谨慎"。他将商标定义为表示"任何商品、制造品或货物,是由在商品上使用该商标的人生产、加工、制造或是批发的标志"。④ 但其他人认为商标"可能仅仅意味着……所附物品经该商标的使用权人之手进入市场,并最终可能被公众认为仅仅是质量的保证"。⑤

六 作为地理来源指示的商标

在这一时期(商标)功能定义的第二个方面之所以有趣,是因为它似乎在很大程度上已经从今天的商标法中消失了。虽然今天的评论人士认为商标是商业来源的标志,但19世纪60年代和70年代的人似乎认为商标也表明产品的产地。阿瑟·瑞兰将商标描述为"一种工具,制造商用它来表示商标所附物品的制造人或制造地点"。1874年⑥,亚当斯将商标形容为"任何符号、标记、名称或是其他指示,当被贴在市场中的待售商品上

---

① Select Committee (1862), Q. 2286. (Dillon); Q. 2336. (狄龙,同意波特的观点,即商标是"向购买者传达商品制造者姓名的一种方式")
② Ibid. Q. 2343 (Dillon).
③ Ibid., Q. 616 (William Smith); Qs. 1225 – 35 (J. J. Smith).
④ Underdown, "On the Piracy of Trade Marks," 370. 1862年《商品标记法》将商标保护的对象宽泛地定义为"任何人合法使用的任何标记,用以表示任何动产,或(在苏格兰)任何商品、制造品或货物是……此人制造、加工、生产或出售的……或……是由该人士制造或售卖的、属于任何特殊或特定品质或种类的物品或事物"。
⑤ Ludlow and Jenkyns, A Treatise, 2.
⑥ F. M. Adams, A Treatise (1874). 也见 Levi, International Commercial Law 598。

时，将给购买者传达这样的印象，即这些商品是某些人，或是由某种形式，或是在一些特定的地点制造的。事务律师莱昂内尔·莫兹利将商标定义为表明物品或商品是"由特定的公司或个人，在某一特定的地点或制造厂制造的，或具有某一特定的质量或描述"。① 印度《刑法典》② 和 1851 年的普鲁士法③ 也通过了类似的定义，并在 Hall v. Barrows 案以及 Leather Cloth 案中得到了约翰·罗米利爵士和大法官克兰沃斯勋爵的司法认可。④

在 21 世纪的评论家看来，这种将商业来源指示与地理来源指示联系起来的趋势很奇特。把商标强调为指示地理来源的标志，在一定程度上可能反映了这样一个事实，即许多商人在其货物上标明了商品产地的名称和地址。那么，在特定（非地理）商品名称和地理来源之间可能很快就形成了联系。此外，它还反映了一个事实：许多消费者认为商品的地理来源暗示了商品潜在的质量。因此非地理性的标志，例如姓名，在公众心目中可能与商品的制造地联系起来，继而，与商品的质量相联系。正如亚当斯所解释的，商标"实际上应该是对公众的一种保证，让他们确信，他们正在从某些人的高超技巧或某个地方特有的本地优势中获益"。⑤ 相比之下，虽然今天人们可能会把特里（Terry's）巧克力和约克联系在一起，或者把吉百利（Cadbury's）巧克力和伯明翰联系在一起，但消费者不会认为这些制造品的质量取决于其产地。今天，大多数制造企业被认为是高度流动的，来自不同地点的员工能力相同，生产的质量（相对于成本）与地理位置无关。

---

① Mozley, *Trade Marks Registration* 1.
② 印度 1860 年《刑法典》第 478 条将商标定义为"一种标志，用来表示商品是由特定的人或在特定的时间或地点制造或加工，或这些商品具有某种特定的质量"："Trade Marks and Property Marks," 14。
③ 根据李维斯的 *International Commercial Law*，该法禁止欺诈性制造标有"普鲁士制造者、生产者或商家的公司名称以及住所或制造地"的商品。
④ (1863) 32 LJ Ch 548. 经过考虑，上诉法院民庭庭长约翰·罗米利爵士认为商标不可以出售。他将商标分为两类："表示某些物品制造地点的标记"，这一地点"可能就制造该物品而言具有独特的本地优势……以及指示商品制造者的标记"。在 Leather Cloth v. American Leather Cloth Co. (1865) 11 HLC 523 中，大法官克兰沃斯勋爵将商标的权利定义为"为了指示所附商品是在何地或由何人或是在何工厂制造的，而排他性使用该标志的权利"。也见 Dunnachie v. Young (1883) 10 Sess. Cas. (4th Ser.) 874。(GLENBOIG，是挖出稀土的地方的名称，对火砖来说是个好商标；克莱基勋爵："地名，或者说地理名称，也被作为商标使用")
⑤ F. M. Adams, *A Treatise* (1874), 60. 在 Hall v. Barrows (1863) 32 LJ Ch 548 中，上诉法院民庭庭长约翰·罗米利爵士解释说，"指示商品在某个特定地方生产的商标或品牌，可以被也很可能会被和工厂本身一同出售，商标将会被和该地点联系起来，指示它初次被使用时所指的地点，该地点可能就制造该物品而言具有独特的本地优势"。

19世纪60年代,商标是否指示产地(以及商业来源)的问题不仅关系到商标的定义,而且被认为具有潜在的重大法律含义。更具体地说,就表明地理来源的(非地理)商标而言,出现的问题是,将同一商标与任何其他地理来源联系起来是否构成错误描述。如果所有人想要重新选址,或者将企业卖给另一个地方的制造商,这将带来潜在的重要影响。① 史密斯认为即使公众期望某种特定的产品,出售标志也不会造成虚假陈述。贸易部主席米尔纳·吉布森问他是否会反对一个迄今为止在哈瓦那生产雪茄的人,将商标使用权出售给另一位在伊普斯威奇制造雪茄的商家。② 史密斯回答说,他不认为这将导致欺诈。相比之下,美国商会商标注册运动的主要人物之一、事务律师阿瑟·瑞兰则受到更大干扰。他将商标描述为"一种工具,制造商用它来表示制造该物品的人或地点"。他认为商标转让不应与商业转让分开,但对于米尔纳·吉布森提出的问题,即是否应允许一家位于某个地理位置的企业将其业务和商标出售给另一个地理位置的商家,他遇到了一些困难。③ 其他人则更加明确,伯明翰一名纽扣制造商——赖特(Wright)认为,"商标不应该流通"。④

七 迈向"现代"的商标定义:1875~1888年

1875年法令的通过并没终止商标定义之争辩。⑤ 事实上,注册程序增

---

① 早在1837年Motley v. Downham案中,就有人提出过一个相关问题,即商标和地点之间是否存在关键关系。该案的争议是,商标"M. C."此前被用于指示锡盘盒子来自位于喀麦登的一家工厂,一名商人购买了该商标及其商业上的信誉,随后将制造地点搬到了44英里外的格拉摩根郡。十年后,被告开始在该喀麦登工厂营业,并在其锡盘上标记"M. C. Carmarthan"。副大法官下达了禁止令,但大法官科特纳姆勋爵(Lord Cottenham)解除了禁令,允许原告在普通法法庭上提起诉讼。他似乎并不认为这个案件会有什么问题,除了被告使用的商标一直是由该工厂制造锡盘的人所使用这一事实。他认为这个问题"相当精细",即与某一特定地点有关的标记能继续被在该地点以外营业的人使用。
② Select Committee (1862), Q. 620 (Milner Gibson to W. Smith).
③ Ibid. Q. 908 (A. Ryland).
④ Ibid. Q. 1075 (J. S. Wright).
⑤ 事实上,新制度受到了相当大的批评,尤其是来自曼彻斯特棉花行业的批评,商人们要求自身立即被排除在法律的适用范围之外:D. Higgins and G. Tweedale, "The Trade Marks Question and the Lancashire Cotton Industry, 1870 - 1914" (1996) 27 *Textile History* 207 - 28, esp. at 211。也见 (1876) Sol Jo 402, 18 Mar. 1876; *Board of Trade Committee to Inquire into Duties, Organisation and Arrangements of Patent Office as relates to Trade Marks and Designs, Report, Minutes of Evidence, Appendices* [以下简称为赫歇尔委员会(Herschell Committee)](C. - 5350)(1888)81 *Parliamentary Papers*, para. 15, Q. 172 (evidence of H. R. Lack), Q. 1252 (evidence of Mr Joseph Fry, 专利局曼彻斯特部负责人)。

加了对商标保护客体的讨论。随着成千上万的申请的发出，注册局要作出数以千计的决定①，法庭案件也大量增加。② 所有这些活动导致了解释的不一致，暴露了申请的困难，最终导致了 1883 年和 1888 年的立法改革。到这一时期结束时，商标法开始看起来比 1850 年甚至 1875 年的法律更加接近今天的模式。主要的发展是：合并各种"商标"定义；澄清基于注册获得的保护与未经注册但可获得的保护之间的关系；将可注册对象扩展到文字商标；排除描述性商标和地理标志的注册；为在海外相互保护商标而作出的多边安排。

（一）强化商标的概念

正如我已经提出的那样，在 1860 年，没有"商标"的法律概念。到 1875 年，至少有三种商标的法律概念：1862 年《商品标记法》第 1 节中

---

① 注册官的决定过程受到专利局局长、大法官、高等法院院长以及皇家首席律师的协助：Trade Mark Rules, r. 68。在某些领域和地区，例如曼彻斯特和雷迪奇，在注册官判断什么构成商业中的通用时，当地的商会会提供帮助。见 *Reports of the Commissioners of Patents for Inventions* (1878 – 9) 26 *Parliamentary Papers* 808, 817; Herschell Committee, Q. 1252 (Joseph Fry); Q. 2011 (L. Whittle); Johnson, "Trade Marks" 500 – 3. （论曼彻斯特棉花协会和雷迪奇缝衣针标签协会）专利局局长的意见可被上诉至贸易部。一些人将曼彻斯特专家委员会称为"商事法庭"：*In re Brook's Trade mark*, The Times, 15 July 1878, p. 4d (Hall V-C)。但厄尔·凯恩斯批评了这一观点：Orr Ewing v. Registrar of Trade-Marks (1879) LR 4 HL 479, 483。

② Trade Marks Registration Act 1875, s. 5。见：*Ex parte Stephens* (1876) 3 Ch D 659 (Jessel MR)（文字商标 AEILYTON 不可注册）；*In Re Barrows' Trade Marks* (1877) 5 Ch D 353 (Court of Appeal) (Jessel MR)（涉及字母 BBH 的一系列商标的注册形式）；*In re Mitchell's Trade Mark* (1877) 7 Ch D 36（拒绝更正登记册以涵盖由单个字母 A 至 W 组成的 23 个商标（用于钢笔），因为该规定所指的是"字母组合"）；*In re Hyde & Co. 's Trade Mark* (1878) 7 Ch D 724 (Jessel MR)（取消用于封蜡的老商标 BANK OF ENGLAND，因为它已作为商业通用名称二十年）；*In re Leonardt* (1878) Seb. Dig 373 (Jessel MR)（有免责声明时允许注册图片和文字商标）；*In re Jelley, Son, & Jones' Application* (1878) 51 LJ Ch 639 n, 41 LTNS 332 (Jessel MR)（考虑在新类别上注册老商标）；*In Re Rotherham's Trade-Mark* (1879) 11 Ch D 250 (Bacon V-C)，(1880) 40 Ch D 585 (CA)（根据上诉法院法官詹姆斯的意见，TOD 在阿拉伯语中是一个具有显著性的工具，或是根据上诉法院法官贝格雷的意见，以某种独特或显著的方式印刷的个人姓名）；*In re J. B. Palmer's Trade Mark* (1883) 24 Ch D 505 (CA)（"BRAIDED FIXED STARS"被取消注册，因其描述了点燃后顶端不掉落的火柴，属于编织工艺专利的对象）；*In Re Leonard & Ellis's Trade-Mark* (1883) 26 Ch D 290（"VALVOLINE"被取消注册，因为在 1875 年法令通过前，该商标并未在本国使用，或即使有，也不是作为商标使用，而是作为对一种发明产品的描述）(CA)；*In re Anderson's Trade Mark* (1884) 26 Ch D 409［拒绝注册用于肉汁的李比希（Liebig）图片以及文字"BRAND BARON LIEBIG"，即使附上免责声明，因为其构成了商标的主要部分］；Edwards v. Dennis (1885) 30 Ch D 454；*In re James's Trade Mark* (1885) 31 Ch D 344（商品本身的图片表示不构成"显著性图案"），撤销了 (1886) 3 RPC 340。

采用的非常宽泛的概念①；在普通法保护的背景下发展起来的商标的尝试性定义（后来称为"假冒之诉"）；1875 年《商标注册法》中引入的非常狭隘的定义②。立法机关采用的不同商标定义毫不意外地招致了批评③，但希望通过谨慎的方式，授予注册商标权利是可以理解的，采用注册制度将改变商标保护的性质，加强将商标作为财产对象的新兴概念，而不是将其作为交流语境下的一个元素。④ 鉴于无法自信地预测系统将如何运作以及其影响将是什么，将注册系统的初始覆盖范围限制在特定类型的标志上似乎是明智的。正如丹尼尔在他的论文中所解释的那样，"该法案制定者的目的似乎是将商标定义和限制在那些经验证明是最普适和最有效的保护"范围内。⑤ 在 1875 年至 1888 年期间，越发明确的是，如果能够尽可能地使有关商标的不同概念更为统一，这将更加有益。对于某些人来说，在没有民事责任的情况下可能存在刑事责任是没有意义的，因此重要的是将可注册商标的定义扩大到涵盖《商品标记法》中的事项。1887 年实现了合并，当时，在某些国际发展和内部改革运动的推动下，两个平行的委员会审议了对 1862 年《商品标记法》以及 1883 年《专利，外观设计和商标法》中的商标规定的改革。⑥ 由此产生的立法设立了"伪造"或"错误

---

① 1862 年的《商品标记法》将商标保护的对象定义得非常广泛——关于保护对象的类别及表达的内容："'商标'这一表述应该包括任何姓名、签名、文字、字母、图案、徽章、数字、符号、印章、印戳、简图、标签、票券或是其他任何描述性的标志。"
② 一些被讨论但没有被采纳的观点，让这一时期在某些方面充满乐趣。其中一个观点是"商标"是标示符，类似于身份代码或指纹。从这个角度出发，亨利在提交给英国皇家艺术协会的一篇论文中提出，商标应限于字母和数字（不包括图案），由此每个商标都"更独特、更可靠，从而更安全；这将赋予它一种明确界定、准确无误的特质"。亨利的构想是给啤酒打上诸如"A50"之类的标记：M. Henry, "Trade Marks," (1862) 10 Jo Soc Arts 255。相同观点见 (1875) Jo Soc Arts 567。
③ Alfred Marten (for Mr Hermon), Parl. Deb., vol. 226, cols. 703 - 4, 7 August, 1875. ("1862 年法令中关于假冒商标的定义是最宽泛的；但在其作为法案被提出时，建议采用的是更狭窄的定义。正确处理难题的方式，必须是对欺诈性模仿下一种定义，对注册下另一种定义")
④ Sherman and Bently, *The Making*, 197 - 8；Bently, "From Communication". （认为将商标格式化为"财产"没有带来昂贵后果）
⑤ Daniel, *The Trade Mark Registration Act* 40. 也提到"此前法律没有限制什么可以作为商标使用"。
⑥ 由德·沃姆斯男爵 (Baron de Worms) 领导的特别委员会于 1887 年 4 月成立，并于 6 月底结束工作。部门委员会于 1887 年 2 月成立，被称为赫歇尔委员会，在 1887 年 3 月至 6 月期间听取证据，并于 1887 年 8 月发表中期报告，1888 年 3 月发表最终报告。德·沃姆斯男爵是赫歇尔委员会的成员，许多证人向两个委员会提供了证据。

使用"商标罪①,并将"商标"定义为根据1883年法令注册的商标。② 该立法还规定,使用"虚假商业陈述"是犯罪行为③,将涵盖对"商品制造或生产的地方或国家"以及"任何商品的组成材料"的描述。④ 重要的是,在"商标"的概念被强化后,它越来越多地被与产地指示区分开来。

在同一时期,法院澄清:经正当使用但不能注册的商标可以获得保护,并认可注册制度的运行不影响规制商业虚假陈述的在先规则的适用(不论立法用语的含义可能是什么)。1875年法令规定,自1876年7月1日"起或之后","直到或除非商标已根据本法注册,否则该人无权就本法所定义的任何商标发起任何商标侵权诉讼程序"。⑤ 这一规定留下了空白,大胆的法庭可以据此判定基于使用的保护已被废除。事实上,最初大多数评论员表示,他们所理解的该法的影响是要求必须注册。⑥ 这自然促使人们忙于注册,而机构却准备不足。鉴于实际注册过程中的拖延⑦,一项修订法令将该日期延迟至1877年7月1日(1877年引入了关于"棉花标记"进一步延迟的规定)。⑧ 这些延期证明了一种普遍的观点,即1875年法令取消了对"商标侵权"的现有救济。⑨ 此外,1876年法令暗示这种效果仅与可注册商标有关,因此不可注册商标,或至少被拒绝注册的商

---

① Merchandise Marks Act 1887 (50 & 51 Vict. c. 28), s. 2 (1) (a), (b).
② Ibid. s. 3 (1). 补充说,"商标"包括"任何商标,不论是否注册,在根据枢密令、1883年商标法第103条可适用的任何英属地或外国,均受法律保护"。
③ Ibid. s. 2 (1) (d).
④ Ibid. s. 3 (1).
⑤ Trade Mark Registration Act 1875, s. 1.
⑥ Salaman, *A Manual of the Practice* 7 n (b) ("这一条款实际上强制要求商标注册,似乎所有有价值的商标都必须注册,否则他们的商标将被无偿盗用"); Daniel, *The Trade Mark Registration Act* at 37 ("从此以后,任何打算主张商标专有权的人都必须在该法设立的办事处注册商标")。
⑦ 在1881年的一篇文章中,爱德蒙·强森说道,截至1880年,有21636个广告商标以及18764个注册商标。为审查大量与棉花制品相关的申请注册商标而建立的曼彻斯特委员会,审查了超过40000件商标,发现只有百分之十的商标可以注册。见 Johnson, "Trade Marks"; 也见 (1879) 23 Sol Jo 819 (16 Aug. 1879)。
⑧ Trade-Marks Registration Amendment Act 1876 (39 & 40 Vict. c. 33); Trade Marks Registration Extension Act 1877 (40 & 41 Vict. c. 37).
⑨ 1876法令将"任何商标侵权的诉讼"改为"任何阻止或追回商标侵权损害的诉讼"。这一改变可能是为了减轻对1875年法令的担忧。一种观点认为1875年法令仅是取消了申请禁令的权利,而不包括申请损害赔偿的权利[像布莱克本勋爵(Lord Blackburn)在 Orr Ewing v. Registrar of Trade-Marks (1879) LR 4 HL 479, 498 中认为的那样]或是1862年的《商品标记法》将不再适用于未注册商标。见 Bryce, *The Trade Marks Registration Acts*, 16-17。(提出这一问题并认为根据1862年法令,就欺诈性模仿未注册商标提起刑事诉讼的权利并未被该条剥夺")也见 the Patents, Designs and Trade Marks Act 1883, s. 77。

标,仍会受到某种程度的保护。① 从该法规定注册机关签发"拒绝证明"的事实可以看出——其含义是这种证明的持有人可以利用法律系统向商标侵权提供的任何补救措施。② 在这一规定下,立法机关承认至少这些商标可以在没有注册的情况下获得保护。就1875年法令所指的可注册商标而言,只有经注册才能提起诉讼程序。1883年的法令似乎证实了这一点,再次声明"在根据本法,该商标能被注册的情形下,除非该商标已经注册",否则无权提起诉讼以阻止或追回商标侵权的损害。③ 然而,鉴于1875年和1883年法令中狭窄的商标概念,该禁令似乎并未阻止原告同时提起若干诉讼,其中一些基于注册,另一些则基于对不可注册商标的传统保护。判例法很快证实,原告确实可以根据传统原则,就不可注册的"装饰"提起诉讼,即使整体装饰的某些方面可以获得注册,但未注册时,也依旧可以提起诉讼。④ 后来的判例法表明,只有在原告需要依赖注册证明使用行为时,才需要将注册作为起诉的先决条件⑤,让原告甚至可能在商标已注册时,适用假冒之诉的可能性。最终,1905年法令完全建立了注册制度,赋予特定的法定权利⑥,并澄清该法的任何内容"均不得视为影响就任何人假冒他人商品的行为提起诉讼或请求相关救济的权利"。⑦

(二) 扩充保护文字商标

通过扩张注册制度中"商标"的定义,在某些方面,使得合并刑事制度中的"商标"定义与注册制度中的"商标"定义成为可能。特别是1883年法令扩张了可注册商标的定义,以涵盖"臆造文字"或"不常用的文字"。⑧ 这

---

① 第1条规定能够提起商标侵权诉讼的商标是已注册的商标,或是被拒绝注册但在1875年8月13日前投入使用的商标。
② Trade-Marks Registration Amendment Act, s. 2; Patents, Designs and Trade Marks Act 1883, s. 77.
③ Patents, Designs and Trade Marks Act 1883, s. 77.
④ Lever v. Goodwin (1887) 4 RPC 492; *Great Tower v Langford* (1888) 5 RPC 66. (因被告使用与原告相似的包装及颜色而颁发禁令)
⑤ Faulder v. Rushton (1903) 20 RPC 477. (SILVERPAN 被拒绝注册,因为它是指代果酱品质或特征的文字,但原告建立了第二含义,且在"假冒"之诉中胜诉,上诉法院法官沃恩·威廉(Vaughan Williams)表示,1883年法令第77条仅指如果原告想要依靠法条规定,他或她必须注册)
⑥ Trade Marks Act 1905 (5 Edw 7 c. 15), s. 39.
⑦ 也见 Trade Marks Act 1938 (1 & 2 Geo. 6 c. 22), s. 2; Trade Marks Act 1994, s. 2。
⑧ Patents, Designs and Trade Marks Act 1883, s. 64. "The New Patents, Designs and Trade-Marks Bills II" (5 May 1883) Sol J 444, 446; *In re Price's Patent Candle Company* (1884) 27 Ch D 681. (NATIONAL SPERM 不是臆造词,而是在商业中公知公用的词;标签不具有显著性) *In re Hanson's Trade Mark* (1887) 37 Ch D 112. (红白蓝咖啡标签不具有显著性)

一扩张反过来加剧了可注册的对象的混乱。即使是专利局局长亨利·瑞德·莱克（Henry Reader Lack）也承认他无法确定某些字词是不是臆造性的。① 最先，注册局采用了一种开放的路径来解释"臆造"②，只接受来自贸易部③和法律官员④（尤其是法庭⑤）的反对意见，且更关心保护公众而不是取悦申请人。⑥ 正如法官科顿（Cotton）所解释的那样："该法案的目的是使商家受益……［但］该法案还旨在保护公众……通过排除多种形式的文字和其他东西，通过要求商家使用，获得他们对标记的专有权利。"⑦ 根据这一判例，如果一项文字可以被视为对货物生产地或特性的指示，该文字就不是一个"臆造"词。⑧ 因此，暗示商品质量的标志是

---

① Herschell Committee, Q. 160, Q. 2986. 根据莱克（Lack）呈交给赫歇尔委员会的证据，Herschell Committee Q. 17, 注册臆造词带来很大麻烦。"臆造词"这一表述的使用也被埃德蒙·强森——商标保护协会主任——批评为"造成所有麻烦的源头"，Qs. 888 – 903, 946 – 8。也见 Qs. 82 – 3（科特内·博伊尔说，"文字标记会导致无休止的诉讼。它们非常麻烦……什么是臆造词是一个极其困难的问题"）关于文字商标问题的讨论，即使在1888年的修正案之后，见"Words as Trade-Marks",（1900）44 Sol Jo 548 – 9（23 June 1900）; Evans Jackson,"The Law of Trade Marks"。

② Herschell Committee, Q. 2815 (J. L. Whittle).

③ Ibid. Qs. 162 – 4. （莱克解释贸易部指导专利局局长不要在 23、24 以及 25 类上注册文字商标，但专利局局长无视了这一意见）

④ Ibid. Q. 2815 (J. L. Whittle).

⑤ 见 Ibid. Q. 200。（莱克解释称，最初采用更开放的路径解释"臆造词"，法律官员和法庭要求采取更限制性的方式）这是被过度简化了的事情。最初，初审法官，尤其是奇蒂（Chitty）法官和培根（Bacon）副大法官，采用一种更加开放的方式解释"臆造词"，部分是受到注册局做法的影响：*In re Trade-Mark "Alpine"*（1885）29 Ch D 877（ALPINE 可注册在棉刺绣上）; *In re Leaf's Trade Mark*（1886）3 RPC 289（ELECTRIC 可注册在棉布商品上）; *In re Van Duzer's Trade Mark*（1886）3 RPC 240（培根副大法官认定 MELROSE 用在化妆品上构成臆造词）。这一路径在 *In re Van Duzer's Trade Mark*（1887）34 Ch D 623（CA）中被推翻。

⑥ 见 *In re Van Duzer's Trade Mark*（1887）34 Ch D 623, 634（Cotton LJ）, 641（Lindley LJ）。与 Orr Ewing v. Registrar of Trade-Marks（1879）LR 4 HL 479 案中的意见相反，该案中，在考虑特定标签是否具有显著性时，法庭明显比注册局和曼彻斯特协会开明得多。

⑦ In re Van Duzer's Trade Mark（1887）34 Ch D 623, 634（Cotton LJ）.

⑧ Ibid. 623; 上诉法院判决在棉花制品上使用的 ELECTRIC 和在生发剂上使用 MELROSE 都不构成"臆造词"。法庭认为，虽然字典或地图集中的某些单词可能是"臆造词"，但只有当它们显然没有描述或指定商品的任何制造地点或特征时，才是如此。虽然梅尔罗斯（Melrose）是一个只有 2000 名居民的居住地，但这并不是说它不能被描述为在梅尔罗斯制造的商品。上诉法院在另一案件中重复了这一分析，*In re Arbenz Trade Mark*（1887）35 Ch D 248（GEM 被认为不构成在枪支上的臆造词），它还被奇蒂法官顺从地用于 Towgood v. Pirie（1887）4 RPC 67（JUBILEE 不能注册于纸张上）以及 In re Ainslie & Co.'s Trade Mark（1887）4 RPC 212（BENLIDI，一座苏格兰山的名字，不能注册于威士忌上）。

不可注册的①，而不论其是否通过使用获得了"第二含义"。②在试图遵守这些司法先例时，注册局改变了做法，因此许多观察者认为这种做法极其不一致。③"法官和律师就像盲人一样领导盲人"，一名制造商说："所谓的商标制度对我们而言是一种彻底的耻辱，对收入微薄的人来说是毁灭性的，而不仅仅是对我们任何一个人来说。"④

（三）从积极定义到消极定义

商家似乎想要扩大可注册标志的范围⑤，多数人很同情那些参与了行政过程的人。⑥商标的积极定义——"臆造文字""具有显著性的标签""品牌"等——被证实很难保持一致性地适用。⑦在某种程度上因受到外国先例的影响，人们转向了消极地定义商标——通过识别那些不应被注册的对象，而不是指明可以注册的对象。⑧在由贸易部任命并由赫歇尔勋爵担任主席的委员会进行的重要审查中，见证人确定了因其他商家可能需要使用这些标志，所以商家无法将其注册的情形。伦敦国王学院的大律师兼法学教授约翰·卡特勒（John Cutler）⑨认为，商家不应该能

---

① In re Waterman's Trade Mark (1888) 5 RPC 368 (CA). (REVERSI 不可注册在棋盘游戏上，因为指代翻起对手的棋子)
② In re Van Duzer's Trade Mark (1887) 34 Ch D 623, 635 (Cotton LJ), 644 (Lopes LJ).
③ 关于地理标志的不一致，见 Herschell Committee, Q. 1924 (evidence of J. Imray)。自 First Council Directive 89/104/EEC of 21 December 1988 to approximate the laws of the Member States relating to trade marks 实施以来，欧洲其他地区也存在明显的决策不一致。
④ 强森在向赫歇尔委员会作证时引用了该表述，Herschell Committee, Q. 1161。
⑤ Ibid. Q. 2639 (evidence of J. Cutler). 在 In re Trade-Mark "Alpine" (1885) 2 9 *Ch D* 877, 880 案中，奇蒂法官认为"英国公众还没准备好……购买使用全新名称的物品，可能导致他们怀疑造假"。
⑥ Herschell Committee Qs. 2934 - 6, 3006 (H. R. Lack).
⑦ 关于"品牌"，见 ibid. Qs. 1733 - 43, 2023 - 7 (evidence of J. L. Whittle)。
⑧ 鉴于 ibid. at Q. 263 的证据，莱克解释他更倾向于注册所有对象，"但需符合多数外国法令都有的一项规定：不能通过注册描述性的或商业中常用的商标、有违道德的商标或类似的东西来获得财产"。也见 Q. 2982 (H. R. Lack); Q. 2865 (J. L. Whittle); Edmund Johnson, Q. 903，他会允许注册"任何一个或多个单词……"但这些字词本身必须不以任何方式描述或定性其所附或将附的货物，或不能是该货物的通用表达。也见 Qs. 946 - 7 and Q. 1161，在此强森引用了马克斯·穆勒教授（Professor Max Muller）的文章来说明英语文字商标具有"充足的选择"，并明确表示他认为商标的适当性是商人自己的事，不需要"法庭的家长式照顾"。对商标实践的分析，作为对语言假设的历史回应，见 Megan Richardson, "Trade Marks and Language," *Sydney Law Review* 193 (2004)。
⑨ 1864~1906 年担任英国法学教授，1865~1879 年担任印度法学教授。著有 *On Passing Off*; *Or Illegal Substitution of the Goods of One Trader for the Goods of Another Trader*, London (1904)。

够注册"会干扰整个商界合理权利"的词语。① 例如,关于"地理标记",证人作证说,一个人注册这类商标以阻止在该地制造商品的另一个人使用该商标,这是错误的。② 类似的原则也表明排除对货物质量的描述以及人名是正当的。委员会报告说,"'臆造文字'这一表达当然并不令人满意,并就其含义带来了巨大的意见分歧",并且建议新造的和现有的文字可以在限制的情况下注册,即该文字不能暗示其本身。③ 根据其建议④,"臆造文字"这一表达被弃用了,并在 1888 年再次扩张可注册商标的定义,以涵盖"新造字"和"没有提及商品的性质或质量,也不是地理名称的字词"。⑤ 与特定质量相关的某些地理名称的特殊保护留给了与商业标记有关的刑法。⑥ 其他欧洲国家也同时经历了商标含义的扩张:奥地利在 1890 年取消拒绝注册文字商标,并详细说明"商标"一词涵盖将(旨在投入商业市场的)产品和商品与相似的产品和商品区分开来的特殊标志。丹麦(1890 年)、瑞士(1890 年)、荷兰(1893 年)、德国(1894 年)、瑞典(1897 年)和日本(1899 年)也将商标的客体扩张到包含文字。被排除词汇的划定过程也很类似。在奥匈帝国,法规禁止注册只与"地点、时间、生产方式和……对质量、价格、名称、数量和重量"有关的文字,德国和丹麦也采用了类似的规定。⑦ 瑞士 1890 年的法规明确承认了对地理标志的特殊保护形式。⑧

---

① Herschell Committee, Q. 2639; Q. 2815 (J. L. Whittle)(如果不太可能干扰商业目的,文字可以被采用); Q. 2877(只要"没有损害",文字应当被允许注册)。
② Ibid. Q. 1919 (evidence of J. Imray, 专利代理人); Qs. 2639 – 53 (J. Cutler)(要求排除英国的所有城市、镇子、村庄或地区)。
③ Ibid. para. 26.
④ Ibid. paras. 25 – 8.
⑤ Patents, Designs and Trade Marks Act 1888 (51 & 52 Vict. c. 50), s. 10.(在 1883 年法令中新增了第 64 条)
⑥ Merchandise Marks Act 1887, s. 3 (1) (b) 将"商业描述"定义为包括对"商品生产的地方或国家"的指示。在经由亨利·德·沃姆斯男爵主持的委员会审议后,1887 年法令取代了 1862 年法令。见 Select Committee (1887) 357;"The Merchandise Marks Act, 1887" (5 November 1887) Sol Jo 3 – 4, 20 – 1, 40 – 1, 56。
⑦ *Reports from Her Majesty's Representatives Abroad on Trade-Marks Laws and Regulations* (Cd. 104) (1900) 90 *Parliamentary Papers* 269, 272 – 80.
⑧ Ibid.

(四) 多边保护

为国际目的找到共同定义的努力仍在继续。① 然而，在欧洲国家仍在建立自己的商标定义的时期，为国际目的找到"商标"的共同定义不可避免地存在问题。1883 年签署的《保护工业产权巴黎公约》提出了部分解决方案，至少对于商标的适当"形式"的不同看法：要求所有成员国承认保护任何在来源国获得注册的商标。② 据说，该条款源于俄罗斯和法国代表之间就俄罗斯体系讨论的某些要求——使用西里尔文注册，这一要求有利于法国人，他们因此可以用拉丁字母获得注册（但俄罗斯申请人不行）。③ 再加上国民待遇的要求，这一"telle-quelle"条款似乎至少降低了制定"商标"国际化定义的紧迫性。④ 事实证明，在 1994 年的 WTO 协定之前，国际层面的"商标"定义没有出现。⑤

---

① 尤其是在 1887 年后，通过国际工业产权保护协会的活动：F. -K. Beier and A. Reimer, "Preparatory Study for the Establishment of a Uniform International Trademark Definition" (1955) 45 *Trademark Reporter* 1266; S. P Ladas, *Patents, Trademarks and Related Rights: National and International Protection*, Cambridge, Mass.: Harvard University Press (1975) vol. II, para. 569, 974 – 977。

② "任何在来源国被正式注册的商标都应被承认注册，并以最初注册的形式在联盟内的所有其他国家受到保护。"(Art. VI)。

③ L. A. Ellwood, "The Industrial Property Convention and the 'Telle Quelle' Clause" (1956) 46 *Trademark Reporter* 36, 37 – 8. 事实上，商标根据国内法无法注册，但在外国却能获得注册的实践情况，可以追溯到奥地利注册局的早期做法，在艾略特爵士（Sir H. Eliot）写给索尔兹伯里侯爵（Marquis of Salisbury）的一封信中所描述的。1878 年 10 月 12 日，见 *Reports Relative to Legislation in Foreign Countries on the Subject of Trade Marks* 469, 473。这种做法似乎在 1890 年终止，当时奥地利-匈牙利引入了一项保护商标的新法律。见艾略特爵士写给索尔兹伯里侯爵的信，1899 年 6 月 23 日，*Reports from Her Majesty's Representatives Abroad on Trade-Marks Laws and Regulations* 269, 273。

④ 它对赫歇尔委员会建议的影响，见 Herschell Committee (1888) para. 26（拒绝接受关于棉花商品不允许注册文字商标的建议，因为其他国家允许注册这些商标，因此英国将有义务保护这些商标）。也见 para. 40，委员会表示《保护工业产权巴黎公约》第 6 条的应用需要"严肃和立刻的关注"。见 *In Re Californian Fig Syrup Company's Trade-Mark* (1888) 40 Ch D 626 [斯特林（Stirling）法官说在他看来，第 103 条并没有实行《保护工业产权巴黎公约》第 6 条]；*In Re Carter Medicine Company's Trade-Mark* (1892) 3 Ch 472 [试图根据 1883 年《专利，外观设计和商标法》第 103 条的规定，在美国申请的基础上，注册 CARTER'S LITTLE LIVER PILLS，遭到诺斯（North）法官拒绝，他更认可司法部部长对第 103 条的理解，即"任何在来源国被正式申请注册的商标，根据本法，该商标可能属于可申请注册的对象"]。

⑤ Agreement on Trade-Related Aspects of Intellectual Property Rights 1994 Art. 15.

The Making of Modern Trade Mark Law: The Construction of the Legal Concept of Trade Mark (1860 – 1880)

Abstract: Although some accounts of the history of trade mark law trace the origin of trade mark protection to Greek or Roman times, and other accounts of the British history locate the origins of British trade mark law in the medieval guilds, or the sixteenth-century case of JG v Samford, British trade mark law did not really take anything like its modern shape until the latter half of the nineteenth century. The period between 1860 and 1910 witnessed the development of many of the characteristic features of modern trade mark law: a legal understanding of a trade mark as a sign which indicates trade origin; the establishment of a central registry in 1876; the conceptualization of the trade mark as an object of property; the recognition of a dual system of protection: one based on registration, the other based on use in the marketplace; and the development of international arrangements for the protection of marks in foreign territories. Looking back from the early twenty-first century, it is clear that, while there were significant developments in trade mark law in the period before 1860 and the period after 1910, the majority of the most salient features of the current trade mark regime were developed (or if not developed, institutionalized) in this period of intense legislative, judicial, diplomatic and scholarly activity. Although all these developments were intertwined, time and space only permits this chapter to attempt to chart one of these developments: the genesis of a legal conception (or a number of conceptions) of 'a trade mark' in the first part of this period.

Keywords: Trade Mark; Modern Trade Mark Law; the Legal Concept of Trade Mark

图书在版编目(CIP)数据

西南知识产权评论.第九辑/李雨峰主编. -- 北京：社会科学文献出版社，2020.9
ISBN 978-7-5201-7165-6

Ⅰ.①西… Ⅱ.①李… Ⅲ.①知识产权-文集 Ⅳ.①D913.04-53

中国版本图书馆 CIP 数据核字(2020)第 159871 号

西南知识产权评论（第九辑）

主　　编 / 李雨峰
执行主编 / 张惠彬

出 版 人 / 谢寿光
责任编辑 / 李　晨

出　　版	/ 社会科学文献出版社（010）59367156
	地址：北京市北三环中路甲29号院华龙大厦　邮编：100029
	网址：www.ssap.com.cn
发　　行	/ 市场营销中心（010）59367081　59367083
印　　装	/ 三河市龙林印务有限公司
规　　格	/ 开　本：787mm×1092mm　1/16
	印　张：14.75　字　数：244千字
版　　次	/ 2020年9月第1版　2020年9月第1次印刷
书　　号	/ ISBN 978-7-5201-7165-6
定　　价	/ 79.00元

本书如有印装质量问题，请与读者服务中心（010-59367028）联系

▲ 版权所有 翻印必究